警察出庭作证指南

李玉华　周　军　钱志健　著

中国人民公安大学出版社
·北京·

图书在版编目（CIP）数据

警察出庭作证指南／李玉华，周军，钱志健著．—北京：中国人民公安大学出版社，2014.9

ISBN 978 - 7 - 5653 - 2024 - 8

Ⅰ.①警… Ⅱ.①李… ②周… ③钱… Ⅲ.①警察 - 举证责任 - 中国 - 指南 Ⅳ.①D922.14 - 62

中国版本图书馆 CIP 数据核字（2014）第 215156 号

警察出庭作证指南

李玉华 周 军 钱志健 著

出版发行：中国人民公安大学出版社
地　　址：北京市西城区木樨地南里
邮政编码：100038
经　　销：新华书店
印　　刷：涿州市新华印刷有限公司

版　　次：2014 年 9 月第 1 版
印　　次：2018 年 9 月第 3 次
印　　张：9.375
开　　本：880 毫米 ×1230 毫米 1/32
字　　数：252 千字

书　　号：ISBN 978 - 7 - 5653 - 2024 - 8
定　　价：35.00 元

网　　址：www.cppsup.com.cn　www.porclub.com.cn
电子邮箱：zbs@cppsup.com　zbs@cppsu.edu.cn

营销中心电话：010 - 83903254
读者服务部电话（门市）：010 - 83903257
警官读者俱乐部电话（网购、邮购）：010 - 83903253
公安业务分社电话：010 - 83905641

本书咨询电话：（010）63485228 63453145

警察出庭作证的现状及未来

（代序言）

无论是在英美法系的英国、美国、澳大利亚、我国香港特别行政区，还是在大陆法系的法国、德国，警察出庭作证都是刑事警察日常工作内容的一部分，其业务培训中也包括如何出庭作证。在我国大陆地区，警察出庭作证制度刚刚起步，很多相关问题需要不断地探索，并在借鉴域外经验的基础上总结出行之有效的适合我国国情的规范。在警察出庭作证制度的初始阶段，也希望各司法部门和社会各界对出庭作证的警察多一份理解、多一份宽容、多一份鼓励。

一、我国警察出庭作证的现状

自 2013 年 1 月 1 日起，我国修改后的《刑事诉讼法》正式实施。在此之前，刑事侦查中出现的问题多由公安机关出具的情况说明进行证明，但情况说明的真实性和客观性难以得到证实。修改后的《刑事诉讼法》实施后，警察出庭作证分为以下三种情况：第一种情况规定在《刑事诉讼法》第 57 条第 2 款，即现有证据材料不能证明证据收集的合法性的，人民检察院可以提请人民法院通知有关侦查人员或者其他人员出庭说明情况；

人民法院可以通知有关侦查人员或者其他人员出庭说明情况。有关侦查人员或者其他人员也可以要求出庭说明情况。第二种情况规定在《刑事诉讼法》第 187 条第 2 款，即人民警察就其执行职务时目击的犯罪情况作为证人出庭作证。第三种情况规定在《刑事诉讼法》第 187 条第 3 款，即公诉人、当事人或者辩护人、诉讼代理人对鉴定意见有异议，人民法院认为鉴定人有必要出庭的，鉴定人应当出庭作证。

警察出庭作证，关系到庭审的程序公正。控辩双方交叉对警察进行询问质证，才能够更好地说明警察在现场勘查、讯问犯罪嫌疑人等方面是否合法。通过警察出庭作证，可以进一步鉴别证据的真伪，更好地实现程序公正和实体公正。警察出庭作证也是展示刑事侦查工作的一个窗口，公安机关应当予以重视，将警察出庭作证工作做好，并以此为契机带动整个侦查工作的不断完善。

自 2013 年 1 月 1 日以来，我国警察出庭作证陆续在各地出现，但是就总体情况来看，警察出庭作证案件数量少；警察出庭作证效果并不理想；警察出庭应当适用特殊程序还是一般证人出庭程序，仍未明确；警察出庭作证没有完善的机制，有些地方警察出庭作证不是问题，而有些地方警察出庭作证则十分困难，往往需要通过上级做思想工作；甚至警察出庭作证应当着警服还是便服都有不同意见，等等。

二、我国警察出庭作证面临的问题

由于警察出庭作证制度在我国刚刚起步，面临很多问题，最为突出的有以下四个方面：一是警察对出庭作证心理准备不足；二是警察对出庭作证知识、技巧准备不足；三是对警察出庭作证的细节缺乏规定；四是对警察出庭作证缺乏针对性的培训。

（一）警察对出庭作证心理准备不足

出庭作证的警察首先面临的是心理关、思想关，因此，积极转换角色，适应出庭接受询问是出庭作证的第一步。警察习惯了代表国家行使侦查权，询问证人、讯问犯罪嫌疑人，而现在要出庭作证，接受来自各方的询问，由国家权力执行者变为普通证人，这让很多警察在心理上难以适应。坐在证人席上被人问来问去，“有损形象，有失自己的尊严与面子”，这是很多警察感到不适应，不愿意出庭作证的一个重要原因。对此，警察首先应当树立这样一种意识：出庭作证是一个执法者、一个公民应尽的义务，而不是一件丢脸的事情。出庭作证的警察应当有一个正确的目标定位——警察出庭作证是为了配合法院更好地查清案件事实。

（二）警察对出庭作证知识、技巧准备不足

在修改后的《刑事诉讼法》实施以前，刑事警察的工作主要是收集证据和抓获犯罪嫌疑人，鲜有出席法庭者，因此，绝大多数的侦查人员对法庭审理程序很陌生，更不要说参与其中接受询问，出庭时往往不知所措，显得不自信，出庭效果不甚理想。警察出庭作证需要面对法官、公诉人、律师、旁听人员，甚至媒体记者，而最具挑战性的是律师。在 2013 年 10 月 13 日我们举办的“警察出庭作证理论与实践”培训研讨会上，4 位警察在模拟法庭中出庭作证。由于缺乏出庭作证的经验，有些警察在法庭上面对律师的提问不知所措，导致在回答问题时前

后不一。经历过模拟法庭的警察证人表示，在庭审过程中，现场面对律师的步步紧逼、一环套一环的问题有些慌乱，现场反应能力差、缺乏有效的口头表达，是警察对阵经验丰富的律师后最直观的感受。也有些警察表示，在回答律师的问题时，很多准备好的东西不能有条不紊地表达出来，害怕说得不严谨，让律师给自己“下套”。“虽然我们的实际操作是符合法律规定的，但在法庭应对上，仍然缺乏技巧，侦查人员心理素质、业务素质都有待提高。”在模拟法庭出庭作证的警察大多有这样的感慨。

（三）对警察出庭作证的细节缺乏规定

由于警察出庭作证制度是一个新生的事物，一些具体的规则尚未出台，需要在实践中探索与总结。例如，警察出庭应当适用特殊程序还是一般证人出庭程序，仍未明确；警察拒不出庭作证时应当如何采取措施，仍是重要问题；警察出庭作证应当着警服还是便装；警察出庭作证在什么情况下需要遮挡容貌或者采用变声设备；警察出庭作证是通知本人，还是通知单位，等等。这也就是说，警察出庭作证与一般证人作证制度是否应区别对待，是否存在特殊处理的问题，并不明确。

（四）对警察出庭作证缺乏针对性的培训

有的地方公安机关刑侦部门，在修改后的《刑事诉讼法》实施后，就警察出庭作证的问题曾进行过专门培训，由来自检察院、法院的有关专业人员进行庭审培训，但这种培训在全国各地还远没有达到普及的程度。尤其在基层实务工作中，普遍存在警察不知如何出庭，缺乏有效规范性指导等问题。基层民警呼吁能尽快出台关于警察出庭作证的指导规范并进行有针对性的培训。对于警察出庭作证培训问题，笔者也请教过很多国家和地区的警察，不管是英美法系国家，还是大陆法系国家，刑事警察都要接受出庭作证的培训，这种培训以实战性、技能性为主。

目前，我国警察出庭作证制度刚刚起步，尚处于探索阶段，所以很多警察在心理上准备还不是很充足，在技巧的应对方面也有待进一步提高，这代表了目前大多数侦查人员的情况。所以，在培训的时候，要从最基本的方面做起，首先应该让每名侦查人员都熟悉警察出庭作证的流程，特别是法庭调查的程序，另外，也要熟悉出庭作证的一些技巧，特别是面对律师的提问，既要实事求是，又要展现警察的智慧。如果这些没有实际的操练，肯定不会表现得特别好。因此，笔者认为，培训当中更重要的是实战性的培训，培训的形式也应当以实战模拟为主。只有这样，警察出庭的时候才会更加从容淡定，才能更好地展现人民警察工作中真实的内容。

三、我国警察出庭作证的未来

从未来发展来看，警察出庭作证肯定会成为我国刑事侦查人员日常工作的一项内容。我国的刑事警察对出庭作证也会经历一个从不习惯到习惯、从不熟练到熟练的过程。

我国并不是要求每名刑事警察在每起刑事案件中都要出庭作证，而只在有争议、有必要时出庭。警察出庭作证制度刚起步时，为了推动警察出庭作证这项工作，我国可能会让警察尽可能多地出庭，尝试一下；但是，从长远来看，要通过出庭要达到不出庭的目的。警察通过出庭作证会逐步切实感受到他的工作，特别是侦查工作会面临哪些法庭上的挑战，这会推动他改进自己的侦查取证工作，使侦查取证更加符合法律的规定，增强合法性，以适应法庭对证据的需要。证据规范了，争议自然就少了，需要出庭的情形也就少了。这就是法庭审判对侦查工作的倒逼机制在发挥作用。

警察出庭作证不仅能够促进审判公开、透明，从而更好地实现实体公正和程序公正，而且也是公安机关提升工作质量、展示工作形象的一个契机。因此，各级领导和警察要积极转变思想观念，牢固树立证据意识和程序意识，切实提高警察的法律素质和诉辩能力。今后还要加强警察出庭的素质能力教育培训，向素质要警力，向教育培训要战斗力，使刑事警察不仅是侦查取证、抓获犯罪嫌疑人的高手，也能在出庭作证时展现良好的形象和业务能力。

李玉华

2014 年 6 月

目 录

上 篇

下　篇

上　　篇

第一章　抓住机遇：警察出庭作证好处多

2012年我国《刑事诉讼法》修改后，警察将不再和法庭审判“绝缘”。警察出庭作证制度的确立将警察和法庭审判及法庭上的法官、控辩双方联系得更为紧密。侦查人员除了侦查收集证据之外，也可能成为法庭的证人，亲自参与法庭调查的作证环节。从表面上看，这将给侦查工作带来一定的挑战，但经过理性分析后，不难发现警察出庭作证制度也会给侦查人员提供难得的机会。在提升警察形象、提高办案质量、固化工作成果、提高诉讼效率、实现追诉目的等方面，警察出庭作证制度带来的益处良多。

一、提升警察形象

在国外，无论是英美法系国家还是大陆法系国家，警察出庭作证都是比较常见的。从其立法来看，关于警察出庭作证并未作为一种特殊情况予以单列，而大多归入证人出庭作证的范畴。在司法实践中，警察出庭作证也与一般证人出庭作证遵循的程序无异，如作证前要向法庭宣誓，接受控辩双方交叉询问等。在美国，警察一般既可因控方需要而出庭作证、支持指控，也可应辩方的申请而出庭接受质证。美国出庭证人中的大半是警察证人。准确而言，他们不是从属于哪一方的证人，而应被视为法庭证人。在英国，有“警察是法庭的公仆”（Policeman is the public servant of the court）的著名法谚。在大陆法系国家，虽然传统理论对警察证人资格问题有争议，但一些国家和地区早已突破限制，立法确立且实施了警察出庭作证制度。在前苏联、日本及我国台湾地区，警察出庭作证都得到了法律的确认。①

可见，无论是“警检分离”的英美法系国家，还是“警检一体”的大陆法系国家，警察出庭作证都是司法的常态。其庄严、权威的法庭审判因有出庭作证的警察而显得更加公开、透明。这一过程不但使司法以看得见的方式实现公正、增强公信力，更使警察从封闭、秘密的侦查阶段走向公开的法庭，在公众面前树立起依法、高效、文明执法的现代警察形象。

在我国，2012 年《刑事诉讼法》修改前，司法实践中警察出庭作证比较罕见。在法律没有明文规定的情况下，警察不出庭，不以个人、言词方式作证属于通例。即使有的地方警察出具书面形式的说明，也不是该警察以个人名义所作的证人证言，而是以公安机关或下属部门整体的名义书写的说明材料，其落款处一般只盖有单位公章而没有警察个人的签名，使得各方对于该书面材料的性质也会产生分歧。因此，司法审判中对于这种说明，在法庭证据调查的举证、质证环节也只好以“某公安机关关于某情况的说明”相称。

2013 年 1 月 1 日修改后的《刑事诉讼法》实施后，以往的惯例不能再持续了。如果遇到法定情况，警察仍不出庭作证，而使用书面说明材料的，对于警察的自身形象而言将会是莫大的损害。试想，在公开审判的法庭上，出现公安机关的说明而非法律要求作为证人的警察出庭作证，这很容易让当事人、旁听群众乃至社会公众误认为行使审判权的法官不能甚至不敢传唤警察出庭作证，公安机关带头不遵守《刑事诉讼法》的规定。那么在建设社会主义法治国家的今天，在社会公平正义的最后一道屏障——司法裁判面前还在显示“警察特权”，实在不是法治社会的应有之义。

① 参见王超：“警察作证若干问题研究”，载《法学》2002 年第 6 期。

在依法治国的现代社会，警察不是高高凌驾于普通公民之上的“统治者”、“管控者”、“惩罚者”。作为国家机关工作人员的警察，在刑事司法的侦查活动中应该是追诉犯罪的查证者、严格的执法者，同时，也是接受检察院法律监督的被监督者。当警察出庭作证被正式写入《刑事诉讼法》，成为一项庭审制度后，在法庭审判阶段，警察应当以证人的身份出席法庭、接受控辩双方和法庭询问，不能想当然地以为警察不应与受刑事追诉的被告人同在法庭、“平起平坐”。警察不是在与被告人“对簿公堂”，而是接受法庭传唤以证人的身份参与法庭对证据和事实问题的调查。正当、合法的作证并没有降低警察的身份，相反，有利于提升公安机关的形象；反之，总以特权观念评价、判断问题，不顾法律的正当规定，拒不出庭，这才是真正损害了警察的应有形象。

当前，我国警察在刑事执法、刑事诉讼活动中存在某些不规范、没有严格贯彻法律规定的局部现象，这在一定程度上影响了警察正面形象的树立。恰逢《刑事诉讼法》修改后确立了警察出庭作证制度，人民警察应该主动抓住这一契机，自觉严格遵守法律规定，推动程序法治的发展。规范、合法地出庭作证会改变以往证人与警察都不出庭作证的“怪现状”，展现绝大多数人民警察忠诚敬业、无私奉献、文明执法的正面形象。而且通过公开审判使公众看到警察完全是严格依法查办案件，被追诉者理应得到法律的惩罚，从而增强全社会对警察执业的认同与信赖，提高公安机关执法的公信度。

二、提高办案质量

目前，我国警察刑事执法质量在总体上是经得起历史检验的。但是，媒体曝光的几起发生在十多年前、近来纠正的刑事冤案又不断拷问我们的办案质量。其中，警察在侦查阶段调查取证的结果是案件最终认定的关键。被平反的冤错案件在侦办过程中大多存在刑讯逼供等非法取证问题。这次《刑事诉讼法》修改时新增了警察出庭作证制度适用的情况之一，即应检控方证明取证合法性的需要，侦查人员出庭说明情况。立法如此规定最主要的原因就是现实中我国警察刑讯逼供等非法取证行为仍不时发生，甚至在个别地区还比较依赖这种不文明且违法的方式。在之前的立法和司法实践中，警察不出庭作证的情况下，即使辩方提出，法官也对取证方式有疑问，但法庭调查中仍然无法对警察进行当庭询问和质证，警察也不能主动要求出庭当面澄清疑问，设立警察出庭作证制度旨在解决这一问题。

警察出庭作证的常态化必然在客观上对警察施加比较大的压力，但显然也会为警察依法规范取证带来更多的好处。首先，警察在侦查取证中会明确意识到将来面临出庭作证、说明情况的局面，这无疑会极大地增强警察的责任感，提升警察依法取证、合法侦查的自觉性，从根本上预防并减少非法取证行为。其次，让警察在正式的法庭审判中切实感受到从审判者的视角如何审视警察的工作，特别是侦查工作在法庭上会面临哪些审查甚至挑战，这将推动警察积极改进今后的侦查取证工作，使侦查取证更加符合法律的规定，增强合法性。最后，公开、透明的审判会促使整个侦查工作转向以支持公诉为导向，明确侦查办案的指向性、提高侦查取证结果在法律上的有效性。警察出庭作证是通过程序公正促进实体公正的实现。对公安机关而言，将审前的侦查取证等工作置于公开的庭审中会增强警察侦查取证的定位感。例如，现场勘验、检查等侦查人员在被要求出庭作证之前的实践中，负责侦查时很少考虑到后续的审判过程，也就没有以法庭审查判断证据为导向的意识。而通过警察出庭作证，反过来也能够更好地增强今后侦查取证工作的方向性、合法性和规范性，提高办案民警的办案质量、办案水平，避免产生冤假错案。

总之，警察责任感的增强必然促使其努力提高自身的素质，包括法律知识、侦查实战技能、文明规范执法理念等方面。尤其是不断增强诉讼意识和证据意识，逐步形成严格遵守现行法律规定、推动程序法治、公正、文明执法的现代侦查观，坚决杜绝刑讯逼供、暴力取证等非法取证行为。这不仅会从根本上改善警察的形象，而且必定会切实提高办案质量。

三、固化工作成果

修改后的《刑事诉讼法》实施以来，各地法庭审判中陆续出现了警察的身影。他们不是“法警”，而是“证人”。以下见诸报端的各地警察出庭“处子秀”的成功范例，可以鲜明地支持警察出庭作证好处多的论断。

（一）上海的例证

2013 年 5 月 10 日，上海市长宁区人民法院开庭审理了由长宁区人民检察院提起公诉的一起非法持有毒品案件，与以往不同，出现在证人席上的不是普通公民，而是长宁区公安局北新泾派出所的 4 名警官。因被告人翻供，检察机关向法院申请办案民警作为证人出现在刑事审判庭，在上海市尚属首次。为了能更准确、慎重地对待此案，维护被告人的合法权益，检察机关决定在法庭审理阶段向法院申请侦查人员出庭作证。①

（二）四川的例证

在四川省成都市龙泉驿区人民检察院指控被告人何某犯抢劫罪的庭审现场，1 名身着警服的证人出现在龙泉驿区人民法院的证人席上。这是修改后的《刑事诉讼法》实施后，四川省首例警察出庭作证的案件。据悉，2013 年 1 月 1 日，被告人何某在龙泉驿区十陵街道成都大学男生宿舍盗窃笔记本电脑时，被该校学生辜某发现。在辜某要求其不得离开时，何某用随身携带的匕首相逼，随后被闻讯赶来的辜某的同学抓住并报警。本案中，何某是否使用匕首

① 参见曹康明、谢伟：“瘾君子翻供，警察出庭作证”，载《检察风云》2013 年第 13 期。

相逼成为定罪量刑的关键。出庭作证的龙泉驿区公安分局民警详细陈述了被告人何某的到案经过，向法庭清晰地展现了案件的来龙去脉。据本案的主审法官介绍，长期以来，办案民警出庭作证的情况非常少。修改后的《刑事诉讼法》实施后，警察出庭作证将成为常态。此举有利于办案法官充分了解案件的事实真相，从而准确适用法律，提升司法的公信力。同时，这也是对被告人合法权益的一种保障。[①]

（三）广东的例证

2013年1月24日，广东省广州市海珠区人民法院审理了一起手机盗窃案件，包括1名警察在内的2名广州市公安局反扒专业队队员出庭作证，证人斩钉截铁的回答为案件定性提供了有力的证据。据悉，警察证人出庭作证，是2013年1月1日正式实施的修改后的《刑事诉讼法》的一大亮点，海珠区人民法院更是对证人出庭作证的司法保护制定了具体措施，这在全国基层法院尚属首次。[②]

可见，以往司法实践中罕见的警察出庭作证在修改后的《刑事诉讼法》实施后得到了彻底改观。曾有学者统计，在全部警察当中有96.8%的警察从未就自己办理的刑事案件出庭作证。[③] 今后，这样的做法和局面将一去不复返。通过以上成功的例证不难发现，警察出庭作证在固化工作成果、提高诉讼效率、实现追诉目的等方面作用重大。

第一，警察出庭作证有利于固化工作成果。对于有关情况的证

---

① 参见晨迪："新刑诉法实施后 我省首例警察出庭作证案开庭"，《成都日报》2013年5月5日。

② 参见刘英团："警察，有时还有一个名字叫'证人'"，《人民法院报》2013年1月30日。

③ 参见王超："关于我国警察出庭作证问题的调查分析"，载《中国刑事法杂志》2004年第5期。

明，只有负责侦办案件的警察出席法庭才能达到其他人所不能及的效果。例如，在证明取证合法性的法庭调查程序中，由于警察亲身参与了案件的侦查过程，而且是讯问活动的实施者，他们对讯问过程及犯罪嫌疑人口供取得的步骤、具体形成的情况等最为了解。对于相对封闭的侦查讯问工作，外人是无法知悉并说明情况的。对取证是否合法的程序性事实的证明由实施或参与讯问的警察出庭作证更加有效。这对于侦查取证的程序和结果都是再次展现的机会，也是对讯问活动固定工作成果最直接的场合。同时，警察出庭作证将与被告人当庭对质，这将改变以往被告人恶意利用诉讼权利救济的机会，动辄提出刑讯逼供、任意翻供的情形。警察直面提出遭受刑讯逼供的被告人，对庭前取得的有罪供述的真实性、可靠性提供支持。总之，警察出庭作证对于查明犯罪事实、澄清取证合法性、实现程序正义与实体正义都将起到积极的促进作用。这些都会对警察侦查活动的工作成果予以固定和强化。

第二，警察出庭作证有利于提高诉讼效率。在以往的刑事法庭审判中，如果辩方提出遭受到侦查机关的非法取证，当庭推翻供述，法庭通常的做法是宣布延期审理以准备调查是否存在非法取证行为、程序性问题是否合法等。同时由于各种原因，检、法机关对于非法取证的调查一般不会很快就有水落石出的明确结果，辩方又极力主张被告人受到刑讯逼供等不当对待，要求排除审前供述。僵持不下的局面给法庭审判造成了拖延，严重地影响了诉讼效率。而警察出庭作证制度的确立将改变这种现象。由警察以证人的身份出庭与辩方对质，如果不存在非法取证，辩方的谎言将很快被戳穿；如果确实存在，非法取证问题将由法庭依法处理。这可以在很大程度上解决上述延误审判进程的问题，提高司法效率。

第三，警察出庭作证有利于实现追诉目的。“正义不仅要实现，而且要以看得见的方式实现。”这句经典的法谚生动地说明了警察出庭作证通过程序上的公正促进实现实体上追诉犯罪的目的。试想，如果被告人当庭翻供、质疑警察取证违法或对侦查笔录类证据产生疑问，要求警察予以说明，而法庭置之不理，径行接受警方的证据，这会对判决的公信力产生多大的质疑。这样的判决也经不起复审和时间的考验，最终达不到追诉真正犯罪者、使有罪的人罪当其罚、无辜者不受冤枉的目的。如果将警察出庭作证常态化，警察以证人的身份出庭就疑点予以澄清，帮助控方对证据的合法性进行证明，使法官对证据及案件事实的合理怀疑得到排除，这必将使法庭及公众树立起对侦查取得证据合法、可靠的信心，并使被告人不得不认罪伏法，最终有利于实现追诉犯罪的目的。

总之，警察出庭作证将充分调动身为证人的侦查人员的智慧，把其侦查工作成果展现在法庭面前、固化在案件中，使该案件的被告人得到程序和实体上双重公正的对待。

第二章　解放思想：警察出庭作证并不难

对于警察出庭作证而言，主要的障碍不在于保护措施和经济补偿，而在于公安机关的执法理念、对直接言词原则以及以庭审为中心的审判原则的认同。

修改后的《刑事诉讼法》实施以来，为了从根本上提高刑事诉讼案件的质量，防止冤错案件的发生，无论是法律规定本身还是配套的司法解释或者政法单位内部的工作意见，都将证人出庭作为贯彻修改后的《刑事诉讼法》的核心问题和工作亮点。警察，基于职务的原因是最了解逮捕、讯（询）问、勘验、检查、搜查、查封、扣押、鉴定等情况的人，警察的职务行为直接影响着案件的质量和结果，所以，警察从幕后工作走向法庭作证就显得更为重要和急迫。

警察出庭作证虽然不是新事物，但确实是新问题。因为警察对于应该如何出庭作证没有太多的经验可循；对于在什么情况下应该出庭作证，法律、司法解释规定得不明确、不具体；对于案件进入审判以后的程序性规定与实际操作过程不是很清晰；对于控辩双方将就哪些重点问题、以何种方式开展交叉询问不了解，等等。所以，警察出庭必须提前做好相应的准备工作，包括心理准备、法律准备、角色准备、技术准备等。

一、警察出庭作证并不特殊

（一）警察出庭作证并不特殊

这里所讲的“警察出庭作证”，是指警察基于职务行为而知晓案件情况的出庭作证。警察作为证人出庭作证与一般证人出庭作证在作证义务上并无不同，都是向法庭说明其所知道的案件情况，对此，1996年《刑事诉讼法》已有明确的规定。无论是1996年《刑事诉讼法》还是修改后的《刑事诉讼法》并没有从身份上对证人的种类进行区分，也没有把警察作为特殊的证人予以规定，而是用“知道案件情况的人”（即证人）进行涵盖。从立法本意上来讲，《刑事诉讼法》对警察作为证人出庭并没有赋予更特殊的作证义务，当他作为证人的时候并不强调因为他具有警察的职务身份而要履行超出一般证人的作证义务。

（二）警察出庭作证与一般证人出庭作证在作证程序上并无不同

在法官看来，警察作为证人出庭作证的时候，他也仅仅是证人，法律没有特别规定因为警察有职务身份就要设定特别的出庭程序，所以，警察并不需要做特别的程序准备，按照法庭的出庭通知要求，准时出庭说明所亲历或知晓的案件情况即可。

（三）警察出庭作证与一般证人出庭作证在作证内容上并无不同

修改后的《刑事诉讼法》第187条规定，公诉人、当事人或者辩护人、诉讼代理人对证人证言有异议，且该证人证言对案件定罪量刑有重大影响，人民法院认为证人有必要出庭作证的，证人应当出庭作证。人民警察就其执行职务时目击的犯罪情况作为证人出庭作证，适用该规定。上述出庭作证的证明内容都是证人亲历的或者知晓的案件情况，对警察并没有额外的要求。

（四）警察出庭作证与一般证人出庭作证在作证要求上并无不同

修改后的《刑事诉讼法》第59条规定，法庭查明证人有意作伪证或者隐匿罪证的时候，应当依法处理。这也就是说，法律要求证人履行如实作证的义务，对有意作伪证或者隐匿罪证的行为作了禁止性规定，只要是证人就要无条件遵守，否则，将承担法律后果。关于上述规定，法庭会在控辩双方对证人展开交叉询问之前进行法律告知，并让证人在如实作证保证书上签字，警察证人也不例外，如实作证是法律对证人的强制性要求。

二、警察出庭作证的现实困难

警察出庭作证并不是修改后的《刑事诉讼法》提出的新要求，作为证人，警察证人与一般证人在作证义务、作证程序、作证内容与作证要求上均无区别，但为什么警察出庭作证会成为贯彻落实修改后的《刑事诉讼法》的一个被高度关注的热点、焦点、难点问题，而且关注度超过一般证人出庭作证，很值得我们思考。

（一）警察对出庭作证必要性的认识普遍存在偏差

通常来说，警察并不认为自己应该出庭作证。警察出庭作证毕竟是基于职务行为，这是有别于一般证人的。虽然从证人出庭作证的角度来说，警察证人与一般证人并无不同，都是知道案件情况的人，都要把知道的案件情况向法庭说清楚，并接受控、辩、审三方的交叉询问。但警察作为证人出庭，其所知晓的案件情况并不像一般证人那样，与案件存在着某种偶然或必然的牵连，如是现场目击证人、被害人或被告人的亲属、物证所有者等。警察所了解的案件情况是基于案件发生后的接处警、侦查等职务行为，而不是自然的巧合或遇见。一旦作证与职务行为相关联，警察对于出庭的第一反应便是没有必要，因为基于职务行为所了解的案件情况都以书面的形式整理成卷宗或附有视频资料移送法庭，如询问笔录、讯问笔录、抓获经过、现场勘验检查笔录、相关工作的说明及部分案件调取到的现场监控录像等。案件一旦进入提起公诉的程序，往往意味着警察已经完成了案件的侦查工作。至于法庭如何审理，似乎与警察已无关系。

（二）警察很难认同自己与一般证人一样需要接受法庭调查

警察出庭作证是基于侦查等职务行为，其作为证人对自己的职务行为及在职务行为中的角色过于在意。在接处警、侦查过程中，警察的职责是询问证人、讯问犯罪嫌疑人、发现犯罪线索直至破获案件，其相对于案件中的一般证人、犯罪嫌疑人有着天然的职务优势，处于主导地位，心理优越感极强。一旦走向法庭，不仅要接受公诉人、辩护人、合议庭的询问，还要接受被告人的询问并与其当面对质，警察很难进行角色转换并接受在法庭中被询问的证人地位。

（三）警察出庭作证的先例不多，缺少可以借鉴的经验

需要出庭作证的警察几乎都工作在侦查一线，其工作的重心和重点在于如何及时、准确地破获案件，如何组织好案卷材料移送起诉，而不在于如何走向法庭作证。基于各种原因，1996 年《刑事诉讼法》确立的直接言词原则和以庭审为中心的审判原则执行得并不到位，一般证人的出庭率不高，警察出庭作证更是寥寥无几。因为职责分工不同，警察对庭审程序关注、研究的不多，对于案件进入审判程序以后的程序性规定与实际操作过程不是很了解，控、辩、审三方将围绕哪些与侦查行为有关的重点问题进行询问，以及以何种方式展开询问也并不清楚，所以，警察出庭作证可以借鉴的经验很少，侦查一线的警察对于出庭作证感到无所适从，畏难情绪比较明显。

（四）警察出庭作证尚未形成自觉意识

在任何国家的任意发展阶段，警察的侦查行为都很难用完美来概括，因为侦查行为受限于时间、空间、地点、技术、经验、能力等主客观条件，所以警察走向法庭说明案卷中反映不出来、反映不清楚或者存在较大争议的案件侦破情况是很正常的，警察走向法庭作证其实是自我完善取证程序和巩固证据的过程，而且这种完善过程是在法庭调查中完成的，具有非常高的法律效力。警察不愿意走向法庭作证恰恰是没有认识到这个积极意义，没有形成自觉出庭作证的意识。从证据的效力上来讲，警察把自己所经历的侦查工作有理、有力、有凭、有据地展示在法庭上，其证据效力要远远高于书面说明。另外，即使侦查工作中出现了疏漏与瑕疵，通过出庭接受质询进行弥补与修复，同样会起到完善证据与程序的作用。

（五）公安机关对警察出庭作证的重视程度有待加强

一线警察出庭作证仅靠改变侦查人员的认识是远远不够的，各级领导必须切实转变执法理念，对侦查人员出庭作证提出明确的要求。一方面，要加强指导与培训；另一方面，要规范侦查行为，提高侦查质量与水平。警察出庭作证应该成为刑事诉讼的常态，在现阶段，一线警察的工作能力与水平参差不齐，工作规范程度不一，取证程序及收集的证据存在一定瑕疵，如果警察不出庭说明情况，接受质询，很难排除合理怀疑，对案件的定罪量刑产生极大的影响。所以，各级领导的执法理念和对待证人出庭作证的态度很重要，要带头把直接言词证据原则和以庭审为中心的审判原则贯彻好、落实好，鼓励侦查人员走向法庭，固化侦查成果。

三、积极准备化难为易

警察认为出庭作证难，大多是因为未经历过出庭作证，只是自己想象或者是道听途说的，其实从常规工作走向公开、透明的法庭并没有太多的问题，只要能够实事求是、客观真实地讲出所了解或经历的案件侦办情况就完成了作证义务。所谓“难”，是心里没底，不自信，缺少经验，而这些都源于对法庭的陌生、对庭审程序的陌生，以及对于自己履职行为的顾虑。警察出庭作证不是一件特别难以完成或不好完成的事，做好准备，事半功倍。

（一）把对侦查工作的自信转化为对出庭作证的自信，出庭作证不是难事

很多在一线从事侦查工作的警察平时是非常自信的，因为侦查是他的日常工作，每天都要面对或者经历，积累了足够丰富的侦查经验。出庭作证无外乎是把工作中所见、所闻、所为向法庭说清楚，帮助法庭查明事实、巩固证据或阐述侦查行为的合法性、合规性，以排除辩方与法官对侦查取证合法性、合规性的怀疑，并没有太高的难度系数，完全可以充满自信。

一线警察对于不熟悉法庭审理程序和规则的问题，可以通过有针对性地学习修改后的《刑事诉讼法》及相关司法解释进行快速充电，法条和相关司法解释通俗易懂，容易掌握，所以也不是什么难事，没有必要动摇自信心。

只要警察在侦查工作中依法、依职权、依规定进行调查、取证、扣押、冻结、勘验、检查、实施抓捕，完全可以大胆地、充满自信地走向法庭，生动地向法庭展示侦查工作成果。

（二）给予自己足够的心理暗示，出庭作证是件双赢的好事

作为警察，要告诉自己出庭作证不外乎要实现两个目的：一是实事求是地向法庭说明自己所了解的案件情况；二是通过说明情况尽可能地修复在侦查工作中的瑕疵，进一步固化侦查成果。警察通过出庭接受交叉询问，不仅可以历练心理素质、应对能力，赢得法庭（控、辩、审三方）对侦查工作的尊重，还可以从控、辩、审三方的不同视角检验以往工作的成效或者发现不足，通过对出庭作证的情况进行及时的梳理、总结或反思，更好地完善、规范、推动侦查工作，提高侦查工作质效，提升工作能力与执法水平。所以，警察出庭作证不仅有助于法庭查明案件事实，也有助于对自身工作的规范与肯定，是件双赢的好事。

（三）养成严谨的工作习惯，出警、出现场全程留痕

由于警察的工作通常会因为有犯罪突然发生或被发现而启动，

警察出警、出现场在时间节点上没有明显的规律可循，而不确定的警情会给出警、出现场的警察带来工作中的交叉与重叠，这种交叉与重叠有时是一个案件的，有时是多个案件的，长此以往，有一些工作细节就有可能被疏漏、混淆或遗忘，因为人的记忆都是有限的。例如，有时一个犯罪现场尚未完成勘验、检查，而另一个犯罪现场已经出现；有时正在走访、寻找此案的知情人，而彼案已经案发；有时正在讯问在押犯罪嫌疑人，而赶往外地逮捕其他犯罪嫌疑人的命令已经下达，等等。所以，养成良好的执法习惯，有意识地做到案件侦查全程留痕，可以很好地避免因工作冲突与重叠而带来的问题。

当然，这里所讲的"全程留痕"，不是指按照法律或公安部的规定制作各种制式的笔录，而是指警察自己所制作的工作日志或备忘录，主要记载自己在侦查过程中的所作所为、工作要点、难点，以及在侦查过程中有无突发事件、有无其他因素介入等，用以帮助自己回顾案件情况及执法表现。如果养成了上述严谨的工作习惯，警察出庭作证将不存在问题。

（四）了解警察出庭作证的主要事由，快速回放案件细节与难点，做好应对准备

实践中，警察出庭作证是以确有需要为前提的，并不是所有案件、所有参与侦查的警察都要出庭作证。一般涉及是否存在非法取证的合理怀疑时，警察应当出庭作证；涉及被告人的归案方式不清，进而影响对被告人自首情节的认定时，警察应当出庭作证；涉及扣押、搜查法律手续或扣押、搜查程序瑕疵时，警察应当出庭作证；涉及现场勘验、检查及书证、物证提取以及检材保管、运输、送检程序有异议时，警察应当出庭作证。

具有鉴定人资质的警察出庭作证的情况比较特殊，从其职务特殊性上来看，鉴定人出庭作证不属于警察证人出庭作证的范畴，而是属于鉴定人出庭作证的范畴，但其同时又是具有警察身份的鉴定人，其要走向法庭回答的问题与鉴定意见的论证过程及结论相关。

了解警察出庭作证的主要情形与事由后，就要通过回忆案件侦办过程、查阅侦查日志或备忘录，快速回顾案件侦办的整体情况，围绕警察出庭作证的主要情形与事由，梳理出侦查的重点和难点问题。这些重点和难点问题主要包括侦查行为是否合法依规、案件侦破线索如何获取、关键证据的来源以及证据是否存在明显瑕疵等。鉴于案件从侦查终结到移送起诉的周期比较长，证据材料又比较多，单纯靠回忆或者查阅侦查日志、备忘录有时仍不能唤起对全案情况尤其是某些工作细节的记忆，在这种情况下，警察也可以于开庭前向法庭申请查阅原始侦查卷，做足出庭作证的功课。

（五）了解控辩双方的询问思路与风格，准确表达自己的真实意见

警察作为控方证人出庭是帮助控方补强证据的，公诉人通常会在庭前就当庭可能询问的问题及询问方式与警察进行讨论，在讨论过程中，警察要注意公诉人发问的语气及语言逻辑，在回答问题时要尽量增强与发问的契合度。因为每个公诉人的表达习惯不同，对不同案件使用的询问技巧也不同，如果警察在庭前不能熟悉公诉人发问的语言风格或明确发问的目的，在庭审中有可能不知道如何回答问题或者答非所问，这样会极大地影响出庭作证的效果。所以，必须在出庭前做好充分的沟通。

了解每个辩护人的询问思路及语言风格不是一件容易的事，但总结、归纳辩护人这个群体的询问思路和语言风格不是一件太难的事。世上无难事，只怕有心人。在媒体、网络极其发达的今天，很多经典刑事案件的庭审过程在网上都有视频，著名刑事辩护律师的成名案件及法庭语言风格在网上也都有分析和点评，有的著名刑事辩护律师还著书立说，就自己职业生涯中所代理的重大刑事案件进行回顾与总结，其中不乏职业辩护人的思维智慧与诉讼技巧。主动去了解这个群体，主动去适应攻势凌厉的发问，不仅能够在法庭上从容地应对，更能开阔自己在侦查中的视野，养成多角度、发散性思维的习惯，对于自我能力的提升和工作质效的提高大有益处。

（六）主动与法官沟通，法官对诉讼参与人一般都会给予程序引导

鉴于1996年《刑事诉讼法》对于庭审程序的规定过于原则，在实践中，不同的法院、不同的法官对于庭审程序的主持有着不同的习惯和经验，如质证的顺序、证人出庭作证的时机等。一般情况下，法官会就庭审的具体程序在庭前与控辩双方交换意见并进行相应的程序引导。修改后的《刑事诉讼法》实施以来，开庭程序的引导工作多在庭前会议中完成。出庭的警察作为诉讼参与人也是法官开庭程序引导的对象，如果法官对程序不进行具体的释明引导，警察不知道自己将在法庭审理的哪个阶段进入诉讼程序，进入程序后不知道先做什么后做什么，既增加警察出庭作证的紧张程度，也不利于把握庭审节奏。所以，出庭作证的警察要主动与主审法官沟通，求得在程序上的引导，做到熟知出庭作证的具体程序安排和要求。

（七）善于总结他人出庭作证的经验，模拟庭审情境，提早进入证人状态

警察出庭作证的比例虽然不高，但也不是没有经验可循。修改后的《刑事诉讼法》实施以来，各地都有一些警察出庭作证的案例，可以把这些案例收集起来进行比较研究，评析得失，借鉴所长，避其所短。如果在借鉴先例的前提下仍然找不到出庭作证的感觉，也可以有针对性地进行模拟演练，主要围绕工作中的薄弱环节或者有明显程序瑕疵或证据瑕疵展开，回顾工作周全一些，当庭反应机敏一些，回答提问慎重一些，实事求是，言简意赅就很好。

第三章　法律依据：警察出庭作证懂法律

证人凡是出庭作证，都需要对法院审理案件的诉讼程序有所了解，以便顺利完成作证。例如，需要了解案件适用的是普通刑事诉讼程序，还是简易程序；是一审程序、二审程序，还是再审程序；有哪些人参与庭审；证人是在哪个阶段，什么时候出庭作证；出庭后如何作证；谁有权向其提问，以及如何回答；是仅就所了解的事实客观陈述，还是可以加之以个人的猜测、评论；作证前是否可以在法庭旁听；如果作了伪证会有什么后果，等等，这些问题客观上都需要证人对《刑事诉讼法》有所了解，从中寻找答案。通过了解法院审理案件的程序、法庭开庭审理的程序，作为证人应当具有的诉讼权利，以及承担什么样的诉讼义务，从而帮助自己顺利完成作证的义务。当警察作为证人出庭作证时，与一般证人一样，首先需要对《刑事诉讼法》有所了解。此外，由于警察具有国家公职人员及执法人员的身份，决定了警察证人需要比一般证人了解的法律更多，也更深入。这是因为警察本身即是国家执法人员的身份，一个执法者，要求其本身的法律修养和法律水平自然应当比一般证人更高一些。此外，基于警察执法人员的身份，社会对警察的法律素质也自然会有更高的期待和要求。由于修改后的《刑事诉讼法》明文规定了警察出庭作证的义务，今后警察出庭作证会日渐增多。当前司法实践面临的一个比较突出的问题，就是警察出庭作证时表现出的对相关法律了解不足、不深，因此，为提高警察出庭作证的质量和效果，警察有必要做足法律功课，了解相关的法律知识。

通常来说，警察基于三种身份出庭作证：第一种身份是以证人的身份出庭作证，就其所了解的案件事实向法庭作陈述，并接受法官及控辩双方的提问。例如，警察现场发现被告人正在（或准备）实施抢劫，当场制止并将其拘留。经公安机关立案、侦查、移送起诉以及检察机关提起公诉等刑事诉讼程序，法院开庭审理时，警察作为证人到庭陈述，向法庭说明他是在什么时间、什么地点看到被告人正在做些什么，以及如何制止被告人实施犯罪（还是被告人主动中止实施犯罪），被告人是否反抗，是否发生了搏斗，以及被害人是谁，造成了什么后果，现场还有谁，最后如何将被告人扭送到公安机关等。这时，警察不仅仅需要同一般证人一样懂得《刑事诉讼法》，如前所述，警察执法人员的身份还要求警察了解更多有关刑事诉讼的法律规范，即广义的刑事诉讼法，如最高人民法院《关于适用〈中华人民共和国刑事诉讼法〉的解释》，以及最高人民法院、最高人民检察院、公安部、国家安全部、司法部、全国人大常委会法制工作委员会《关于实施刑事诉讼法若干问题的规定》等。此外，还要懂《刑法》，如有关抢劫犯罪的构成要件，以及犯罪预备、中止、未遂、既遂等的构成条件，以便对被告人的行为性质作出准确判断。

更多时候，警察是以第二种身份——警察证人出庭作证，其出庭作证时所要说明的问题与警察业务密切相关，即其所采取的刑事强制措施以及实施的侦查行为等是否正确执行了法律，是否存在违法行为。例如，警察所采取的传唤、拘留、逮捕等刑事强制措施是否合法；在被告人翻供控告警察讯问违法时，警察需要向法庭陈述讯问被告人的过程，是否对被告人进行了刑讯逼供；是否超过期限讯问犯罪嫌疑人；在涉及其他非法证据排除环节被传唤出庭作证时，警察需要就其所采取的刑事侦查行为，如搜查、勘验、检查等程序是否合法，以及相关书证、物证、视听资料等证据收集、保存过程是否合法等向法庭陈述，并接受控辩双方的提问，力求证明其支持起诉的证据是真实、合法、有效的，能够被法庭认定、采纳。在这种情况下，警察以证人的身份出庭作证所涉及的内容属于日常职务行为，这些行为受相关的规章调整，如《公安机关办理刑事案件程序规定》，最高人民检察院、公安部《关于审查逮捕阶段讯问犯罪嫌疑人的规定》，《公安机关适用刑事羁押期限规定》，最高人民检察院、公安部《关于适用刑事强制措施有关问题的规定》，最高人民法院、最高人民检察院、公安部、国家安全部、司法部《关于办理刑事案件排除非法证据若干问题的规定》等。因此，警察以证人的身份出庭作证时，除了要懂得作为证人所要了解的有关刑事诉讼法律规范之外，还需要懂得以上与其执法工作密切相关的法律、法规、规章等，了解侦查收集证据规则，了解法庭证据的认定规则，了解法庭审理非法证据排除的程序及非法证据排除规则等，这是对警察作为执法人员的必然工作要求。知法是执法的前提，懂得与警察业务密切相关的法律、法规，不仅直接关系到警察能否依法履行职务，直接反映警察的工作质量和执法水平，同时，也直接影响警察出庭作证的效果，是警察出庭作证时对其侦查、采取刑事强制措施等行为合法性作出解释所必需的，警察需要依据以上相关的法律、法规，证明自己行为的合法性。

警察出庭作证的第三种身份，是作为鉴定人出庭作证。刑事鉴定是一种侦查行为，如果刑事侦查中所涉及的某些专业性问题（如物证、书证、电子数据的真实性），以及对身体伤害程度等所作的鉴定受到质疑，则需要警察接受法庭的传唤出庭作证，对其鉴定材料的取得、鉴定的过程，以及鉴定设备、鉴定依据、鉴定结果，包括警察本身的鉴定资格等事实向法庭作陈述，并接受控辩双方的提问。在这种情况下，警察除了需要懂得作为一般证人应该了解的有关刑事诉讼法律规范外，还需要熟知与其鉴定业务密切相关的法律、法规，如《刑事技术鉴定规则》、《公安机关物证鉴定规则》、《公安机关电子数据鉴定规则》等，以便在法庭上依法证明自己的鉴定行为和鉴定意见合法、有效。

综上，警察出庭作证需要懂得《刑事诉讼法》，以及与侦查、鉴定等业务工作相关的法律、法规。限于篇幅，以下摘要列举警察出庭作证需要懂得的主要法律、法规等。

一、《中华人民共和国刑事诉讼法》（节录）（2012年3月14日中华人民共和国主席令第55号第二次修正）

第四十八条　可以用于证明案件事实的材料，都是证据。

证据包括：

（一）物证；

（二）书证；

（三）证人证言；

（四）被害人陈述；

（五）犯罪嫌疑人、被告人供述和辩解；

（六）鉴定意见；

（七）勘验、检查、辨认、侦查实验等笔录；

（八）视听资料、电子数据。

证据必须经过查证属实，才能作为定案的根据。

第四十九条　公诉案件中被告人有罪的举证责任由人民检察院承担，自诉案件中被告人有罪的举证责任由自诉人承担。

第五十条　审判人员、检察人员、侦查人员必须依照法定程序，收集能够证实犯罪嫌疑人、被告人有罪或者无罪、犯罪情节轻重的各种证据。严禁刑讯逼供和以威胁、引诱、欺骗以及其他非法方法收集证据，不得强迫任何人证实自己有罪。必须保证一切与案件有关或者了解案情的公民，有客观地充分地提供证据的条件，除特殊情况外，可以吸收他们协助调查。

第五十一条　公安机关提请批准逮捕书、人民检察院起诉书、人民法院判决书，必须忠实于事实真象。故意隐瞒事实真象的，应当追究责任。

第五十二条 人民法院、人民检察院和公安机关有权向有关单位和个人收集、调取证据。有关单位和个人应当如实提供证据。

行政机关在行政执法和查办案件过程中收集的物证、书证、视听资料、电子数据等证据材料，在刑事诉讼中可以作为证据使用。

对涉及国家秘密、商业秘密、个人隐私的证据，应当保密。

凡是伪造证据、隐匿证据或者毁灭证据的，无论属于何方，必须受法律追究。

第五十三条 对一切案件的判处都要重证据，重调查研究，不轻信口供。只有被告人供述，没有其他证据的，不能认定被告人有罪和处以刑罚；没有被告人供述，证据确实、充分的，可以认定被告人有罪和处以刑罚。

证据确实、充分，应当符合以下条件：

（一）定罪量刑的事实都有证据证明；

（二）据以定案的证据均经法定程序查证属实；

（三）综合全案证据，对所认定事实已排除合理怀疑。

第五十四条 采用刑讯逼供等非法方法收集的犯罪嫌疑人、被告人供述和采用暴力、威胁等非法方法收集的证人证言、被害人陈述，应当予以排除。收集物证、书证不符合法定程序，可能严重影响司法公正的，应当予以补正或者作出合理解释；不能补正或者作出合理解释的，对该证据应当予以排除。

在侦查、审查起诉、审判时发现有应当排除的证据的，应当依法予以排除，不得作为起诉意见、起诉决定和判决的依据。

第五十五条 人民检察院接到报案、控告、举报或者发现侦查人员以非法方法收集证据的，应当进行调查核实。对于确有以非法方法收集证据情形的，应当提出纠正意见；构成犯罪的，依法追究刑事责任。

第五十六条 法庭审理过程中，审判人员认为可能存在本法第五十四条规定的以非法方法收集证据情形的，应当对证据收集的合法性进行法庭调查。

当事人及其辩护人、诉讼代理人有权申请人民法院对以非法方法收集的证据依法予以排除。申请排除以非法方法收集的证据的，应当提供相关线索或者材料。

第五十七条　在对证据收集的合法性进行法庭调查的过程中，人民检察院应当对证据收集的合法性加以证明。

现有证据材料不能证明证据收集的合法性的，人民检察院可以提请人民法院通知有关侦查人员或者其他人员出庭说明情况；人民法院可以通知有关侦查人员或者其他人员出庭说明情况。有关侦查人员或者其他人员也可以要求出庭说明情况。经人民法院通知，有关人员应当出庭。

第五十八条　对于经过法庭审理，确认或者不能排除存在本法第五十四条规定的以非法方法收集证据情形的，对有关证据应当予以排除。

第五十九条　证人证言必须在法庭上经过公诉人、被害人和被告人、辩护人双方质证并且查实以后，才能作为定案的根据。法庭查明证人有意作伪证或者隐匿罪证的时候，应当依法处理。

第六十条　凡是知道案件情况的人，都有作证的义务。

生理上、精神上有缺陷或者年幼，不能辨别是非、不能正确表达的人，不能作证人。

第六十一条　人民法院、人民检察院和公安机关应当保障证人及其近亲属的安全。

对证人及其近亲属进行威胁、侮辱、殴打或者打击报复，构成犯罪的，依法追究刑事责任；尚不够刑事处罚的，依法给予治安管理处罚。

第六十二条　对于危害国家安全犯罪、恐怖活动犯罪、黑社会性质的组织犯罪、毒品犯罪等案件，证人、鉴定人、被害人因在诉讼中作证，本人或者其近亲属的人身安全面临危险的，人民法院、人民检察院和公安机关应当采取以下一项或者多项保护措施：

（一）不公开真实姓名、住址和工作单位等个人信息；

（二）采取不暴露外貌、真实声音等出庭作证措施；

（三）禁止特定的人员接触证人、鉴定人、被害人及其近亲属；

（四）对人身和住宅采取专门性保护措施；

（五）其他必要的保护措施。

证人、鉴定人、被害人认为因在诉讼中作证，本人或者其近亲属的人身安全面临危险的，可以向人民法院、人民检察院、公安机关请求予以保护。

人民法院、人民检察院、公安机关依法采取保护措施，有关单位和个人应当配合。

第六十三条 证人因履行作证义务而支出的交通、住宿、就餐等费用，应当给予补助。证人作证的补助列入司法机关业务经费，由同级政府财政予以保障。

有工作单位的证人作证，所在单位不得克扣或者变相克扣其工资、奖金及其他福利待遇。

第一百二十一条 侦查人员在讯问犯罪嫌疑人的时候，可以对讯问过程进行录音或者录像；对于可能判处无期徒刑、死刑的案件或者其他重大犯罪案件，应当对讯问过程进行录音或者录像。

录音或者录像应当全程进行，保持完整性。

第一百五十二条 依照本节规定采取侦查措施收集的材料在刑事诉讼中可以作为证据使用。如果使用该证据可能危及有关人员的人身安全，或者可能产生其他严重后果的，应当采取不暴露有关人员身份、技术方法等保护措施，必要的时候，可以由审判人员在庭外对证据进行核实。

第一百八十二条 人民法院决定开庭审判后，应当确定合议庭的组成人员，将人民检察院的起诉书副本至迟在开庭十日以前送达被告人及其辩护人。

在开庭以前，审判人员可以召集公诉人、当事人和辩护人、诉讼代理人，对回避、出庭证人名单、非法证据排除等与审判相关的问题，了解情况，听取意见。

人民法院确定开庭日期后，应当将开庭的时间、地点通知人民检察院，传唤当事人，通知辩护人、诉讼代理人、证人、鉴定人和翻译人员，传票和通知书至迟在开庭三日以前送达。公开审判的案件，应当在开庭三日以前先期公布案由、被告人姓名、开庭时间和地点。

上述活动情形应当写入笔录，由审判人员和书记员签名。

第一百八十三条　人民法院审判第一审案件应当公开进行。但是有关国家秘密或者个人隐私的案件，不公开审理；涉及商业秘密的案件，当事人申请不公开审理的，可以不公开审理。

不公开审理的案件，应当当庭宣布不公开审理的理由。

第一百八十四条　人民法院审判公诉案件，人民检察院应当派员出席法庭支持公诉。

第一百八十五条　开庭的时候，审判长查明当事人是否到庭，宣布案由；宣布合议庭的组成人员、书记员、公诉人、辩护人、诉讼代理人、鉴定人和翻译人员的名单；告知当事人有权对合议庭组成人员、书记员、公诉人、鉴定人和翻译人员申请回避；告知被告人享有辩护权利。

第一百八十六条　公诉人在法庭上宣读起诉书后，被告人、被害人可以就起诉书指控的犯罪进行陈述，公诉人可以讯问被告人。

被害人、附带民事诉讼的原告人和辩护人、诉讼代理人，经审判长许可，可以向被告人发问。

审判人员可以讯问被告人。

第一百八十七条　公诉人、当事人或者辩护人、诉讼代理人对证人证言有异议，且该证人证言对案件定罪量刑有重大影响，人民法院认为证人有必要出庭作证的，证人应当出庭作证。

人民警察就其执行职务时目击的犯罪情况作为证人出庭作证，适用前款规定。

公诉人、当事人或者辩护人、诉讼代理人对鉴定意见有异议，人民法院认为鉴定人有必要出庭的，鉴定人应当出庭作证。经人民法院通知，鉴定人拒不出庭作证的，鉴定意见不得作为定案的根据。

第一百八十八条 经人民法院通知，证人没有正当理由不出庭作证的，人民法院可以强制其到庭，但是被告人的配偶、父母、子女除外。

证人没有正当理由拒绝出庭或者出庭后拒绝作证的，予以训诫，情节严重的，经院长批准，处以十日以下的拘留。被处罚人对拘留决定不服的，可以向上一级人民法院申请复议。复议期间不停止执行。

第一百八十九条 证人作证，审判人员应当告知他要如实地提供证言和有意作伪证或者隐匿罪证要负的法律责任。公诉人、当事人和辩护人、诉讼代理人经审判长许可，可以对证人、鉴定人发问。审判长认为发问的内容与案件无关的时候，应当制止。

审判人员可以询问证人、鉴定人。

第一百九十条 公诉人、辩护人应当向法庭出示物证，让当事人辨认，对未到庭的证人的证言笔录、鉴定人的鉴定意见、勘验笔录和其他作为证据的文书，应当当庭宣读。审判人员应当听取公诉人、当事人和辩护人、诉讼代理人的意见。

第一百九十一条 法庭审理过程中，合议庭对证据有疑问的，可以宣布休庭，对证据进行调查核实。

人民法院调查核实证据，可以进行勘验、检查、查封、扣押、鉴定和查询、冻结。

第一百九十二条 法庭审理过程中，当事人和辩护人、诉讼代理人有权申请通知新的证人到庭，调取新的物证，申请重新鉴定或者勘验。

公诉人、当事人和辩护人、诉讼代理人可以申请法庭通知有专门知识的人出庭，就鉴定人作出的鉴定意见提出意见。

法庭对于上述申请，应当作出是否同意的决定。

第二款规定的有专门知识的人出庭，适用鉴定人的有关规定。

第一百九十三条　法庭审理过程中，对与定罪、量刑有关的事实、证据都应当进行调查、辩论。

经审判长许可，公诉人、当事人和辩护人、诉讼代理人可以对证据和案件情况发表意见并且可以互相辩论。

审判长在宣布辩论终结后，被告人有最后陈述的权利。

第一百九十五条　在被告人最后陈述后，审判长宣布休庭，合议庭进行评议，根据已经查明的事实、证据和有关的法律规定，分别作出以下判决：

（一）案件事实清楚，证据确实、充分，依据法律认定被告人有罪的，应当作出有罪判决；

（二）依据法律认定被告人无罪的，应当作出无罪判决；

（三）证据不足，不能认定被告人有罪的，应当作出证据不足、指控的犯罪不能成立的无罪判决。

第一百九十六条　宣告判决，一律公开进行。

当庭宣告判决的，应当在五日以内将判决书送达当事人和提起公诉的人民检察院；定期宣告判决的，应当在宣告后立即将判决书送达当事人和提起公诉的人民检察院。判决书应当同时送达辩护人、诉讼代理人。

第一百九十八条　在法庭审判过程中，遇有下列情形之一，影响审判进行的，可以延期审理：

（一）需要通知新的证人到庭，调取新的物证，重新鉴定或者勘验的；

（二）检察人员发现提起公诉的案件需要补充侦查，提出建议的；

（三）由于申请回避而不能进行审判的。

第一百九十九条　依照本法第一百九十八条第二项的规定延期审理的案件，人民检察院应当在一个月以内补充侦查完毕。

第二百零一条　法庭审判的全部活动，应当由书记员写成笔录，经审判长审阅后，由审判长和书记员签名。

法庭笔录中的证人证言部分，应当当庭宣读或者交给证人阅读。证人在承认没有错误后，应当签名或者盖章。

法庭笔录应当交给当事人阅读或者向他宣读。当事人认为记载有遗漏或者差错的，可以请求补充或者改正。当事人承认没有错误后，应当签名或者盖章。

二、最高人民法院《关于适用〈中华人民共和国刑事诉讼法〉的解释》（节录）（2012年12月20日　法释〔2012〕21号）

第六十三条　证据未经当庭出示、辨认、质证等法庭调查程序查证属实，不得作为定案的根据，但法律和本解释另有规定的除外。

第六十四条　应当运用证据证明的案件事实包括：

（一）被告人、被害人的身份；

（二）被指控的犯罪是否存在；

（三）被指控的犯罪是否为被告人所实施；

（四）被告人有无刑事责任能力，有无罪过，实施犯罪的动机、目的；

（五）实施犯罪的时间、地点、手段、后果以及案件起因等；

（六）被告人在共同犯罪中的地位、作用；

（七）被告人有无从重、从轻、减轻、免除处罚情节；

（八）有关附带民事诉讼、涉案财物处理的事实；

（九）有关管辖、回避、延期审理等的程序事实；

（十）与定罪量刑有关的其他事实。

认定被告人有罪和对被告人从重处罚，应当适用证据确实、充分的证明标准。

第六十五条　行政机关在行政执法和查办案件过程中收集的物证、书证、视听资料、电子数据等证据材料，在刑事诉讼中可以作为证据使用；经法庭查证属实，且收集程序符合有关法律、行政法规规定的，可以作为定案的根据。

根据法律、行政法规规定行使国家行政管理职权的组织，在行政执法和查办案件过程中收集的证据材料，视为行政机关收集的证据材料。

第六十七条　下列人员不得担任刑事诉讼活动的见证人：

（一）生理上、精神上有缺陷或者年幼，不具有相应辨别能力或者不能正确表达的人；

（二）与案件有利害关系，可能影响案件公正处理的人；

（三）行使勘验、检查、搜查、扣押等刑事诉讼职权的公安、司法机关的工作人员或者其聘用的人员。

由于客观原因无法由符合条件的人员担任见证人的，应当在笔录材料中注明情况，并对相关活动进行录像。

第六十九条　对物证、书证应当着重审查以下内容：

（一）物证、书证是否为原物、原件，是否经过辨认、鉴定；物证的照片、录像、复制品或者书证的副本、复制件是否与原物、原件相符，是否由二人以上制作，有无制作人关于制作过程以及原物、原件存放于何处的文字说明和签名；

（二）物证、书证的收集程序、方式是否符合法律、有关规定；经勘验、检查、搜查提取、扣押的物证、书证，是否附有相关笔录、清单，笔录、清单是否经侦查人员、物品持有人、见证人签名，没有物品持有人签名的，是否注明原因；物品的名称、特征、数量、质量等是否注明清楚；

（三）物证、书证在收集、保管、鉴定过程中是否受损或者改变；

（四）物证、书证与案件事实有无关联；对现场遗留与犯罪有关的具备鉴定条件的血迹、体液、毛发、指纹等生物样本、痕迹、物品，是否已作DNA鉴定、指纹鉴定等，并与被告人或者被害人的相应生物检材、生物特征、物品等比对；

（五）与案件事实有关联的物证、书证是否全面收集。

第七十条 据以定案的物证应当是原物。原物不便搬运，不易保存，依法应当由有关部门保管、处理，或者依法应当返还的，可以拍摄、制作足以反映原物外形和特征的照片、录像、复制品。

物证的照片、录像、复制品，不能反映原物的外形和特征的，不得作为定案的根据。

物证的照片、录像、复制品，经与原物核对无误、经鉴定为真实或者以其他方式确认为真实的，可以作为定案的根据。

第七十一条 据以定案的书证应当是原件。取得原件确有困难的，可以使用副本、复制件。

书证有更改或者更改迹象不能作出合理解释，或者书证的副本、复制件不能反映原件及其内容的，不得作为定案的根据。

书证的副本、复制件，经与原件核对无误、经鉴定为真实或者以其他方式确认为真实的，可以作为定案的根据。

第七十二条 对与案件事实可能有关联的血迹、体液、毛发、人体组织、指纹、足迹、字迹等生物样本、痕迹和物品，应当提取而没有提取，应当检验而没有检验，导致案件事实存疑的，人民法院应当向人民检察院说明情况，由人民检察院依法补充收集、调取证据或者作出合理说明。

第七十三条 在勘验、检查、搜查过程中提取、扣押的物证、书证，未附笔录或者清单，不能证明物证、书证来源的，不得作为定案的根据。

物证、书证的收集程序、方式有下列瑕疵，经补正或者作出合理解释的，可以采用：

（一）勘验、检查、搜查、提取笔录或者扣押清单上没有侦查人员、物品持有人、见证人签名，或者对物品的名称、特征、数量、质量等注明不详的；

（二）物证的照片、录像、复制品，书证的副本、复制件未注明与原件核对无异，无复制时间，或者无被收集、调取人签名、盖章的；

（三）物证的照片、录像、复制品，书证的副本、复制件没有制作人关于制作过程和原物、原件存放地点的说明，或者说明中无签名的；

（四）有其他瑕疵的。

对物证、书证的来源、收集程序有疑问，不能作出合理解释的，该物证、书证不得作为定案的根据。

第七十四条　对证人证言应当着重审查以下内容：

（一）证言的内容是否为证人直接感知；

（二）证人作证时的年龄，认知、记忆和表达能力，生理和精神状态是否影响作证；

（三）证人与案件当事人、案件处理结果有无利害关系；

（四）询问证人是否个别进行；

（五）询问笔录的制作、修改是否符合法律、有关规定，是否注明询问的起止时间和地点，首次询问时是否告知证人有关作证的权利义务和法律责任，证人对询问笔录是否核对确认；

（六）询问未成年证人时，是否通知其法定代理人或者有关人员到场，其法定代理人或者有关人员是否到场；

（七）证人证言有无以暴力、威胁等非法方法收集的情形；

（八）证言之间以及与其他证据之间能否相互印证，有无矛盾。

第七十五条　处于明显醉酒、中毒或者麻醉等状态，不能正常感知或者正确表达的证人所提供的证言，不得作为证据使用。

证人的猜测性、评论性、推断性的证言，不得作为证据使用，但根据一般生活经验判断符合事实的除外。

第七十六条　证人证言具有下列情形之一的，不得作为定案的根据：

（一）询问证人没有个别进行的；

（二）书面证言没有经证人核对确认的；

（三）询问聋、哑人，应当提供通晓聋、哑手势的人员而未提供的；

（四）询问不通晓当地通用语言、文字的证人，应当提供翻译人员而未提供的。

第七十七条 证人证言的收集程序、方式有下列瑕疵，经补正或者作出合理解释的，可以采用；不能补正或者作出合理解释的，不得作为定案的根据：

（一）询问笔录没有填写询问人、记录人、法定代理人姓名以及询问的起止时间、地点的；

（二）询问地点不符合规定的；

（三）询问笔录没有记录告知证人有关作证的权利义务和法律责任的；

（四）询问笔录反映出在同一时段，同一询问人员询问不同证人的。

第七十八条 证人当庭作出的证言，经控辩双方质证、法庭查证属实的，应当作为定案的根据。

证人当庭作出的证言与其庭前证言矛盾，证人能够作出合理解释，并有相关证据印证的，应当采信其庭审证言；不能作出合理解释，而其庭前证言有相关证据印证的，可以采信其庭前证言。

经人民法院通知，证人没有正当理由拒绝出庭或者出庭后拒绝作证，法庭对其证言的真实性无法确认的，该证人证言不得作为定案的根据。

第八十条 对被告人供述和辩解应当着重审查以下内容：

（一）讯问的时间、地点，讯问人的身份、人数以及讯问方式等是否符合法律、有关规定；

（二）讯问笔录的制作、修改是否符合法律、有关规定，是否注明讯问的具体起止时间和地点，首次讯问时是否告知被告人相关权利和法律规定，被告人是否核对确认；

（三）讯问未成年被告人时，是否通知其法定代理人或者有关人员到场，其法定代理人或者有关人员是否到场；

（四）被告人的供述有无以刑讯逼供等非法方法收集的情形；

（五）被告人的供述是否前后一致，有无反复以及出现反复的原因；被告人的所有供述和辩解是否均已随案移送；

（六）被告人的辩解内容是否符合案情和常理，有无矛盾；

（七）被告人的供述和辩解与同案被告人的供述和辩解以及其他证据能否相互印证，有无矛盾。

必要时，可以调取讯问过程的录音录像、被告人进出看守所的健康检查记录、笔录，并结合录音录像、记录、笔录对上述内容进行审查。

第八十一条　被告人供述具有下列情形之一的，不得作为定案的根据：

（一）讯问笔录没有经被告人核对确认的；

（二）讯问聋、哑人，应当提供通晓聋、哑手势的人员而未提供的；

（三）讯问不通晓当地通用语言、文字的被告人，应当提供翻译人员而未提供的。

第八十二条　讯问笔录有下列瑕疵，经补正或者作出合理解释的，可以采用；不能补正或者作出合理解释的，不得作为定案的根据：

（一）讯问笔录填写的讯问时间、讯问人、记录人、法定代理人等有误或者存在矛盾的；

（二）讯问人没有签名的；

（三）首次讯问笔录没有记录告知被讯问人相关权利和法律规定的。

第八十三条　审查被告人供述和辩解，应当结合控辩双方提供的所有证据以及被告人的全部供述和辩解进行。

被告人庭审中翻供，但不能合理说明翻供原因或者其辩解与全案证据矛盾，而其庭前供述与其他证据相互印证的，可以采信其庭前供述。

被告人庭前供述和辩解存在反复，但庭审中供认，且与其他证据相互印证的，可以采信其庭审供述；被告人庭前供述和辩解存在反复，庭审中不供认，且无其他证据与庭前供述印证的，不得采信其庭前供述。

第八十四条 对鉴定意见应当着重审查以下内容：

（一）鉴定机构和鉴定人是否具有法定资质；

（二）鉴定人是否存在应当回避的情形；

（三）检材的来源、取得、保管、送检是否符合法律、有关规定，与相关提取笔录、扣押物品清单等记载的内容是否相符，检材是否充足、可靠；

（四）鉴定意见的形式要件是否完备，是否注明提起鉴定的事由、鉴定委托人、鉴定机构、鉴定要求、鉴定过程、鉴定方法、鉴定日期等相关内容，是否由鉴定机构加盖司法鉴定专用章并由鉴定人签名、盖章；

（五）鉴定程序是否符合法律、有关规定；

（六）鉴定的过程和方法是否符合相关专业的规范要求；

（七）鉴定意见是否明确；

（八）鉴定意见与案件待证事实有无关联；

（九）鉴定意见与勘验、检查笔录及相关照片等其他证据是否矛盾；

（十）鉴定意见是否依法及时告知相关人员，当事人对鉴定意见有无异议。

第八十五条 鉴定意见具有下列情形之一的，不得作为定案的根据：

（一）鉴定机构不具备法定资质，或者鉴定事项超出该鉴定机构业务范围、技术条件的；

（二）鉴定人不具备法定资质，不具有相关专业技术或者职称，或者违反回避规定的；

（三）送检材料、样本来源不明，或者因污染不具备鉴定条件的；

（四）鉴定对象与送检材料、样本不一致的；

（五）鉴定程序违反规定的；

（六）鉴定过程和方法不符合相关专业的规范要求的；

（七）鉴定文书缺少签名、盖章的；

（八）鉴定意见与案件待证事实没有关联的；

（九）违反有关规定的其他情形。

第八十六条 经人民法院通知，鉴定人拒不出庭作证的，鉴定意见不得作为定案的根据。

鉴定人由于不能抗拒的原因或者有其他正当理由无法出庭的，人民法院可以根据情况决定延期审理或者重新鉴定。

对没有正当理由拒不出庭作证的鉴定人，人民法院应当通报司法行政机关或者有关部门。

第八十七条 对案件中的专门性问题需要鉴定，但没有法定司法鉴定机构，或者法律、司法解释规定可以进行检验的，可以指派、聘请有专门知识的人进行检验，检验报告可以作为定罪量刑的参考。

对检验报告的审查与认定，参照适用本节的有关规定。

经人民法院通知，检验人拒不出庭作证的，检验报告不得作为定罪量刑的参考。

第八十八条 对勘验、检查笔录应当着重审查以下内容：

（一）勘验、检查是否依法进行，笔录的制作是否符合法律、有关规定，勘验、检查人员和见证人是否签名或者盖章；

（二）勘验、检查笔录是否记录了提起勘验、检查的事由，勘验、检查的时间、地点，在场人员、现场方位、周围环境等，现场的物品、人身、尸体等的位置、特征等情况，以及勘验、检查、搜查的过程；文字记录与实物或者绘图、照片、录像是否相符；现场、物品、痕迹等是否伪造、有无破坏；人身特征、伤害情况、生理状态有无伪装或者变化等；

（三）补充进行勘验、检查的，是否说明了再次勘验、检查的原由，前后勘验、检查的情况是否矛盾。

第八十九条 勘验、检查笔录存在明显不符合法律、有关规定的情形，不能作出合理解释或者说明的，不得作为定案的根据。

第九十条 对辨认笔录应当着重审查辨认的过程、方法，以及辨认笔录的制作是否符合有关规定。

辨认笔录具有下列情形之一的，不得作为定案的根据：

（一）辨认不是在侦查人员主持下进行的；

（二）辨认前使辨认人见到辨认对象的；

（三）辨认活动没有个别进行的；

（四）辨认对象没有混杂在具有类似特征的其他对象中，或者供辨认的对象数量不符合规定的；

（五）辨认中给辨认人明显暗示或者明显有指认嫌疑的；

（六）违反有关规定、不能确定辨认笔录真实性的其他情形。

第九十一条 对侦查实验笔录应当着重审查实验的过程、方法，以及笔录的制作是否符合有关规定。

侦查实验的条件与事件发生时的条件有明显差异，或者存在影响实验结论科学性的其他情形的，侦查实验笔录不得作为定案的根据。

第九十二条 对视听资料应当着重审查以下内容：

（一）是否附有提取过程的说明，来源是否合法；

（二）是否为原件，有无复制及复制份数；是复制件的，是否附有无法调取原件的原因、复制件制作过程和原件存放地点的说明，制作人、原视听资料持有人是否签名或者盖章；

（三）制作过程中是否存在威胁、引诱当事人等违反法律、有关规定的情形；

（四）是否写明制作人、持有人的身份，制作的时间、地点、条件和方法；

（五）内容和制作过程是否真实，有无剪辑、增加、删改等情形；

（六）内容与案件事实有无关联。

对视听资料有疑问的，应当进行鉴定。

第九十三条 对电子邮件、电子数据交换、网上聊天记录、博客、微博客、手机短信、电子签名、域名等电子数据，应当着重审查以下内容：

（一）是否随原始存储介质移送；在原始存储介质无法封存、不便移动或者依法应当由有关部门保管、处理、返还时，提取、复制电子数据是否由二人以上进行，是否足以保证电子数据的完整性，有无提取、复制过程及原始存储介质存放地点的文字说明和签名；

（二）收集程序、方式是否符合法律及有关技术规范；经勘验、检查、搜查等侦查活动收集的电子数据，是否附有笔录、清单，并经侦查人员、电子数据持有人、见证人签名；没有持有人签名的，是否注明原因；远程调取境外或者异地的电子数据的，是否注明相关情况；对电子数据的规格、类别、文件格式等注明是否清楚；

（三）电子数据内容是否真实，有无删除、修改、增加等情形；

（四）电子数据与案件事实有无关联；

（五）与案件事实有关联的电子数据是否全面收集。

对电子数据有疑问的，应当进行鉴定或者检验。

第九十四条 视听资料、电子数据具有下列情形之一的，不得作为定案的根据：

（一）经审查无法确定真伪的；

（二）制作、取得的时间、地点、方式等有疑问，不能提供必要证明或者作出合理解释的。

第九十五条 使用肉刑或者变相肉刑，或者采用其他使被告人在肉体上或者精神上遭受剧烈疼痛或者痛苦的方法，迫使被告人违背意愿供述的，应当认定为刑事诉讼法第五十四条规定的“刑讯逼供等非法方法”。

认定刑事诉讼法第五十四条规定的“可能严重影响司法公正”，应当综合考虑收集物证、书证违反法定程序以及所造成后果的严重程度等情况。

第九十六条 当事人及其辩护人、诉讼代理人申请人民法院排除以非法方法收集的证据的，应当提供涉嫌非法取证的人员、时间、地点、方式、内容等相关线索或者材料。

第九十七条 人民法院向被告人及其辩护人送达起诉书副本时，应当告知其申请排除非法证据的，应当在开庭审理前提出，但在庭审期间才发现相关线索或者材料的除外。

第九十八条 开庭审理前，当事人及其辩护人、诉讼代理人申请人民法院排除非法证据的，人民法院应当在开庭前及时将申请书或者申请笔录及相关线索、材料的复制件送交人民检察院。

第九十九条 开庭审理前，当事人及其辩护人、诉讼代理人申请排除非法证据，人民法院经审查，对证据收集的合法性有疑问的，应当依照刑事诉讼法第一百八十二条第二款的规定召开庭前会议，就非法证据排除等问题了解情况，听取意见。人民检察院可以通过出示有关证据材料等方式，对证据收集的合法性加以说明。

第一百条 法庭审理过程中，当事人及其辩护人、诉讼代理人申请排除非法证据的，法庭应当进行审查。经审查，对证据收集的合法性有疑问的，应当进行调查；没有疑问的，应当当庭说明情况和理由，继续法庭审理。当事人及其辩护人、诉讼代理人以相同理由再次申请排除非法证据的，法庭不再进行审查。

对证据收集合法性的调查，根据具体情况，可以在当事人及其辩护人、诉讼代理人提出排除非法证据的申请后进行，也可以在法庭调查结束前一并进行。

法庭审理过程中，当事人及其辩护人、诉讼代理人申请排除非法证据，人民法院经审查，不符合本解释第九十七条规定的，应当在法庭调查结束前一并进行审查，并决定是否进行证据收集合法性的调查。

第一百零一条　法庭决定对证据收集的合法性进行调查的，可以由公诉人通过出示、宣读讯问笔录或者其他证据，有针对性地播放讯问过程的录音录像，提请法庭通知有关侦查人员或者其他人员出庭说明情况等方式，证明证据收集的合法性。

公诉人提交的取证过程合法的说明材料，应当经有关侦查人员签名，并加盖公章。未经有关侦查人员签名的，不得作为证据使用。上述说明材料不能单独作为证明取证过程合法的根据。

第一百零二条　经审理，确认或者不能排除存在刑事诉讼法第五十四条规定的以非法方法收集证据情形的，对有关证据应当排除。

人民法院对证据收集的合法性进行调查后，应当将调查结论告知公诉人、当事人和辩护人、诉讼代理人。

第一百零三条　具有下列情形之一的，第二审人民法院应当对证据收集的合法性进行审查，并根据刑事诉讼法和本解释的有关规定作出处理：

（一）第一审人民法院对当事人及其辩护人、诉讼代理人排除非法证据的申请没有审查，且以该证据作为定案根据的；

（二）人民检察院或者被告人、自诉人及其法定代理人不服第一审人民法院作出的有关证据收集合法性的调查结论，提出抗诉、上诉的；

（三）当事人及其辩护人、诉讼代理人在第一审结束后才发现相关线索或者材料，申请人民法院排除非法证据的。

第一百零四条　对证据的真实性，应当综合全案证据进行审查。

对证据的证明力，应当根据具体情况，从证据与待证事实的关联程度、证据之间的联系等方面进行审查判断。

证据之间具有内在联系，共同指向同一待证事实，不存在无法排除的矛盾和无法解释的疑问的，才能作为定案的根据。

第一百零五条 没有直接证据，但间接证据同时符合下列条件的，可以认定被告人有罪：

（一）证据已经查证属实；

（二）证据之间相互印证，不存在无法排除的矛盾和无法解释的疑问；

（三）全案证据已经形成完整的证明体系；

（四）根据证据认定案件事实足以排除合理怀疑，结论具有唯一性；

（五）运用证据进行的推理符合逻辑和经验。

第一百零六条 根据被告人的供述、指认提取到了隐蔽性很强的物证、书证，且被告人的供述与其他证明犯罪事实发生的证据相互印证，并排除串供、逼供、诱供等可能性的，可以认定被告人有罪。

第一百零七条 采取技术侦查措施收集的证据材料，经当庭出示、辨认、质证等法庭调查程序查证属实的，可以作为定案的根据。

使用前款规定的证据可能危及有关人员的人身安全，或者可能产生其他严重后果的，法庭应当采取不暴露有关人员身份、技术方法等保护措施，必要时，审判人员可以在庭外核实。

第一百零八条 对侦查机关出具的被告人到案经过、抓获经过等材料，应当审查是否有出具该说明材料的办案人、办案机关的签名、盖章。

对到案经过、抓获经过或者确定被告人有重大嫌疑的根据有疑问的，应当要求侦查机关补充说明。

第一百零九条 下列证据应当慎重使用，有其他证据印证的，可以采信：

（一）生理上、精神上有缺陷，对案件事实的认知和表达存在一定困难，但尚未丧失正确认知、表达能力的被害人、证人和被告人所作的陈述、证言和供述；

（二）与被告人有亲属关系或者其他密切关系的证人所作的有利被告人的证言，或者与被告人有利害冲突的证人所作的不利被告人的证言。

第一百一十条　证明被告人自首、坦白、立功的证据材料，没有加盖接受被告人投案、坦白、检举揭发等的单位的印章，或者接受人员没有签名的，不得作为定案的根据。

对被告人及其辩护人提出有自首、坦白、立功的事实和理由，有关机关未予认定，或者有关机关提出被告人有自首、坦白、立功表现，但证据材料不全的，人民法院应当要求有关机关提供证明材料，或者要求相关人员作证，并结合其他证据作出认定。

第一百一十一条　证明被告人构成累犯、毒品再犯的证据材料，应当包括前罪的裁判文书、释放证明等材料；材料不全的，应当要求有关机关提供。

第一百一十二条　审查被告人实施被指控的犯罪时或者审判时是否达到相应法定责任年龄，应当根据户籍证明、出生证明文件、学籍卡、人口普查登记、无利害关系人的证言等证据综合判断。

证明被告人已满十四周岁、十六周岁、十八周岁或者不满七十五周岁的证据不足的，应当认定被告人不满十四周岁、不满十六周岁、不满十八周岁或者已满七十五周岁。

第二百零二条　公诉人可以提请审判长通知证人、鉴定人出庭作证，或者出示证据。被害人及其法定代理人、诉讼代理人，附带民事诉讼原告人及其诉讼代理人也可以提出申请。

在控诉一方举证后，被告人及其法定代理人、辩护人可以提请审判长通知证人、鉴定人出庭作证，或者出示证据。

第二百零三条　控辩双方申请证人出庭作证，出示证据，应当说明证据的名称、来源和拟证明的事实。法庭认为有必要的，应当准许；对方提出异议，认为有关证据与案件无关或者明显重复、不必要，法庭经审查异议成立的，可以不予准许。

第二百零四条 已经移送人民法院的证据，控辩双方需要出示的，可以向法庭提出申请。法庭同意的，应当指令值庭法警出示、播放；需要宣读的，由值庭法警交由申请人宣读。

第二百零五条 公诉人、当事人或者辩护人、诉讼代理人对证人证言有异议，且该证人证言对定罪量刑有重大影响，或者对鉴定意见有异议，申请法庭通知证人、鉴定人出庭作证，人民法院认为有必要的，应当通知证人、鉴定人出庭；无法通知或者证人、鉴定人拒绝出庭的，应当及时告知申请人。

第二百零六条 证人具有下列情形之一，无法出庭作证的，人民法院可以准许其不出庭：

（一）在庭审期间身患严重疾病或者行动极为不便的；

（二）居所远离开庭地点且交通极为不便的；

（三）身处国外短期无法回国的；

（四）有其他客观原因，确实无法出庭的。

具有前款规定情形的，可以通过视频等方式作证。

第二百零七条 证人出庭作证所支出的交通、住宿、就餐等费用，人民法院应当给予补助。

第二百零八条 强制证人出庭的，应当由院长签发强制证人出庭令。

第二百零九条 审判危害国家安全犯罪、恐怖活动犯罪、黑社会性质的组织犯罪、毒品犯罪等案件，证人、鉴定人、被害人因出庭作证，本人或者其近亲属的人身安全面临危险的，人民法院应当采取不公开其真实姓名、住址和工作单位等个人信息，或者不暴露其外貌、真实声音等保护措施。

审判期间，证人、鉴定人、被害人提出保护请求的，人民法院应当立即审查；认为确有保护必要的，应当及时决定采取相应保护措施。

第二百一十条 决定对出庭作证的证人、鉴定人、被害人采取不公开个人信息的保护措施的，审判人员应当在开庭前核实其身份，对证人、鉴定人如实作证的保证书不得公开，在判决书、裁定书等法律文书中可以使用化名等代替其个人信息。

第二百一十一条　证人、鉴定人到庭后，审判人员应当核实其身份、与当事人以及本案的关系，并告知其有关作证的权利义务和法律责任。

证人、鉴定人作证前，应当保证向法庭如实提供证言、说明鉴定意见，并在保证书上签名。

第二百一十二条　向证人、鉴定人发问，应当先由提请通知的一方进行；发问完毕后，经审判长准许，对方也可以发问。

第二百一十三条　向证人发问应当遵循以下规则：

（一）发问的内容应当与本案事实有关；

（二）不得以诱导方式发问；

（三）不得威胁证人；

（四）不得损害证人的人格尊严。

前款规定适用于对被告人、被害人、附带民事诉讼当事人、鉴定人、有专门知识的人的讯问、发问。

第二百一十四条　控辩双方的讯问、发问方式不当或者内容与本案无关的，对方可以提出异议，申请审判长制止，审判长应当判明情况予以支持或者驳回；对方未提出异议的，审判长也可以根据情况予以制止。

第二百一十五条　审判人员认为必要时，可以询问证人、鉴定人、有专门知识的人。

第二百一十六条　向证人、鉴定人、有专门知识的人发问应当分别进行。证人、鉴定人、有专门知识的人经控辩双方发问或者审判人员询问后，审判长应当告知其退庭。

证人、鉴定人、有专门知识的人不得旁听对本案的审理。

第二百一十七条　公诉人、当事人及其辩护人、诉讼代理人申请法庭通知有专门知识的人出庭，就鉴定意见提出意见的，应当说明理由。法庭认为有必要的，应当通知有专门知识的人出庭。

申请有专门知识的人出庭，不得超过二人。有多种类鉴定意见的，可以相应增加人数。

有专门知识的人出庭，适用鉴定人出庭的有关规定。

第二百一十八条 举证方当庭出示证据后，由对方进行辨认并发表意见。控辩双方可以互相质问、辩论。

第二百一十九条 当庭出示的证据，尚未移送人民法院的，应当在质证后移交法庭。

第二百二十条 法庭对证据有疑问的，可以告知公诉人、当事人及其法定代理人、辩护人、诉讼代理人补充证据或者作出说明；必要时，可以宣布休庭，对证据进行调查核实。

对公诉人、当事人及其法定代理人、辩护人、诉讼代理人补充的和法庭庭外调查核实取得的证据，应当经过当庭质证才能作为定案的根据。但是，经庭外征求意见，控辩双方没有异议的除外。

有关情况，应当记录在案。

第二百二十一条 公诉人申请出示开庭前未移送人民法院的证据，辩护方提出异议的，审判长应当要求公诉人说明理由；理由成立并确有出示必要的，应当准许。

辩护方提出需要对新的证据作辩护准备的，法庭可以宣布休庭，并确定准备辩护的时间。

辩护方申请出示开庭前未提交的证据，参照适用前两款的规定。

第二百二十二条 法庭审理过程中，当事人及其辩护人、诉讼代理人申请通知新的证人到庭，调取新的证据，申请重新鉴定或者勘验的，应当提供证人的姓名、证据的存放地点，说明拟证明的案件事实，要求重新鉴定或者勘验的理由。法庭认为有必要的，应当同意，并宣布延期审理；不同意的，应当说明理由并继续审理。

延期审理的案件，符合刑事诉讼法第二百零二条第一款规定的，可以报请上级人民法院批准延长审理期限。

人民法院同意重新鉴定申请的，应当及时委托鉴定，并将鉴定意见告知人民检察院、当事人及其辩护人、诉讼代理人。

第二百二十三条　审判期间，公诉人发现案件需要补充侦查，建议延期审理的，合议庭应当同意，但建议延期审理不得超过两次。

人民检察院将补充收集的证据移送人民法院的，人民法院应当通知辩护人、诉讼代理人查阅、摘抄、复制。

补充侦查期限届满后，经法庭通知，人民检察院未将案件移送人民法院，且未说明原因的，人民法院可以决定按人民检察院撤诉处理。

第二百二十六条　审判期间，合议庭发现被告人可能有自首、坦白、立功等法定量刑情节，而人民检察院移送的案卷中没有相关证据材料的，应当通知人民检察院移送。

审判期间，被告人提出新的立功线索的，人民法院可以建议人民检察院补充侦查。

三、《公安机关办理刑事案件程序规定》（节录）

（2012 年 12 月 13 日公安部令第 127 号修订）

第三条　公安机关在刑事诉讼中的基本职权，是依照法律对刑事案件立案、侦查、预审；决定、执行强制措施；对依法不追究刑事责任的不予立案，已经追究的撤销案件；对侦查终结应当起诉的案件，移送人民检察院审查决定；对不够刑事处罚的犯罪嫌疑人需要行政处理的，依法予以处理或者移送有关部门；对被判处有期徒刑的罪犯，在被交付执行刑罚前，剩余刑期在三个月以下的，代为执行刑罚；执行拘役、剥夺政治权利、驱逐出境。

第五条　公安机关进行刑事诉讼，同人民法院、人民检察院分工负责，互相配合，互相制约，以保证准确有效地执行法律。

第六条　公安机关进行刑事诉讼，依法接受人民检察院的法律监督。

第八条　公安机关办理刑事案件，应当重证据，重调查研究，不轻信口供。严禁刑讯逼供和以威胁、引诱、欺骗以及其他非法方法收集证据，不得强迫任何人证实自己有罪。

第九条 公安机关在刑事诉讼中，应当保障犯罪嫌疑人、被告人和其他诉讼参与人依法享有的辩护权和其他诉讼权利。

第十条 公安机关办理刑事案件，应当向同级人民检察院提请批准逮捕、移送审查起诉。

第三十条 公安机关负责人、侦查人员有下列情形之一的，应当自行提出回避申请，没有自行提出回避申请的，应当责令其回避，当事人及其法定代理人也有权要求他们回避：

（一）是本案的当事人或者是当事人的近亲属的；

（二）本人或者他的近亲属和本案有利害关系的；

（三）担任过本案的证人、鉴定人、辩护人、诉讼代理人的；

（四）与本案当事人有其他关系，可能影响公正处理案件的。

第五十六条 可以用于证明案件事实的材料，都是证据。

证据包括：

（一）物证；

（二）书证；

（三）证人证言；

（四）被害人陈述；

（五）犯罪嫌疑人供述和辩解；

（六）鉴定意见；

（七）勘验、检查、侦查实验、搜查、查封、扣押、提取、辨认等笔录；

（八）视听资料、电子数据。

证据必须经过查证属实，才能作为认定案件事实的根据。

第五十七条 公安机关必须依照法定程序，收集能够证实犯罪嫌疑人有罪或者无罪、犯罪情节轻重的各种证据。必须保证一切与案件有关或者了解案情的公民，有客观地充分地提供证据的条件，除特殊情况外，可以吸收他们协助调查。

第五十八条　公安机关向有关单位和个人收集、调取证据时，应当告知其必须如实提供证据。

对涉及国家秘密、商业秘密、个人隐私的证据，应当保密。

对于伪造证据、隐匿证据或者毁灭证据的，应当追究其法律责任。

第五十九条　公安机关向有关单位和个人调取证据，应当经办案部门负责人批准，开具调取证据通知书。被调取单位、个人应当在通知书上盖章或者签名，拒绝盖章或者签名的，公安机关应当注明。必要时，应当采用录音或者录像等方式固定证据内容及取证过程。

第六十条　公安机关接受或者依法调取的行政机关在行政执法和查办案件过程中收集的物证、书证、视听资料、电子数据、检验报告、鉴定意见、勘验笔录、检查笔录等证据材料，可以作为证据使用。

第六十一条　收集、调取的物证应当是原物。只有在原物不便搬运、不易保存或者依法应当由有关部门保管、处理或者依法应当返还时，才可以拍摄或者制作足以反映原物外形或者内容的照片、录像或者复制品。

物证的照片、录像或者复制品经与原物核实无误或者经鉴定证明为真实的，或者以其他方式确能证明其真实的，可以作为证据使用。原物的照片、录像或者复制品，不能反映原物的外形和特征的，不能作为证据使用。

第六十二条　收集、调取的书证应当是原件。只有在取得原件确有困难时，才可以使用副本或者复制件。

书证的副本、复制件，经与原件核实无误或者经鉴定证明为真实的，或者以其他方式确能证明其真实的，可以作为证据使用。书证有更改或者更改迹象不能作出合理解释的，或者书证的副本、复制件不能反映书证原件及其内容的，不能作为证据使用。

第六十三条　物证的照片、录像或者复制品，书证的副本、复制件，视听资料、电子数据的复制件，应当附有关制作过程及原件、原物存放处的文字说明，并由制作人和物品持有人或者物品持有单位有关人员签名。

第六十四条 公安机关提请批准逮捕书、起诉意见书必须忠实于事实真象。故意隐瞒事实真象的，应当依法追究责任。

第六十五条 需要查明的案件事实包括：

（一）犯罪行为是否存在；

（二）实施犯罪行为的时间、地点、手段、后果以及其他情节；

（三）犯罪行为是否为犯罪嫌疑人实施；

（四）犯罪嫌疑人的身份；

（五）犯罪嫌疑人实施犯罪行为的动机、目的；

（六）犯罪嫌疑人的责任以及与其他同案人的关系；

（七）犯罪嫌疑人有无法定从重、从轻、减轻处罚以及免除处罚的情节；

（八）其他与案件有关的事实。

第六十六条 公安机关移送审查起诉的案件，应当做到犯罪事实清楚，证据确实、充分。

证据确实、充分，应当符合以下条件：

（一）认定的案件事实都有证据证明；

（二）认定案件事实的证据均经法定程序查证属实；

（三）综合全案证据，对所认定事实已排除合理怀疑。

对证据的审查，应当结合案件的具体情况，从各证据与待证事实的关联程度、各证据之间的联系等方面进行审查判断。

只有犯罪嫌疑人供述，没有其他证据的，不能认定案件事实；没有犯罪嫌疑人供述，证据确实、充分的，可以认定案件事实。

第六十七条 采用刑讯逼供等非法方法收集的犯罪嫌疑人供述和采用暴力、威胁等非法方法收集的证人证言、被害人陈述，应当予以排除。

收集物证、书证违反法定程序，可能严重影响司法公正的，应当予以补正或者作出合理解释；不能补正或者作出合理解释的，对该证据应当予以排除。

在侦查阶段发现有应当排除的证据的，经县级以上公安机关负责人批准，应当依法予以排除，不得作为提请批准逮捕、移送审查起诉的依据。

人民检察院认为可能存在以非法方法收集证据情形，要求公安机关进行说明的，公安机关应当及时进行调查，并向人民检察院作出书面说明。

第六十八条 人民法院认为现有证据材料不能证明证据收集的合法性，通知有关侦查人员或者其他人员出庭说明情况的，有关侦查人员或者其他人员应当出庭。必要时，有关侦查人员或者其他人员也可以要求出庭说明情况。

经人民法院通知，人民警察应当就其执行职务时目击的犯罪情况出庭作证。

第六十九条 凡是知道案件情况的人，都有作证的义务。

生理上、精神上有缺陷或者年幼，不能辨别是非，不能正确表达的人，不能作证人。

对于证人能否辨别是非，能否正确表达，必要时可以进行审查或者鉴别。

第七十条 公安机关应当保障证人及其近亲属的安全。

对证人及其近亲属进行威胁、侮辱、殴打或者打击报复，构成犯罪的，依法追究刑事责任；尚不够刑事处罚的，依法给予治安管理处罚。

第七十一条 对危害国家安全犯罪、恐怖活动犯罪、黑社会性质的组织犯罪、毒品犯罪等案件，证人、鉴定人、被害人因在侦查过程中作证，本人或者其近亲属的人身安全面临危险的，公安机关应当采取以下一项或者多项保护措施：

（一）不公开真实姓名、住址和工作单位等个人信息；

（二）禁止特定的人员接触证人、鉴定人、被害人及其近亲属；

（三）对人身和住宅采取专门性保护措施；

（四）其他必要的保护措施。

证人、鉴定人、被害人认为因在侦查过程中作证，本人或者其近亲属的人身安全面临危险，向公安机关请求予以保护，公安机关经审查认为符合前款规定的条件，确有必要采取保护措施的，应当采取上述一项或者多项保护措施。

公安机关依法采取保护措施，可以要求有关单位和个人配合。

案件移送审查起诉时，应当将采取保护措施的相关情况一并移交人民检察院。

第七十二条 公安机关依法决定不公开证人、鉴定人、被害人的真实姓名、住址和工作单位等个人信息的，可以在起诉意见书、询问笔录等法律文书、证据材料中使用化名等代替证人、鉴定人、被害人的个人信息。但是，应当另行书面说明使用化名的情况并标明密级，单独成卷。

第七十三条 证人保护工作所必需的人员、经费、装备等，应当予以保障。

证人因履行作证义务而支出的交通、住宿、就餐等费用，应当给予补助。证人作证的补助列入公安机关业务经费。

第二百三十九条 为了查明案情，解决案件中某些专门性问题，应当指派、聘请有专门知识的人进行鉴定。

需要聘请有专门知识的人进行鉴定，应当经县级以上公安机关负责人批准后，制作鉴定聘请书。

第二百四十条 公安机关应当为鉴定人进行鉴定提供必要的条件，及时向鉴定人送交有关检材和对比样本等原始材料，介绍与鉴定有关的情况，并且明确提出要求鉴定解决的问题。

禁止暗示或者强迫鉴定人作出某种鉴定意见。

第二百四十一条 侦查人员应当做好检材的保管和送检工作，并注明检材送检环节的责任人，确保检材在流转环节中的同一性和不被污染。

第二百四十二条　鉴定人应当按照鉴定规则，运用科学方法独立进行鉴定。鉴定后，应当出具鉴定意见，并在鉴定意见书上签名，同时附上鉴定机构和鉴定人的资质证明或者其他证明文件。

多人参加鉴定，鉴定人有不同意见的，应当注明。

第二百四十三条　对鉴定意见，侦查人员应当进行审查。

对经审查作为证据使用的鉴定意见，公安机关应当及时告知犯罪嫌疑人、被害人或者其法定代理人。

第二百四十四条　犯罪嫌疑人、被害人对鉴定意见有异议提出申请，以及办案部门或者侦查人员对鉴定意见有疑义的，可以将鉴定意见送交其他有专门知识的人员提出意见。必要时，询问鉴定人并制作笔录附卷。

第二百四十五条　经审查，发现有下列情形之一的，经县级以上公安机关负责人批准，应当补充鉴定：

（一）鉴定内容有明显遗漏的；

（二）发现新的有鉴定意义的证物的；

（三）对鉴定证物有新的鉴定要求的；

（四）鉴定意见不完整，委托事项无法确定的；

（五）其他需要补充鉴定的情形。

经审查，不符合上述情形的，经县级以上公安机关负责人批准，作出不准予补充鉴定的决定，并在作出决定后三日以内书面通知申请人。

第二百四十六条　经审查，发现有下列情形之一的，经县级以上公安机关负责人批准，应当重新鉴定：

（一）鉴定程序违法或者违反相关专业技术要求的；

（二）鉴定机构、鉴定人不具备鉴定资质和条件的；

（三）鉴定人故意作虚假鉴定或者违反回避规定的；

（四）鉴定意见依据明显不足的；

（五）检材虚假或者被损坏的；

（六）其他应当重新鉴定的情形。

重新鉴定，应当另行指派或者聘请鉴定人。

经审查，不符合上述情形的，经县级以上公安机关负责人批准，作出不准予重新鉴定的决定，并在作出决定后三日以内书面通知申请人。

第二百四十七条 公诉人、当事人或者辩护人、诉讼代理人对鉴定意见有异议，经人民法院依法通知的，公安机关鉴定人应当出庭作证。

鉴定人故意作虚假鉴定的，应当依法追究其法律责任。

第二百四十八条 对犯罪嫌疑人作精神病鉴定的时间不计入办案期限，其他鉴定时间都应当计入办案期限。

第二百四十九条 为了查明案情，在必要的时候，侦查人员可以让被害人、证人或者犯罪嫌疑人对与犯罪有关的物品、文件、尸体、场所或者犯罪嫌疑人进行辨认。

第二百五十条 辨认应当在侦查人员的主持下进行。主持辨认的侦查人员不得少于二人。

几名辨认人对同一辨认对象进行辨认时，应当由辨认人个别进行。

第二百五十一条 辨认时，应当将辨认对象混杂在特征相类似的其他对象中，不得给辨认人任何暗示。辨认犯罪嫌疑人时，被辨认的人数不得少于七人；对犯罪嫌疑人照片进行辨认的，不得少于十人的照片；辨认物品时，混杂的同类物品不得少于五件。

对场所、尸体等特定辨认对象进行辨认，或者辨认人能够准确描述物品独有特征的，陪衬物不受数量的限制。

第二百五十二条 对犯罪嫌疑人的辨认，辨认人不愿意公开进行时，可以在不暴露辨认人的情况下进行，并应当为其保守秘密。

第二百五十三条 对辨认经过和结果，应当制作辨认笔录，由侦查人员、辨认人、见证人签名。必要时，应当对辨认过程进行录音或者录像。

第二百五十四条 公安机关在立案后，根据侦查犯罪的需要，可以对下列严重危害社会的犯罪案件采取技术侦查措施：

（一）危害国家安全犯罪、恐怖活动犯罪、黑社会性质的组织犯罪、重大毒品犯罪案件；

（二）故意杀人、故意伤害致人重伤或者死亡、强奸、抢劫、绑架、放火、爆炸、投放危险物质等严重暴力犯罪案件；

（三）集团性、系列性、跨区域性重大犯罪案件；

（四）利用电信、计算机网络、寄递渠道等实施的重大犯罪案件，以及针对计算机网络实施的重大犯罪案件；

（五）其他严重危害社会的犯罪案件，依法可能判处七年以上有期徒刑的。

公安机关追捕被通缉或者批准、决定逮捕的在逃的犯罪嫌疑人、被告人，可以采取追捕所必需的技术侦查措施。

第二百五十五条　技术侦查措施是指由设区的市一级以上公安机关负责技术侦查的部门实施的记录监控、行踪监控、通信监控、场所监控等措施。

技术侦查措施的适用对象是犯罪嫌疑人、被告人以及与犯罪活动直接关联的人员。

第二百五十六条　需要采取技术侦查措施的，应当制作呈请采取技术侦查措施报告书，报设区的市一级以上公安机关负责人批准，制作采取技术侦查措施决定书。

人民检察院等部门决定采取技术侦查措施，交公安机关执行的，由设区的市一级以上公安机关按照规定办理相关手续后，交负责技术侦查的部门执行，并将执行情况通知人民检察院等部门。

第二百五十七条　批准采取技术侦查措施的决定自签发之日起三个月以内有效。

在有效期限内，对不需要继续采取技术侦查措施的，办案部门应当立即书面通知负责技术侦查的部门解除技术侦查措施；负责技术侦查的部门认为需要解除技术侦查措施的，报批准机关负责人批准，制作解除技术侦查措施决定书，并及时通知办案部门。

对复杂、疑难案件，采取技术侦查措施的有效期限届满仍需要继续采取技术侦查措施的，经负责技术侦查的部门审核后，报批准机关负责人批准，制作延长技术侦查措施期限决定书。批准延长期限，每次不得超过三个月。

有效期限届满，负责技术侦查的部门应当立即解除技术侦查措施。

第二百五十八条 采取技术侦查措施，必须严格按照批准的措施种类、适用对象和期限执行。

在有效期限内，需要变更技术侦查措施种类或者适用对象的，应当按照本规定第二百五十六条规定重新办理批准手续。

第二百五十九条 采取技术侦查措施收集的材料在刑事诉讼中可以作为证据使用。使用技术侦查措施收集的材料作为证据时，可能危及有关人员的人身安全，或者可能产生其他严重后果的，应当采取不暴露有关人员身份和使用的技术设备、侦查方法等保护措施。

采取技术侦查措施收集的材料作为证据使用的，采取技术侦查措施决定书应当附卷。

第二百六十条 采取技术侦查措施收集的材料，应当严格依照有关规定存放，只能用于对犯罪的侦查、起诉和审判，不得用于其他用途。

采取技术侦查措施收集的与案件无关的材料，必须及时销毁，并制作销毁记录。

第二百六十一条 侦查人员对采取技术侦查措施过程中知悉的国家秘密、商业秘密和个人隐私，应当保密。

公安机关依法采取技术侦查措施，有关单位和个人应当配合，并对有关情况予以保密。

第二百六十二条 为了查明案情，在必要的时候，经县级以上公安机关负责人决定，可以由侦查人员或者公安机关指定的其他人员隐匿身份实施侦查。

隐匿身份实施侦查时，不得使用促使他人产生犯罪意图的方法诱使他人犯罪，不得采用可能危害公共安全或者发生重大人身危险的方法。

第二百六十三条　对涉及给付毒品等违禁品或者财物的犯罪活动，为查明参与该项犯罪的人员和犯罪事实，根据侦查需要，经县级以上公安机关负责人决定，可以实施控制下交付。

第二百六十四条　公安机关依照本节规定实施隐匿身份侦查和控制下交付收集的材料在刑事诉讼中可以作为证据使用。

使用隐匿身份侦查和控制下交付收集的材料作为证据时，可能危及隐匿身份人员的人身安全，或者可能产生其他严重后果的，应当采取不暴露有关人员身份等保护措施。

四、最高人民法院、最高人民检察院、公安部、国家安全部、司法部《关于办理刑事案件排除非法证据若干问题的规定》(节录)(2010年6月13日　法发〔2010〕20号印发)

第一条　采用刑讯逼供等非法手段取得的犯罪嫌疑人、被告人供述和采用暴力、威胁等非法手段取得的证人证言、被害人陈述，属于非法言词证据。

第二条　经依法确认的非法言词证据，应当予以排除，不能作为定案的根据。

第三条　人民检察院在审查批准逮捕、审查起诉中，对于非法言词证据应当依法予以排除，不能作为批准逮捕、提起公诉的根据。

第四条　起诉书副本送达后开庭审判前，被告人提出其审判前供述是非法取得的，应当向人民法院提交书面意见。被告人书写确有困难的，可以口头告诉，由人民法院工作人员或者其辩护人作出笔录，并由被告人签名或者捺指印。

人民法院应当将被告人的书面意见或者告诉笔录复印件在开庭前交人民检察院。

第五条　被告人及其辩护人在开庭审理前或者庭审中，提出被告人审判前供述是非法取得的，法庭在公诉人宣读起诉书之后，应当先行当庭调查。

法庭辩论结束前，被告人及其辩护人提出被告人审判前供述是非法取得的，法庭也应当进行调查。

第六条 被告人及其辩护人提出被告人审判前供述是非法取得的，法庭应当要求其提供涉嫌非法取证的人员、时间、地点、方式、内容等相关线索或者证据。

第七条 经审查，法庭对被告人审判前供述取得的合法性有疑问的，公诉人应当向法庭提供讯问笔录、原始的讯问过程录音录像或者其他证据，提请法庭通知讯问时其他在场人员或者其他证人出庭作证，仍不能排除刑讯逼供嫌疑的，提请法庭通知讯问人员出庭作证，对该供述取得的合法性予以证明。公诉人当庭不能举证的，可以根据刑事诉讼法第一百六十五条的规定，建议法庭延期审理。

经依法通知，讯问人员或者其他人员应当出庭作证。

公诉人提交加盖公章的说明材料，未经有关讯问人员签名或者盖章的，不能作为证明取证合法性的证据。

控辩双方可以就被告人审判前供述取得的合法性问题进行质证、辩论。

第八条 法庭对于控辩双方提供的证据有疑问的，可以宣布休庭，对证据进行调查核实。必要时，可以通知检察人员、辩护人到场。

第九条 庭审中，公诉人为提供新的证据需要补充侦查，建议延期审理的，法庭应当同意。

被告人及其辩护人申请通知讯问人员、讯问时其他在场人员或者其他证人到庭，法庭认为有必要的，可以宣布延期审理。

第十条 经法庭审查，具有下列情形之一的，被告人审判前供述可以当庭宣读、质证：

（一）被告人及其辩护人未提供非法取证的相关线索或者证据的；

（二）被告人及其辩护人已提供非法取证的相关线索或者证据，法庭对被告人审判前供述取得的合法性没有疑问的；

（三）公诉人提供的证据确实、充分，能够排除被告人审判前供述属非法取得的。

对于当庭宣读的被告人审判前供述，应当结合被告人当庭供述以及其他证据确定能否作为定案的根据。

第十一条　对被告人审判前供述的合法性，公诉人不提供证据加以证明，或者已提供的证据不够确实、充分的，该供述不能作为定案的根据。

第十二条　对于被告人及其辩护人提出的被告人审判前供述是非法取得的意见，第一审人民法院没有审查，并以被告人审判前供述作为定案根据的，第二审人民法院应当对被告人审判前供述取得的合法性进行审查。检察人员不提供证据加以证明，或者已提供的证据不够确实、充分的，被告人该供述不能作为定案的根据。

第十三条　庭审中，检察人员、被告人及其辩护人提出未到庭证人的书面证言、未到庭被害人的书面陈述是非法取得的，举证方应当对其取证的合法性予以证明。

对前款所述证据，法庭应当参照本规定有关规定进行调查。

第十四条　物证、书证的取得明显违反法律规定，可能影响公正审判的，应当予以补正或者作出合理解释，否则，该物证、书证不能作为定案的根据。

五、《刑事技术鉴定规则》（节录）（1980年5月7日公安部发布）

第二条　刑事技术鉴定的范围：必须是与犯罪案件有关的物品、文件、痕迹、人身、尸体。

第三条　刑事技术鉴定，由县以上公安机关的刑事技术部门负责进行。必要时，可聘请有专门知识的人协助鉴定。

第四条　刑事技术鉴定，必须由具有鉴定员以上职称的专业技术人员担任。本人或者近亲属与案件有利害关系的人，担任过本案的侦查、证人，或者与本案当事人有其他关系，可能影响公正鉴定的人，不能充当鉴定人。鉴定人的回避，由所在公安机关负责人决定。

第五条 鉴定人必须坚持实事求是的原则，忠实于事实真相，运用科学方法，客观地作出鉴定结论，不受任何外界因素的影响。

第六条 鉴定人必须依法办事，并遵守下列鉴定纪律：

（一）严格遵守技术鉴定的操作规程，不得玩忽职守；

（二）妥善保管送检物品和材料，不得挪用、丢失、损坏；

（三）廉洁奉公，不得贪赃枉法，弄虚作假；

（四）严格保守秘密。

第七条 刑事技术部门，只承担办案单位有关犯罪案件的鉴定任务。受理鉴定的手续是：

（一）查验委托公函；

（二）听取送检人介绍案件情况和鉴定要求；

（三）查验检材有无鉴定条件，核对其名称、数量；

（四）查验样本的来源和收集方法，是否具备比对条件。

根据查验情况，确定是否接受委托，或修改鉴定要求，或补送材料。

接受委托的，由送检人填写《委托鉴定登记表》（表样附后）①。

第八条 刑事技术鉴定，要按下列程序进行：预备检验、分别检验、比对检验、综合评断。每个程序都要作出详细、客观的记录。最后制作鉴定书。

第九条 对检材进行物理检验或化学检验，要标明取材部位，并作详细记录。消耗性的检材，要注意留存，以备复核检验；检材过少无法留存的，应事先征得送检单位同意，并在委托登记表中

① 注：《委托鉴定登记表》表样略。

注明。

第十条 凡需做鉴定实验的，由主办的鉴定人组织实施。要严格选用与检材质量、形态相同或近似的材料，运用与发生案件时间相同或近似的形成条件和方法进行实验。实验情况，要如实记录，并由参加实验的人签名。鉴定实验记录，是综合评断的依据，不能代替鉴定书。

第十一条 鉴定书的内容，包括绪论、检验、论证、结论。

“绪论”：收检日期，送检单位，送检人，简要案情，检材名称、种类、数量、提取方法，载体及包装、运输情况，鉴定要求。

“检验”：检材和样本的形态、色质、大小，检验、实验的步骤、方法、手段、数据、特征图形。

“论证”：对检验发现的特征、数据进行综合评断，论述结论的科学依据。

“结论”：鉴定的结果。

鉴定书（规格附后）[①] 要文字简练，描述确切。照片要真实清晰，特征要标划鲜明。

尸体检验、物证分析，出具检验报告，不出鉴定书。

确因检材不够鉴定条件，而无法作出肯定性结论的，可以出具分析意见。

第十二条 鉴定书由鉴定人签名，检验报告由检验人签名，注明技术职称，并加盖“刑事技术鉴定专用章”（式样附后）[②]。

第十三条 鉴定结束后，应将鉴定书连同剩余的检材，一并发还送检单位。有研究价值，需要留作标本的，应征得送检单位的同意，并商定留用的时限和保管、销毁的责任。

第十四条 由于技术水平或设备条件的限制，做不出结论，需要进行复核或重新鉴定的，应逐级上送刑事技术部门复核或重新

① 注：鉴定书规格略。

② 注：“刑事技术鉴定专用章”式样略。

鉴定。

鉴定中遇有重大疑难问题或鉴定结论有分歧时，可邀请有关人员进行鉴定“会诊”。

复核鉴定，除按规定办理委托鉴定手续外，送检单位还应提供原鉴定书或检验报告，并说明要求复核的原因。

第十五条 接到人民法院的出庭通知后，鉴定人应出庭作证。

本案当事人、辩护人，依照法律程序对鉴定提出的有关问题，鉴定人应予回答，并阐明鉴定结论的科学依据。对与鉴定无关的问题，鉴定人有权拒绝回答。

本规定自颁布之日起施行。

六、《公安机关物证鉴定规则》（节录）

第三条 物证鉴定机构受理鉴定的范围，应当是与查明或者证明案件、事件有关的人身、尸体、生物检材、痕迹、物品、气味，以及文件、视听资料、电子数据等。

第九条 物证鉴定工作实行鉴定人资格制度。鉴定人持有《鉴定人资格证书》，并被物证鉴定机构聘任方可从事鉴定工作。

第十条 鉴定人的权利：

（一）在其专业范围内可以充分表达检验鉴定意见，不受任何单位或者个人的非法干涉；

（二）了解案情，查阅与鉴定有关的案卷材料，查看案件或者事件现场，进行现场实验；

（三）要求鉴定委托单位提供必需的检材、样本，以及与鉴定有关的补充材料；

（四）确有正当理由的，可以向物证鉴定机构或者鉴定主持单位提出中止鉴定的请求；

（五）对提供虚假情况的，可以拒绝或者中止鉴定；

（六）发现违反鉴定程序或者检材虚假或者鉴定结论错误的，可以向物证鉴定机构提出撤销该鉴定文书的请求；

（七）鉴定人对鉴定结论有不同意见的，可以保留自己的鉴定意见；

（八）法律、法规赋予的其他权利。

第十一条 鉴定人的义务：

（一）遵守国家法律、法规、行业标准有关规定，实事求是地进行鉴定工作；

（二）遵守检验鉴定规程，按照规定完成所承担的鉴定工作；

（三）做好检验鉴定的原始记录；

（四）在与鉴定委托单位约定的期间内，负责妥善保管受理鉴定的检材和物品；

（五）维护和保管检验鉴定的仪器设备；

（六）在作出回避决定前或者回避复议期间，继续进行检验鉴定工作；

（七）根据有关规定出庭作证；

（八）保守鉴定涉及的国家机密、商业秘密和个人隐私；

（九）法律、法规要求履行的其他义务。

第十二条 鉴定人遇有下列情形之一的，应当自行回避，当事人及其法定代理人也有权要求鉴定人回避：

（一）本案当事人或者当事人的近亲属；

（二）本人或者其近亲属和本案有利害关系的；

（三）担任过本案证人、辩护人、诉讼代理人的；

（四）被指派为本案侦查人员的；

（五）对本人出具的鉴定结论进行重新鉴定的；

（六）其他可能影响鉴定公正的。

第十八条 鉴定委托单位应当按照逐级送检的原则向物证鉴定机构提出，并委派本单位熟悉案件或者事件情况的工作人员送检。

第十九条 鉴定委托单位送检时应当向物证鉴定机构提交下列材料：

（一）《鉴定委托书》；

（二）证明送检人身份的有效证件；

（三）委托鉴定的检材；

（四）比对检验的样本；

（五）鉴定人要求提供的与鉴定有关的其他材料。

第二十条 《鉴定委托书》包括下列内容：

（一）鉴定委托单位名称，并加盖公章；

（二）送检人的姓名、职务、工作单位、联系电话、通讯地址和邮政编码；

（三）案件或者事件的简要情况；

（四）送检检材、物品和样本的名称、数量、性状等情况；

（五）明确具体的检验鉴定要求；

（六）鉴定委托单位负责人意见。

提出复核鉴定或者重新鉴定的，应当附带原鉴定书。

第二十一条 鉴定委托单位提供的检材，应当是原物、原件。确实不能提供原物、原件的，应当提供能够用于鉴定的复制件。

第二十二条 鉴定委托单位不得暗示或者强迫鉴定人作出某种鉴定结论；应当保证其向物证鉴定机构提交的检材来源清楚、真实可靠、提取合法。对检材受到污染或者可能受到污染的，应当作出说明。

第二十三条 物证鉴定机构受理鉴定委托主体的范围，应当是公安机关、人民法院、人民检察院、司法行政机关、国家安全机关、其他行政执法机关、军队保卫部门、纪检监察部门，以及仲裁机构委托的鉴定。必要时，经物证鉴定机构主要负责人批准，可以受理律师事务所委托的鉴定。

省级公安机关物证鉴定机构对人身伤情进行重新鉴定后仍有争议的，以及精神病的医学鉴定，应当交由省级人民政府事先指定的机构、部门或者医院进行鉴定。

第二十四条 物证鉴定机构应当指定内设的专门部门或者专业实验室的工作人员负责受理委托鉴定工作。

第二十五条 物证鉴定机构是否受理鉴定，应当在收到鉴定委托之日起2个工作日内向鉴定委托单位作出答复，并告之可能作出鉴定结论的时间。

第二十六条　物证鉴定机构受理鉴定应当按下列程序办理：

（一）查验委托主体和有关手续是否符合要求；

（二）听取送检人介绍案件或者事件的简要情况；

（三）查验是否系爆炸、污染、放射、传染性疾病等危险有害物品；

（四）查验检材的来源、包装和收集方法，核对名称、数量、重量和状态等；是否需要补送检材和样本；

（五）确认是否需要保密；

（六）核准鉴定的具体要求；

（七）由物证鉴定机构工作人员填写《受理鉴定登记表》，并向鉴定委托单位提供该《受理鉴定登记表》的复印件。

第二十七条　《受理鉴定登记表》包括下列内容：

（一）受理编号；

（二）鉴定委托单位的名称；

（三）送检人的姓名、联系电话、通讯地址和邮政编码；

（四）送检和受理鉴定的时间；

（五）案件或者事件的简要情况；

（六）检材和样本的名称、数量、性状、包装、来源等情况；

（七）鉴定要求。

第二十八条　对鉴定方法可能造成检材、样本损坏或者无法留存的，应当事先征得鉴定委托单位同意，在《受理鉴定登记表》中注明，并由送检人签字。

第二十九条　具有下列情形之一的，物证鉴定机构对鉴定委托可以不予受理：

（一）违反国家法律、法规的；

（二）不具备鉴定委托主体资格的；

（三）违反鉴定委托程序要求的；

（四）超出鉴定范围的；

（五）检材和物品与案件或者事件无关的；

（六）不具备检验鉴定条件的；

（七）已经委托其他物证鉴定机构正在进行鉴定的。

第三十条 物证鉴定的形式，可分为首次鉴定、补充鉴定、重新鉴定。

第三十一条 为查明、证明案件或者事件的事实状态和解决专门问题，凡符合本规则第二十三条第一款之规定的，可以按照程序提出首次鉴定的申请。

首次鉴定申请的理由和时间由案件或者事件当事人或者符合法律法规有关规定的其他主体决定。

第三十二条 案件或者事件当事人、本案侦查人员发现下列情形之一，可以提出补充鉴定的申请：

（一）鉴定内容有明显遗漏的；

（二）发现新的有鉴定意义的物证的；

（三）鉴定结论不完善可能导致案件或者事件不公正处理的；

（四）对已鉴定物证有新的鉴定要求的。

补充鉴定应当由县级以上公安机关办案部门负责人、事件调查负责人批准后进行。补充鉴定可以由原鉴定人或者其他鉴定人进行。

第三十三条 案件或者事件当事人、本案侦查人员发现下列情形之一，可以提出重新鉴定的申请：

（一）物证鉴定机构、鉴定人不具备鉴定资格，或者超出登记范围鉴定，可能导致鉴定结论不准确的；

（二）鉴定人依法应当回避而未回避的；

（三）鉴定的检材确实被严重污染或者是虚假的；

（四）鉴定结论与事实不符或者同其他证据有明显矛盾的；

（五）鉴定结论不准确的。

重新鉴定应当由县以上公安机关办案部门负责人或者事件调查

负责人批准后进行。需要进行重新鉴定的，物证鉴定机构应当另行指派或者聘请鉴定人员。

第三十四条　检验鉴定由县级以上公安机关物证鉴定机构的两名以上鉴定人负责进行。必要时，可以指派或者聘请具有专门知识的人协助鉴定。

需要聘请有专门知识的人进行鉴定，应当经县级以上公安机关负责人批准，制作《鉴定聘请书》。

第三十五条　物证鉴定机构应当在7个工作日内完成检验鉴定，出具鉴定文书；法律法规另有规定或者情况特殊的，经物证鉴定机构负责人批准可以适当延长时间，但应当及时向鉴定委托单位说明原因。

第三十六条　实施鉴定前，鉴定人应当再次查看《受理鉴定登记表》，检查与核对检材和样本；确定鉴定方案，选择检验方法，准备仪器设备和其他有关用品。

第三十七条　检验鉴定过程中，鉴定人应当根据科学证实的目的和有关要求，相应做好预备检验、分别检验、比对检验和综合评断工作。

第三十八条　使用仪器设备分析检测鉴定检材的，应当进行相应的样本对照检测，当检材和样本对照检测结果一致后才能出具检验结论。

第三十九条　利用指纹、掌纹、人像、枪弹计算机自动识别系统和DNA数据库比对查中结果的，应当将该检材交物证鉴定机构的鉴定人再进行分析检验后才能出具鉴定结论。

第四十条　鉴定结论需要送上级公安机关物证鉴定机构复核时，应当送检材、比对样本、原鉴定文书，并说明提请复核的原因和要求。

第四十一条　鉴定人对执行检验鉴定任务的基本方法和主要过程应当客观、全面、准确地进行记录。物证鉴定机构应当对鉴定记录进行及时审核和妥善保存。

第四十二条 物证鉴定机构在检验鉴定中发现有下列情形之一的，可以中止鉴定：

（一）出现自身无法解决的技术难题；

（二）必须补充的鉴定资料无法补充的；

（三）鉴定委托单位要求中止鉴定的；

（四）发现鉴定内容违反国家法律、法规，或者对社会公共安全、环境资源、人身足以造成严重危害的；

（五）因不可抗力致使鉴定无法继续进行的。

中止鉴定原因一旦消除，物证鉴定机构应当继续进行鉴定；确实无法鉴定的，物证鉴定机构应当将有关鉴定资料及时退还鉴定委托单位，并说明理由。

第四十三条 鉴定文书是记录鉴定由来、检验鉴定过程和检验鉴定结论的法律文书。鉴定人制作鉴定文书，应当按照公安部有关鉴定文书标准格式和内容的规定执行。

第四十四条 鉴定文书分为鉴定书、检验报告、检验意见书等三种形式：

（一）作出肯定或者否定鉴定结论的为鉴定书；

（二）叙述检验过程和检验结果的为检验报告；

（三）提供倾向性分析意见或者鉴定人的鉴定意见不一致的为检验意见书。

第四十八条 鉴定人接到人民法院关于出庭的书面通知后，应当按时出庭。确有特殊原因无法按时出庭的，应当及时向法庭说明。

第四十九条 鉴定人在出庭前，应当认真准备和携带与鉴定有关的资料。鉴定人出庭时，应当穿着整齐的便服，举止文明。

第五十条 鉴定人应当遵守法庭秩序，对诉讼参与人提出的与鉴定有关的问题作出实事求是地回答，对与鉴定无关或涉密问题，经审判长同意，可以拒绝回答。

第四章　审判流程：警察出庭作证晓程序

人民警察从事刑事司法活动，应当熟悉刑事诉讼法律。警察出庭作证，客观上要求其以证人的身份，在公开的法庭上陈述其侦查经过，因此，对于每一名走向法庭的警察而言，熟悉刑事审判程序是必需的。本章将从出庭作证前及出庭作证时两个阶段，向每一名出庭警察讲述出庭作证的具体程序。

一、警察出庭作证前的程序须知

（一）警察出庭作证的申请

一般而言，人民法院是否决定通知警察出庭作证，主要根据控辩双方的申请。对于公诉机关，一般在提起公诉时就确定拟申请出庭的警察名单、所在单位及具体联系方式，并将出庭警察申请书连同起诉书及案件卷宗一并移送到人民法院。

被告人及其辩护人是否以及何时提出警察出庭作证的申请，并不能确定。一般而言，可以在三种情况下提出申请：一是在送达起诉书副本时。依照《刑事诉讼法》的规定，人民法院在向被告人及其辩护人送达起诉书副本时，不仅要询问是否提出非法证据排除申请，而且要询问是否申请证明被告人无罪或者罪轻的证人出庭。此时，被告人及其辩护人可以提出相应的申请。二是在召开庭前会议时。如果人民法院决定召开庭前会议，审判人员将再次询问被告人及其辩护人是否申请警察出庭作证，并询问其对公诉机关确定的拟申请出庭的警察名单是否有异议。此时，被告人及其辩护人可以提出相应的申请。三是在庭审过程中。被告人及其辩护人有时也可能在公诉机关出示证据后当庭提出申请警察出庭作证。但为确保庭审过程顺畅，防止辩方采取证据突袭策略，法庭一般不会休庭，而是在庭审之后进行评议。如果认为确有必要，可以在第二次庭审时通知警察出庭作证。

（二）警察出庭作证的审查与决定

尽管控辩双方提出警察出庭作证的申请，但该申请须经合议庭严格审查。只有在合议庭经评议研究后认为确有必要通知警察出庭作证的，人民法院才会决定通知警察出庭作证。

一般而言，人民法院在审查警察出庭作证的申请时会考虑如下因素：一是控辩双方申请警察出庭作证的理由是否充分，即申请警察出庭作证的目的是否证明与定罪量刑有关的事实，或者是否证明警察取证行为的合法性。二是警察出庭作证对于查明案件事实是否必要，即警察出庭作证是否具有不可替代性，采取其他方式无法证明关键性的案件事实。

如果控辩双方并未提出警察出庭作证的申请，但人民法院审查证据材料后，认为有必要通知警察出庭就某些关键性问题进行说明的，人民法院也会依职权通知警察出庭作证。

（三）警察出庭作证的通知

依照《刑事诉讼法》的规定，警察出庭作证由人民法院负责通知。在具体的通知程序上，人民法院一般向三方同时通知，即控辩双方和出庭警察所属公安机关的法制部门。当然，人民法院审判人员在通知前一般会与警察本人联系沟通。

二、警察出庭作证时的程序须知

警察在出庭作证前，必须了解法庭设置及庭审程序，因为警察证人不同于普通证人。警察证人本身是执法人员，知法懂法，其在法庭上的言行举止代表了公安机关的形象，其对庭审程序的尊重代表了公安机关对法律的尊重。

（一）出庭警察在法庭中的席位

在诉讼格局上，刑事审判采取的是控辩对抗、审判中立的三方格局。但在法庭布置上，刑事法庭采取的是四方格局，即被告人面向审判席，辩护人及公诉人分别位于审判席的左右两侧。

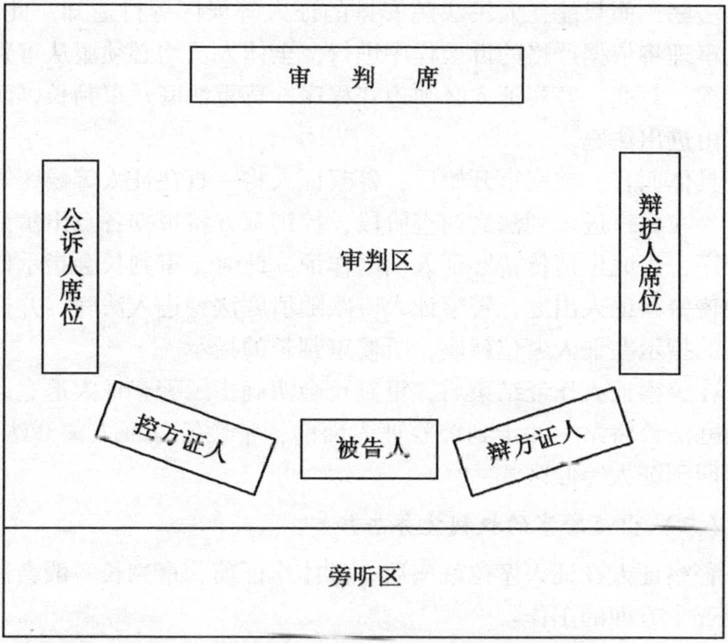

警察证人出庭位置示意图

出庭警察在法庭中的具体位置，要视警察出庭作证系何方申请而定。如果警察出庭作证系公诉机关申请，则出庭警察系控方证人，其在法庭中的席位位于被告人与公诉人之间，即审判区内审判席的右前方；如果警察出庭作证系辩方申请，则出庭警察系辩方证人，其在法庭中的席位位于被告人与辩护人之间，即审判区内审判席的左前方。但无论是位于审判席的右前方还是左前方，其均面向法庭，确保审判人员、公诉人、辩护人及被告人均能与其实现目光及语言交流。

（二）出庭警察进出法庭的方式

出庭警察在庭审中的身份系证人，根据《刑事诉讼法》的规定，证人不能旁听庭审过程，因而，在庭审开始时，出庭警察不能进入法庭，而只能在人民法院安排的证人等候区等待通知。此外，法庭审理将依据严格的诉讼程序进行，全体人员均必须服从审判长的指挥，对此，警察证人必须遵守程序，尊重法庭及审判长，而不能自由进出法庭。

具体而言，在庭审开始后，警察证人将一直在证人等候区等候作证。在庭审进入到法庭调查阶段，控辩双方将根据各自出示证据的顺序，当庭申请传警察证人出庭作证。此时，审判长会指示值庭法警传警察证人出庭，警察证人应跟随值庭法警进入法庭，并按照法警的指示在证人席位就座，听候审判长的指示。

在警察证人作证结束后，审判长会明确指示警察证人退庭。此时值庭法警将站立并走到警察证人面前，带领警察证人离开法庭，重新回到证人等候区。

（三）出庭警察的权利义务告知

警察证人在证人席位就座后、具体作证前，审判长一般会进行以下五个方面的工作：

1. 核实警察证人的身份

审判长当庭核实警察证人的自然身份及所在工作单位，警察证人需要向法庭提交身份证及警官证原件及复印件。

2. 核实警察证人与本案的关系

审判长将当庭询问警察证人在本案的侦查程序中具体参与完成哪些工作，以确认其是否知悉具体侦查过程。

3. 告知作证的权利与义务

审判长当庭明确告知并询问警察证人是否知悉“证人应当如实提供证言，有意作伪证或者隐匿罪证要负法律责任”。

4. 当庭签署证人如实作证保证书

在警察证人明确同意如实提供证言后，审判长将指示法警从书记员席取证人如实作证保证书送至证人席，并要求警察证人阅读后签字确认。在警察证人签字确认后，审判长将指示法警从证人席取证人如实作证保证书送至书记员席，从而完成签署过程。

5. 告知当庭接受询问的程序

在警察证人当庭同意作证后，审判长将明确告知，经审判长许可，警察证人必须接受公诉人、被告人及其辩护人的发问，同时，必须接受审判长及合议庭其他成员的发问。尤其需要注意的是，警察证人不得因被告人曾是其讯问的对象而拒绝回答被告人当庭的发问。

实例：

审判长：某某警官，你的工作单位在哪里？

证人某某警官：我在某市公安局某分局刑侦支队工作。

审判长：你与本案有何关系？

证人某某警官：我参与了对被告人的抓捕及前期讯问工作。

审判长：根据《中华人民共和国刑事诉讼法》第 123 条及第 189 条的规定，证人应当如实提供证言，有意作伪证或者隐匿罪证要负法律责任。某某警官，你听清楚了吗？你能向法庭保证如实作证吗？

证人某某警官：听清楚了，我能向法庭保证如实作证。

审判长：请签署证人如实作证保证书。

（指示法警从书记员席取证人如实作证保证书送至证人席，并在警察证人签署完毕后送至书记员席）

审判长：某某警官，根据《中华人民共和国刑事诉讼法》的规定，审判人员可以询问证人，经审判长许可，公诉人、被告人及其辩护人可以对证人发问。你能回答上述人员的发问吗?

证人某某警官:可以。

审判长:首先请公诉人(或者辩护人)向证人某某警官发问。

(四)出庭警察的人身保护措施

根据《刑事诉讼法》的规定,在审判危害国家安全犯罪、恐怖活动犯罪、黑社会性质的组织犯罪、毒品犯罪等案件时,警察证人如果因出庭作证,其本人或者近亲属的人身安全面临危险的,人民法院应当采取不公开其真实姓名、住址和工作单位等个人信息,或者不暴露其外貌、真实声音等保护措施。因而,警察证人在接到上述案件的出庭作证通知后,如果认为自己公开出庭可能给本人或者近亲属的人身安全带来危险时,应当向人民法院提出,人民法院将采取相应的人身保护措施。

1. 个人信息方面的保护

在庭审过程中,审判长将不直呼警察证人的真实姓名,而在当庭宣布原因后使用化名或者以“某某警官”代替,而且提醒控辩双方都不得称呼出庭警察的真实姓名,一律以审判长确定的化名或者“某某警官”代替。在未来的法律文书中,人民法院同样以当庭确定的化名或者“某某警官”的称谓代替出庭警察的真实姓名,以彻底保护出庭警察。

尽管在庭审过程中及公开的法律文书中,可以保护出庭警察的个人信息,但是出庭警察必须向法庭提交自己真实的身份证明,且必须在证人如实作证保证书上签署自己真实的姓名。对于该部分的文件材料,人民法院将采取特殊的保护措施,确保不会让当事人及新闻媒体知悉。

2. 出庭影像方面的保护

在庭审过程中,人民法院将根据保护的具体程度,在物理上将证人席与旁听席、被告人予以隔离,确保不暴露警察证人的外貌,甚至进一步采取改变警察证人声音的方式,确保不暴露警察证人的真实声音。

（五）出庭警察接受询问的过程

警察出庭作证的主要方式是接受询问，即一问一答式，具体询问的顺序及方式由审判长决定。一般而言，审判长将按照如下顺序安排警察证人接受询问：

1. 申请方向警察证人发问

在告知警察证人的权利义务后，审判长将指示申请方先向警察证人发问。此种询问一般称之为主询问，主要询问目的为证明本方的主张。鉴于申请方在庭审前与警察证人有过沟通，因而本方一般使用开放性的问题，警察证人应如实回答问题。

2. 对方向警察证人发问

在申请方表示询问完毕后，审判长将询问对方是否需要发问。此种询问一般称之为反询问，主要询问目的是揭示警察证人刚才证言中的漏洞或者不实之处。尽管《刑事诉讼法》一律禁止诱导式发问，但鉴于反询问的目的，对方将尽最大可能提出诱导性问题，所提问题也往往为闭合性问题，不允许出庭警察作更多的发挥。

3. 有专门知识的人向警察证人发问

根据《刑事诉讼法》的规定，控辩双方都可以根据需要，申请法庭通知有专门知识的人出庭，对鉴定意见发表意见。因而，对于公安机关内设鉴定机构的鉴定人而言，其出庭可能面临“同行”更具专业化的发问。

4. 审判人员向警察证人发问

在控辩双方发问完毕后，审判人员如果认为还有一些关于定罪量刑的关键问题需要向警察证人核实的，或者警察证人在回答控辩双方的发问时没有表述清楚的，可以继续向警察证人发问。

（六）出庭警察回答问题的范围

依照《刑事诉讼法》的规定，控辩双方向证人发问的内容应当与案件事实有关，换言之，应当与定罪事实或者量刑事实有关。但控辩双方提出的具体问题有可能涉及侦查秘密，或者超出案件事实，此时申请通知警察证人出庭的一方应当立即向法庭申请允许警察证人不回答该问题，并说明理由，由合议庭审查判断是否准许。如果申请通知一方没有立即提出申请，警察证人也可以向法庭提出希望准许不回答该问题，并说明理由。在合议庭认为发问的内容不宜由警察证人回答时，审判长也会依职权指示警察证人不予回答。

（七）出庭警察的签字确认

警察出庭作证后不能立即离开人民法院，而是必须等待庭审结束后，核对庭审笔录中记载的其出庭作证的证言，确认书记员记录是否有出入。在确认无误后，出庭警察应当在庭审笔录上签字确认。这样，警察证人才完成整个出庭作证程序。

第五章　实务应对：警察出庭作证前作预案

一、与检察官庭前沟通

警察在出庭作证过程中，将面对具有丰富诉讼经验的律师和具有良好科学素养的专家证人。所以，庭前准备工作是否充分，将直接影响警察出庭作证的效果。这就要求出庭作证的警察在进行必要的业务学习之外，还要同检察机关的公诉人建立良好的沟通配合机制，事先针对需要出庭作证的相关问题进行研究分析，在关键证据的问题说明上准备充足，并形成预案，以保证庭审过程中控诉指证的一致性。

（一）警察出庭作证前与检察官沟通的必要性

按照我国法律规定，公安机关与检察机关具有刑事诉讼活动目的的一致性，即追诉犯罪。检察机关负责案件的公诉活动，在法庭上负有证实被告人有罪的举证责任，警察出庭作证实质上以“公诉辅助者”的身份出现。因此，庭审前出庭作证的警察与公诉人就出庭作证的内容进行充分的沟通交流，可以更好地实现共同的目的。

1. 有利于警察把握出庭作证的技巧

警察出庭作证运用技巧并非说假话或掩盖某项案件事实，而是沉着应对，有理有据地回答辩护人或被告人，尤其是在涉及案件比较关键的证据或证据比较薄弱的情形下，避免因作证的方法不当或者警察自身的失误而让辩方钻了空子，使自己陷于被动，造成放纵犯罪的后果。

公诉人在出庭应诉方面有着比较丰富的经验，而且对案件整个证据体系也有着较为全面的认识。因此，出庭作证的警察应该与公诉人事先沟通，就出庭作证问题充分听取公诉人的意见，在法庭上有针对性和技巧性地回答。例如，在一次出庭作证过程中，出庭警察针对公诉人“为什么后来想起对涉案车辆进行搜查”的提问，经提前与检察官沟通，在法庭上作如是陈述：“我们侦办民警召开案情分析会，对收集的证据进行梳理和制订侦查提纲时发现对该车没有完整搜查，便立即安排民警依法搜查，并制作搜查笔录。”法庭审判人员和辩护人对出庭警察的回答无异议。

2. 有利于查明案件事实真相，正确适用法律

警察就执行职务中目击犯罪的过程或者亲自抓获犯罪嫌疑人等情况出庭作证，是普通证人不可能知晓的。尤其在一些秘密侦查的案件中，侦查人员是不可替代的见证人。另外，警察就侦查过程中的侦查行为，如发现、提取、保管案件证据材料或收集证人证言、犯罪嫌疑人口供情况与公诉人进行事先沟通，能够帮助公诉人更为直接地了解整个案件的侦查过程及证据收集情况，有利于公诉人充分考虑各种定罪量刑情节。此外，针对被告人屡屡翻供等行为，警察出庭作证可以帮助公诉人直接揭示其犯罪事实，削弱其妄图逃脱法律制裁的心理，增加法官的内心确信，提高诉讼效率。

3. 有利于警察出庭作证，提高诉讼效率

在《刑事诉讼法》修改之前，法律没有明确对警察出庭作证情形作具体规定。对公安机关移送检察机关的案件，证据存在问题或瑕疵的，检察机关一般会通知公安机关补证。案件移送法院开庭后，法院认为案件证据存在瑕疵的，一般会通知检察机关或公安机关补证，补证形式基本以公安机关出具的“情况说明”结束，警察基本不出庭作证。上述结果导致了案件从侦查终结、公诉到审判

以“流水线作业式”的形式流转，警察出庭作证很少在实践中应用，警察在出庭作证方面的经验明显不足。但在我国刑事庭审过程中，被告人及其辩护人常常辩称遭到警察刑讯逼供等非法取证行为，而要求排除非法证据。在这种情况下，为了证明警察前期获取证据的合法性，往往会通知警察出庭作证以说明情况。因此，出庭作证经验欠缺的警察，在作证前，将前期取证过程详细告知公诉人，并充分听取公诉人的意见，对出庭作证将会大有益处，而且也有助于后续的庭审顺利进行。

（二）警察出庭作证前与检察官沟通的主要内容

修改后的《刑事诉讼法》对于警察出庭作证的内容主要规定在第 57 条和第 187 条。其中，第 57 条主要是规定现有证据材料不能证明证据收集的合法性的，警察应当出庭作证；第 187 条主要是规定就执行职务行为时目击的犯罪情况作证。前一种情形主要针对侦查人员，作证内容主要涉及在刑事侦查民警对案件进行侦查的过程中，证据的发现、收集、保存过程等。而后一种情形不仅包括侦查人员，还可能涉及其他警种的民警。比如，巡逻警察在巡逻、处警等警务活动中在案件现场直接目击犯罪嫌疑人的犯罪行为、犯罪现场的客观状况等，可能需要出庭作证。这些内容也是出庭作证的警察与公诉人提前沟通的主要内容，以免公诉人举证内容与警察出庭作证内容相偏离，导致公诉人控诉犯罪的被动。具体而言，警察出庭作证前与检察官沟通的主要内容包含以下几个方面：

1. 目击犯罪行为的发生，或者犯罪嫌疑人投案自首以及抓获现行犯

在对此类案件的后续审理中，警察应当在法庭上对其目击的案件事实、接受的案件情况以及抓捕犯罪嫌疑人的经过等向法庭证明。比如，巡逻警察在巡逻时发现犯罪嫌疑人正在实施抢劫犯罪行为，该警察应当对抢劫发生的时间、地点、所持凶器、抢劫的财物作出证明。

2. 侦查人员实施搜查、扣押、勘验、检查等侦查行为或执行强制措施

如果控辩双方对搜查、扣押、勘验、检查等现场笔录有疑问，该侦查人员应当出庭作证，说明其真实性与证据效力。原因在于即使各种笔录是现场制作的，但侦查人员出于侦查破案的需要，可能偏向有罪证据的收集，而忽视无罪证据的收集。例如，侦查人员在现场搜查、扣押、勘验、检查活动中获取某种实物证据，如果辩方对该实物证据是否原物存在异议，或者提出该实物遭到人为的破坏，或者要求控方提供其在犯罪现场遗留下来的对己有利的实物证据时，侦查人员应当出庭证明整个实物证据的提取过程和保管过程是否合法。又如，当辩方对证据及侦查行为的合法性提出异议时，侦查人员应当出庭陈述，以证实没有实施刑讯逼供，没有非法搜查、扣押等。

3. 被告人对公诉人指控的罪行予以否认以及在庭审中翻供

被告人不认罪或翻供意味着否定警察通过前期侦查获得的证据所认定的犯罪事实，负责侦办案件的民警则需要向法庭说明其所收集证据的真实性与合法性。具体内容即警察发现、收集、固定证据以及抓获犯罪嫌疑人的具体过程、对犯罪嫌疑人的讯问过程，以及取证过程中不存在刑讯逼供、诱供等非法取证行为，以此向法庭证明其所收集证据的真实性、可靠性，增强证据被法庭采信的可能性。

4. 使用诱惑侦查、秘密侦查、卧底侦查等获得的证据

诱惑侦查的合法性在司法实践中存在争议，实践中对于诱惑侦查也限制得极为严格。秘密侦查、卧底侦查通常是采取秘密的方式进行证据的收集工作。诱惑侦查、秘密侦查、卧底侦查发现、收集证据的程序区别于一般的侦查行为。因此，证据的来源、收集程序的合法性也往往成为法庭的重点审查内容。在作证时，既要保证侦查行为的合法性，又不能泄密，对于公诉人和出庭作证的警察在法庭上的举证方式的确是一个考验。

5. 从事鉴定工作的警察应当出庭作证

鉴定意见在证据种类中归属于言词证据，原因在于鉴定意见本质上是具备专业知识的人员对于送鉴物运用相关科学仪器进行检测、鉴定后得出的一种意见。目前，公安机关承担了大多数案件的刑事科学技术鉴定任务，对于该鉴定的科学原理、鉴定程序的合法性、使用仪器的可靠性以及鉴定人员的资质条件等则可能需要鉴定人员出庭作证。

（三）出庭作证警察如何与检察官良好沟通

警察出庭作证在修改后的《刑事诉讼法》中得到确立，使得过去偶尔为之的警察出庭作证逐渐成为今后一种常态化的司法活动。但对公安机关大多数民警来说，出庭作证是一项全新的工作，也是一种新挑战和时代发展的趋势。警察出庭作证制度的设立有助于改变目前我国侦诉分离的状况，使公、检两机关真正形成“命运共同体”，建立强有力的大控方。为此，在警察出庭作证方面双方建立一种行之有效的交流沟通机制，以确保对犯罪嫌疑人的控诉顺利进行。例如，江苏省苏州市公安局在警察出庭作证工作基础上，积极探索与检察机关的合作，并取得了良好的庭审效果。2010年，苏州工业园区公安分局与区检察机关为了推动警察出庭作证制度化，联合出台了《检警联络官制度》，对警察出庭作证问题进行了进一步调研和探讨，检察机关根据庭审需要，可以要求侦查人员出庭作证，就相关问题进行阐述说明，以提高相关证据的说服力。检察官对提前介入的案件、疑难复杂案件，可以通知公安机关派侦查人员到法庭旁听审理，进一步提高侦查人员的证据意识和侦查能力。2011年，江苏省苏州市虎丘区公安分局联合区检察院、区法院出台《公安机关人民警察出庭作证实施意见》，这是苏州首部关于民警出庭作证的文件，该实施意见就警察出庭作证的情形、公诉机关提出警察出庭作证的程序、警察不能出庭的处理等方面形成了一整套规范制度。

二、回顾前期工作

《刑事诉讼法》第57条第2款和第187条第1、2款对警察出庭作证的身份作出了不同规定，分别是以警察亲眼目睹或者经历了刑事案件的发生出庭作证、警察以专业技术鉴定人员的身份出庭作证，以及警察就其侦查活动中对证据收集的合法性等问题出庭作证的三类人员。为了更好地完成出庭作证工作，出庭作证的警察需要结合具体实际，在前期工作职责角色定位准确的基础上，充分回顾自己的前期工作，为出庭还原真实情况做足准备工作。基于以上警察出庭作证的三种证人情形，警察出庭的前期准备工作需要回顾的内容也有很大不同。

（一）警察作为目击证人出庭作证回顾内容

《刑事诉讼法》第187条第2款规定，人民警察就其执行职务时目击的犯罪情况作为证人出庭作证。此处警察作为证人，法庭认为有必要出庭作证时，应当出庭作证。这一情形与大陆法系国家中以证人身份优先原则解决警察出庭作证与侦查职能冲突问题的常规方法一致，此时警察的权利义务与一般证人无异，即为了排除其他人为因素的干扰，确保真实还原目击情形，该警察出庭前不应提前看到任何卷宗材料，且不应参与关于案件的分析讨论及任何一个侦查过程。换句话说，执行职务时目击到犯罪情况的警察涉及法定的回避情形，即《刑事诉讼法》第28条中规定的担任过本案的证人、鉴定人、辩护人、诉讼代理人的侦查人员应当自行回避，当事人及其法定代理人也有权要求他们回避。从而可以看出，在这种情形下，该民警的前期准备工作中确实不应该包含阅卷，以及其他人为的干涉，其所能做的就是根据当时的目击情况如实地向法庭陈述。

（二）警察以专业技术鉴定人员的身份出庭作证回顾内容

以鉴定人身份出庭的民警与其他两种情况又有很大的不同。

《刑事诉讼法》第 187 条第 3 款规定，公诉人、当事人或者辩护人、诉讼代理人对鉴定意见有异议，人民法院认为鉴定人有必要出庭的，鉴定人应当出庭作证。鉴定人作为独立的诉讼参与人，在诉讼过程中应当保持中立态度发表鉴定意见。鉴定人如果参与或知晓前期的侦查取证工作内容，势必会影响其作出鉴定意见的公正性。因此，鉴定人的阅卷范围应当仅限于其出具的鉴定意见及用以鉴定的相关痕迹物证。作为鉴定人的民警在出庭前，应该理清自己作出鉴定意见的实物依据和理论依据，以证明自己判断的准确性。

对于鉴定人的发问，律师更多地会集中于鉴定人资格、鉴定机构资格以及用以鉴定的痕迹物证的接收及保存情况。鉴定人出庭前应当回忆自己近年来接受的有关培训和资格评定，并提前准备自己完成资格评定和参与培训所依据的相关法律、法规条文，以保证自己的鉴定资格当庭不受质疑。同时，就自己对物证的保存管理以及从何处获得有关物证也应有相应的规范做支撑。比如，律师会当庭向鉴定人提出一些封闭性的问题，如“某省司法厅的某号文件对法庭物证 DNA 实验室配置和操作规范有明确规定，你知道这样的规定吗?”从而质疑鉴定人的鉴定水平。其实，司法部门出台的规定只是针对社会一般司法鉴定所的，而公安机关设立的物证鉴定所开展工作的依据来源于公安部的规定，鉴定人不应顺着辩护人的提问作出“知道”或“不知道”的回答，这考验了鉴定人对有关规定的熟悉程度。因此，出庭前完成相关法律、法规、规定的收集汇总学习工作，对出庭时从容应对此类问题有很大帮助。

（三）警察就其侦查活动中对证据收集的合法性等问题出庭作证回顾内容

《刑事诉讼法》第 57 条第 2 款规定，现有证据材料不能证明证据收集的合法性的，人民检察院可以提请人民法院通知有关侦查人员或者其他人员出庭说明情况。经人民法院通知，有关人员应当出庭。从法条中的用词就可以看出此种情形与作为目击证人出庭的情形有很大的不同，前者是对自己本职工作中的行为是否合法进行证明，后者是对自己旁观的他人是否有犯罪事实进行陈述。需要“出庭说明情况”时，警察所从事的工作本身，即侦查行为本身是被证明的对象。因此，每位办案民警出庭接受法庭询问前，都应该清楚回忆其在侦查环节中所做的工作、所采取的侦查措施是否合法。由于办案过程经历的时间较长，警察需要一定的辅助材料帮助其回忆办案的每个环节，其中就包括了案卷材料和工作日志。

在我国大陆地区，警察是否记录工作日志依个人的习惯或者一个地区或部门的工作规范而定，并没有统一的规定。这在很大程度上是由于以往的工作经验中缺少对警察出庭作证的需要，民警能否完整回忆整个侦查过程并不会影响到案件的实际审判。值得借鉴的是，我国香港特别行政区由于很长一段时期一直使用英国的司法审判制度，出庭作证对于警察来说是一项常规工作，其在日常工作中所遇到的一切事务都可能成为日后需要证明的对象，因此，香港警察总署要求每名警察必须随身携带笔记本，用以记录每日工作中所处理的各种事务。这本笔记本除了能体现警察每日的工作量和综合能力外，更有助于帮助警察回忆在侦查办案活动中特定时间和地点所发生的具体情境，使得警察在出庭应对律师、法官、检察官的询问时，能够完整回忆工作进程，避免因紧张、疏忽而导致部分细节的遗忘，使警察当庭陈述的可信度打折扣。

内地警察虽然没有携带笔记本的硬性规定，但是工作经验丰富的民警往往也有记录工作日志的习惯，尤其是资历深的民警也习惯对年轻民警做这方面的要求，但是否重视这项工作就因人而异了。《刑事诉讼法》修改前，涉及警察出庭作证的情况很少，民警的工作默认以案件移送检察院审查起诉为终结，工作日志的重要性没有完全体现出来。但今后，内地民警也会面临出庭作证的问题，这项工作甚至会走向常态化。养成记录工作日志的习惯，对民警当庭整理思路、还原侦查过程有极大的帮助，顺利流畅地当庭对答也有助于提高民警个人的自信心以及维护公安机关的执法权威。

充分阅卷是“出庭说明情况”的民警在出庭前应当完成的工

作。有观点曾担心，民警如果对全卷进行了阅读，是否会影响其当庭陈述的真实性。回答是“不会”。民警出庭说明情况是对侦查过程中的程序是否合法进行说明，与证人对案件事实本身进行证明是不同的。民警在阅卷过程中看到的犯罪嫌疑人供述和辩解、证人证言及客观证据所指向的案件事实本身，并不是民警需要当庭证明的对象，民警当庭也不能发表对于案件事实本身的意见和看法。在办案过程中，制作完整卷宗、充分阅卷是民警发现线索、寻找侦查突破口的关键，也是民警的职责所在。《刑事诉讼法》第114条规定，公安机关经过侦查，对有证据证明有犯罪事实的案件，应当进行预审，对收集、调取的证据材料予以核实。这也就是说，阅卷本身就是侦查过程的一部分。民警在出庭前进行阅卷，可以帮助民警回顾侦查全程，这一点与记录工作日志体现的功能是类似的。律师通过阅卷，往往习惯在细微的时间点或地点上对出庭民警进行提问或诱导，或者利用民警记忆模糊的环节进行偷换概念等错误性的提示。办案民警在一个时间段内，手头通常有不止一起案件，单靠回忆很难精确到每一个细节，加上律师或有意或无意的诱导，难免在回答的过程中产生疏漏。通过阅卷，民警可以对记忆模糊的地方加深印象，尤其是卷宗中反映的准确时间、地点等。

此外，对于侦办案件过程中所采取的侦查手段以及对犯罪嫌疑人采取的强制措施等，民警在出庭前应当熟悉有关的法律、法规条文，或者进行汇总、打印，便于出庭时携带，回答提问时，这将作为证明自己的侦查行为都有法律依据的有力保障。以防止面对此类“是否具有执法依据”的提问时，因缺乏准备而出现无话可说的尴尬情况。

三、制作答辩提纲

出庭作证的警察在与公诉人充分沟通，并对自己的工作日志和案卷阅读完毕后，应就相关指控和有可能在法庭上出现的情况制订一个措辞严谨、恰如其分的书面答辩提纲。当然，出庭时可以不用书面提纲，但它可以帮助我们理清思路，防止作证时因紧张而思维混乱甚至语无伦次。这里需要强调的是，要考虑全面一点，问题想多一点，做到有备无患，防止在法庭上因被告人或律师的一个意料之外的提问而无言以对，如果那样，就不仅仅是尴尬的问题了。

（一）答辩提纲考虑问题要全面

在法庭调查、法庭辩论阶段，控辩双方可能针对办理过程中是否存在刑讯逼供、证据瑕疵、到案经过制作是否规范、是否存在自首坦白、现场勘查提取物证是否完整、检验鉴定是否合法、意见是否科学等问题展开激烈辩论。因此，对于出庭作证的警察，无论是现场目击证人身份、鉴定人身份，还是就侦查活动中收集证据的合法性进行出庭作证说明情况，在出庭前，都应熟悉自己工作职责范围内的关于出庭案件所涉及的内容，并查阅之前的工作日志，同公诉人充分地沟通，多听取公诉人关于证据举证的意见，对出庭作证列出详细的提纲。所列提纲的内容应该尽可能客观全面，尤其是关于证据收集可能存在瑕疵或程序不规范方面，考虑周全，以免律师在法庭上突然发问而措手不及。

以负责案件讯问的侦查人员出庭作证为例，讯问人员出庭作证基本上都是在被告人翻供的情况下发生的，也有些是在律师代为指控公安机关侦查办案非法取证的情况下发生的。如在被告人翻供指控公安机关侦查办案非法取证的情况下，控辩双方可能申请警察出庭说明情况。此时就应考虑可能导致被告人翻供的情形。一是被告人指控在侦查阶段的有罪供述是在讯问人员刑讯逼供或连续多天没有睡眠或睡眠不足、头脑不清醒的情况下作出的。二是被告人将其在侦查阶段自伤、自残的情况说成讯问人员对其刑讯逼供所致。三是被告人指控在侦查阶段的有罪供述是讯问人员写好或者打印好让其签字的，或者指控在侦查阶段的亲笔供词系讯问人员写好之后让其抄写的，根本不是其本人的真实意思表示。四是被告人指控在侦查阶段的有罪供述是在讯问人员引诱下违心作出的，其所谓的诱供包括讯问人员承诺交代了就放其出去或者为其取保候审等。

如律师在法庭上指控公安机关侦查办案非法取证的情况下，应考虑在讯问过程中有无存在可能非法讯问的情形。一是指控公安机关对被告人监视居住的地点、是否符合指定居所监视居住，以及执行监视居住时有无戴手铐、限制人身自由、违反监视居住规定等。二是指控讯问笔录记载的时间与录音或者录像时间不同步，录音、录像不完整，播放不连续，可能存在剪辑、编辑现象。三是指控讯问笔录的字数与笔录载明的制作时间存在明显矛盾，在此时间段内不可能完成如此多字数的笔录，笔录内容有作假嫌疑；多份笔录的文字内容甚至标点符号都一点不差，有复制粘贴嫌疑，笔录所载内容不是被告人供述。四是指控公安机关选择性取证，对有利于被告人的证据不收集等。

（二）答辩提纲内容回答要有证据证实

出庭作证的警察在拟订出庭答辩提纲的同时，对提纲中所涉及的问题回答同样也应有相应的证据予以证实，也就是该证据要有其他证据予以证实，即形成证据链，每个链节环环相扣。如果没有其他证据予以证实，该问题一旦被控辩双方在法庭上问及，在无法得到合理解释时，该证据极有可能被法庭予以排除。

例如，在一起抢劫杀人案件中，根据犯罪嫌疑人交代并指认，在案发现场另外一楼道内提取了犯罪嫌疑人作案时所穿的牛仔裤，虽然公诉机关将在被告人所穿的牛仔裤上检验到的被害人血迹作为重要证据，但在牛仔裤现场勘查提取笔录中没有注明该牛仔裤上是否存在疑似血迹，该证据的证明力同样存在重大疑问。因此，对于该牛仔裤上的血迹是被告人在作案时形成，还是现场勘验人员在勘查过程中或后期送检鉴定过程中二次污染所致，无法确定。另外，该牛仔裤上的血迹 DNA 检验结果是与该案件其他相关痕迹物证的 DNA 检验结果出具在一份报告中，技术检验鉴定部门在对上述牛仔裤检验鉴定过程中，是否系该案件中所提取送检的其他检材污染了牛仔裤检材，而使牛仔裤成为了指控被告人的重要证据，同样也没有证据予以证实。

为了反驳辩护人对该被告人牛仔裤上血迹的质疑，公诉人申请法庭通知当时现场勘查的技术人员出庭作证说明情况。虽然出庭作证的技术人员在出庭前对律师所提及的问题进行了精心准备，列出证据证实该血迹不是提取后保管或检验过程中二次污染所致，但对律师所问及的在提取笔录中为什么没有注明牛仔裤上有血迹，而且也没有该血迹的提取照片，却无法进行证实，仅以工作疏忽、遗漏为由应付。由于该牛仔裤系被告人抛弃在案发现场的楼道内，案发后，楼道过往人员较多，最后法官以没有证据证实该牛仔裤上的血迹系被告人案发时所留，还是案发后案发现场的过往人员不慎污染所致予以排除。

（三）答辩提纲要事先预演

在书面答辩提纲制作好后，有条件的可以进行一次模拟法庭提问答辩，让出庭作证的人员提前感受一下法庭的氛围，对所要答辩的内容有一个清晰准确的把握。出庭作证的人员要尽可能脱稿回答模拟答辩。在模拟答辩的时候，提问人可以临时增加相关问题，这也能测试和锻炼出庭人员的临场应变能力和心理素质。如果是照本宣科，就准备的问题而模拟，一旦在法庭上被问及的问题超出所准备的范围，可能会表现得措手不及，回答不上来甚至出错。

例如，在一起系列强奸案件的庭审过程中，尽管出庭作证的鉴定人员事先对可能问及的问题予以考虑并作准备，但到了法庭上，辩护人针对某一问题向出庭作证的鉴定人员提出大量尖锐、犀利的问题，特别是涉及相关规定，需要鉴定人员回答具体内容等细节性问题。由于所问问题超出了出庭作证的鉴定人员所准备的内容，鉴定人员开始紧张不安，无法一一作答，而让辩护人抓住机会，步步紧逼。以下是辩护人提出的部分问题，由此可以窥见一斑。

1. 涉及鉴定资质的问题

（1）是否具有鉴定资质？何时取得？鉴定的范围？

（2）是否具有专门的 DNA 鉴定资质？

（3）是否严格按照行业标准来操作？

（4）是否独立鉴定？是否有他人复核鉴定结果？如何复核？

（5）是否清楚实验室的资质情况？

（6）鉴定人的职称情况？

2. 涉及检材的受理、保管情况的问题

（1）出示一份受理鉴定委托书，是否由本人签字？

（2）签字是否表示由本人受理？

（3）是否核对检材的数量、名称、包装等情况？

（4）是否核对检材的来源（包括是否看到侦查机关的提取笔录、是否明确检材是被害人的等）？

（5）是否审核检材的独立包装情况？

（6）检材的交接手续是否完整？

（7）是否有当时检材的照片？

（8）处理完的内裤如何保管？

（9）检材是否有备份？

（10）是否清楚行业标准中关于检材的受理、保管部分的规定？

3. 涉及鉴定过程及鉴定意见的问题

（1）被害人的检材是否及时检测？

（2）是否有纸质的文档资料证实当时的检测结果？

（3）是否有纸质的文档资料证实当时的检测过程？

（4）是否单独处理检材？

（5）由谁进行数据的复核工作？如何复核？

（6）出具的鉴定意见的形式是否符合行业标准？

（7）对被告人的检材的处理是一个人检验还是两个人检验？由谁负责复核数据？

（8）在将检材送检之前，检材如何保管？将内裤取回之后如何处置？

（9）采集的被害人血样由谁提取？提取后由谁保管？

从上述问题不难看出，检验方法、DNA 提取过程及检验意见等方面的专业知识较强，辩护人并不了解，因此，庭审中其并未提出任何相关的问题，而是将提问主要集中在检材的提取、受理、保管等流转环节的细节性问题上，企图通过鉴定人员的证言结合本案中不规范的提取记录等证据，否定检材提取、保管、处理等流转环节的合法性、连贯性，从而否定 DNA 鉴定意见作为证据使用；另外，辩护人在询问鉴定人员的资质、职称、鉴定机构的资质等方面也花费了大量的时间，并且指出鉴定人员所作的回答与《法庭科学 DNA 实验室检验规范》（GA/T 383—2002）等相关规定不符合，以此证明鉴定人员在检测过程中存在程序违法行为，以排除 DNA 鉴定意见。

四、学会出庭作证应用策略

警察出庭作证的策略，是指警察在出庭作证时对某些问题的应对方法。根据我国目前的现实情况，法庭在庭审中对出庭警察的证言会有一定的偏护倾向，因此，即使没有精心准备，警察的证言也往往能够被采信。但是，随着社会的发展，这种局面将会慢慢发生变化，法官必将越来越处于中立的位置来审理案件。所以，警察在法庭上如何作证、如何恰当地运用策略来提供证言，让法庭予以采信，有所准备十分重要，正所谓“不打无把握之仗”，要知道出庭警察所面对的辩护律师十分熟悉法庭审判规则且具有精湛的辩论技巧。具体来说，警察出庭作证时在策略方面要注意以下几个问题：

（一）应当注意听清提问者的问题

听清问题对于如何回答是十分重要的。通常情况下问题都是可以听清楚的，但是有时也会发生答非所问的情况。出现这种情况有以下几个原因：一是由于紧张不能集中精力听清所提出的问题；二是被法庭上其他人员的嘈杂或者其他情况所干扰；三是出庭警察在思考前一个问题的回答效果，而没有留意现在的提问；四是有些律师会故意使用一些不明确或者容易产生歧义的问题、词句“陷阱”来迷惑出庭警察。无论出于上述何种原因，出庭作证的警察都应当集中精力听清自己被问及的问题，在回答问题时不要担心承认自己不知道个别问题或词句的意思就是没面子、很丢人，对于没有听清楚的问题，可以礼貌地向提问者提出复述问题的要求。

（二）在回答问题之前要做短暂的停顿思考

出庭警察在回答控辩双方的提问之前都要做短暂的停顿来思考怎样回答。如果出庭警察在回答每个问题之前都做短暂的停顿，那么当出现个别问题需要更多的时间来理清思路和组织语言时，法官和陪审员会认为你是在思考问题，而不是犹豫不决。但是，停顿的时间不宜过长，太长的停顿会使人觉得你是在寻找合适的答案，或者是在避重就轻，而不是在回想当时的情况。如果出现需要更多时间来思考如何回答的比较棘手的问题时，出庭的警察可以通过以下几个途径来解决：一是可以说不理解所提出的问题，并要求再次说明提出的问题，从而赢得考虑的时间；二是可以说没有听清楚提问，并礼貌地请求重述该问题。当然这些策略不能频繁使用。

（三）回答问题时学会控制自己的情绪

肢体语言和神态直接反映人的心理状态。警察出庭作证时的神态和举止直接影响到法官和人民陪审员对证词的看法。因此，警察作证时站姿、坐姿要标准、自然，在任何情况下都要表现得彬彬有礼，不论是对法官、人民陪审员、检察官，还是对辩护律师，都要始终以礼待之。不论在何种情况下，都要保持克制礼让的态度，尤其要学会控制自己的情绪。不要说粗鲁的话，以免让辩护律师找出毛病，有机可乘。同时，还应避免对与案件有关的人员表现出过分的友好或愤恨，尤其是当有些律师在法庭上提问时采用一些辩护技巧，可能就某些看似简单的问题故意设置一些疑问，或者提出某些根本无法回答的问题让出庭的警察感觉难堪，或者经常问一些诱导性问题，警察回答不好就有可能掉入对方的“陷阱”。

例如，在有的情况下，警察对作证内容不是很清楚，律师就同一个问题反复提问，以达到对他有利的渲染庭审氛围的目的，让出庭警察直接回答“是”与“不是”。如果出庭警察在回答中有什么矛盾之处，就会被律师马上挑出来，此时，对于律师来说，这样做的目的主要是扰乱证人的思路，打击证人的信心，向法庭证明该证人所作证言不可信。在这种时候，出庭警察就辩护律师所提的问题进行回答时，一定要冷静沉着，不被对方律师所误导，以免发现自己陷入对方的“圈套”后，因生气愤怒干扰了自己后续问题回答的思路。如律师就同一个问题反复提问，可以回答“刚才这个问题我已经回答过了”来应对；律师或被告人问了一个很难缠的问题，可以回答“这个问题与本案无关，我拒绝回答”，拒绝回答总比回答不好授人以柄要好。

（四）只回答被问及的问题

出庭检察官在交叉询问中向出庭警察提问时，由于事先可能已有所沟通，其已经了解了出庭警察可能回答的大致内容。在这种情况下，出庭警察的回答应当尽量不出现检察官没有预料到的内容，这对于成功控诉十分重要。当检察官需要警察作进一步叙述时，他会进一步提问或者用语言给出暗示；当检察官没有要求时，警察对于提问应当简洁、清晰地回答，而不能作不必要的展开，否则可能引出更多问题。比如，出庭警察可能会提前暴露检察官要在适当时机才提出的证据和相关信息，这样就破坏了检察官的庭审策略，还可能说出某些检察官不希望辩方知晓的信息或一些检察官并不熟悉的情况或者同以前证据矛盾的情况。总之，超出问题范围的回答，会增加辩方抓住证言中失误的可能性，所以应当在提问的范围内作必要的回答。当然，对于提问涉及对控方不利的事实，出庭警察还是应当就其所知如实回答。

不仅对于公诉人提问的回答是这样，对于辩护律师和被告人提问的回答同样如此。对于被告人和辩护律师的提问，出庭警察要按照事先准备的内容针对提问进行答辩，不鼓励即兴发挥，在这种场合下，言多必失。每一句不严谨的回答都有可能成为被告人和辩护律师攻击的把柄，在法庭上侃侃而谈并不是警察的强项，但是警察出庭时对以下内容应当予以保留，不予当庭说明或采取必要的保护措施，并告知法庭提问涉及国家秘密或公安工作秘密，不宜当庭解答，申请审判人员庭外核实证据：一是争议的实体内容涉及国家秘密，依法应当保密的；二是涉及技术侦查、隐匿身份侦查等，基于侦查工作需保留的；三是为确保侦查人员人身安全和日后侦查工作顺利开展，需要采取必要保护措施的；四是其他需要保留或采取保护措施的。

（五）不要回避或者隐瞒提问所涉及的内容

控辩双方在法庭上提出的每个问题都是有目的的，这种目的只有在提出的问题被直接、明确地回答时才能达到，即使有时候这种回答是“不知道”，也必须给出回答。当出庭警察对于被问及的问题表现出过分的犹豫和不确定，并且含糊其辞地给出答案时，不仅会使检察官控诉效果减弱，还会影响其之前证言的可信度和法官、人民陪审员对案件事实的判断。出庭警察应当毫不犹豫地说出自己对该问题不知道。对在侦查过程中的失误或不足行为要主动承认，对客观情况还原。这种诚实的态度对于提高其证言的可信度是有好处的。同时，也不要因为承认不足、失误而懊悔，影响出庭时的自信。当自己的证词出现错误时，如果能纠正的，可以立刻纠正；如果无法纠正，说错了就要承认说错了。因为实际办案中侦查工作不可能十全十美，如果要解释，也不能脱离实际，不能乱解释，应当说明当时自己为什么要这样做，选择这样做的合理性。

（六）回答问题应当声音洪亮，尽量使用通俗易懂的语言

当警察出庭作证回答提问的时候，应当声音洪亮，以便所有参加庭审的人员包括旁听的群众都能够听清楚。有些警察在法庭上答辩的声音不大，甚至比被告人的声音还要小，显得很没底气。另外，说话要谨慎、简洁明了，不能含糊其辞、似是而非、拖泥带水，防止产生歧义。在说话过程中要避免用手掩嘴等小动作，以免造成不自信、不确定的表象，而影响作证的可信度和公信力。出现

这种状况也与出庭作证的警察缺乏出庭作证经验有关。有关法官事后在与笔者私下沟通时说，出庭作证警察这种没有底气的回答和动作表现，让法官对证据的合法性也没底了。

另外，当警察在法庭上回答问题时，有时会使用一些不正确的术语，这样容易造成对证言内容理解的混乱；有时即使是使用正确的术语，也可能由于术语本身的歧义或者法官、人民陪审员不了解术语的内容，造成他们理解的错误。出现这种情况时，法官和人民陪审员可能会认为警察证言出现了矛盾。因此，使用通俗易懂的语言具有重要意义。在有些情况下必须使用一些专业术语时，也要使用该术语通用的意思；当有些术语不被法官、人民陪审员熟悉时，警察有必要用通俗的语言向他们进行解释。但在某些情况下必须直接引用具体人说的具体话的，也可以使用。在侦查一些团伙犯罪过程中，犯罪分子往往会使用一些粗话或者行业黑话，警察作证时直接引用反而显得更为真实。

（七）警察出庭作证时的着装

警察出庭作证应该穿警服还是便服，该问题在国内外并没有统一的规定。在美国，对于此问题就存在三种意见：第一种意见认为，应当穿警服，因为这样能方便陪审团了解其公职身份。第二种意见认为，应当穿便服，因为穿警服作证显示了一种特权，不利于双方平等对抗。第三种意见则认为，应当视情况穿着警服或便服，如果警察就其穿警服时发生的情况作证，应当穿警服出庭；若是警察对其穿便服时发生的情况作证，就应当穿便服，这样给人以客观作证的感觉。因此，在美国的司法实践中，此问题没有得到统一解决，以上三种意见运用于不同司法区的庭审实践中。总之，警察出庭时是穿警服还是穿便服要视具体情况而定，但是应注意，无论穿警服还是便服，都应当穿戴整齐，给人以庄重的感觉。

第六章　原则要求：警察出庭作证有准则

警察出庭作证应当遵守一般证人出庭作证时遵守的一般原则和具体要求。例如，证人在作证时，从定位上更应强调亲历性，不应带有某种倾向性、意见性。但警察出庭作证毕竟与一般证人出庭作证有所不同。当警察针对程序性事实出庭作证时，就与一般证人出庭作证存在差异。另外，即使对目击的犯罪情况作证，由于警察是在“执行职务”时目击犯罪情况，实践中警察出庭作证时或多或少、主观或客观上都不可避免地会带有一定程度的公务性。其实，从理论上讲，这些特殊性并不能抹杀证人出庭作证时应当遵守的一般原则。在满足共性要求的基础上，警察出庭作证时更应针对警察作证的特殊性和可能产生的问题，着重注意遵循以下基本准则：

一、实事求是

警察出庭作证的首要要求是实事求是。为什么要做到实事求是？道理很简单，也很明显，原因有以下几点：

第一，《刑事诉讼法》明确指出公安机关进行刑事诉讼时，必须"以事实为根据"[①]。实事求是作为进行刑事诉讼各项工作的基本要求，是确保查明事实、达到司法公正的底线性准则。这与我国的哲学认识论也有直接关系。我国以辩证唯物主义认识论作为认识世界的哲学基础，并承认其对诉讼认识的指导作用。哲学上的认识客体一般是客观存在的事物与规律，而诉讼认识的客体则是案件事实。与其他事实相比，案件事实具有以下特性：（1）客观性。案件事实一旦发生，就独立于办案人员之外而客观存在。在诉讼的不同阶段，当事人对案件事实的主张、办案人员对案件事实的认识可能会发生变化，但实际上只有一个客观存在的案件本原事实。（2）确定性。与永不停息的运动变化着的客观世界相比，案件事实具有不变的确定性，这主要表现在案件事实发生的时间点是确定的，而且诸如何人、何地、如何实施犯罪行为等具体案情也是固定不变的。（3）过去性。案件事实发生在过去，只有在其发生之后，司法工作人员才参与办案，即便司法工作人员是犯罪实施的亲历者或目击者，他也只能是被害人或证人，而非办案人员。因而，对办案人员来说，案件事实永远是过去的事实，只能通过法定的诉讼程序运用证据来还原它、认识它。（4）法律性。案件事实不同于社会事件，它是在诉讼中具有一定法律意义的，对双方当事人的权利和义务能够产生影响的事实，这就明确了办案人员的诉讼认识范围。刑事诉讼中的案件实体事实是与定罪、量刑有关的事实。[②] 刑事诉讼领域，其客体也是过去的具有法律意义的案件事实，但是这些案件事实仍然具备"客观"、"确定"的属性。可见，实事求是的要求具有哲学认识论上的正当性。

---

① 《刑事诉讼法》第 6 条规定："人民法院、人民检察院和公安机关进行刑事诉讼，必须依靠群众，必须以事实为根据，以法律为准绳。对于一切公民，在适用法律上一律平等，在法律面前，不允许有任何特权。"

② 参见陈光中主编：《证据法学（修订版）》，法律出版社 2013 年版，第 85 页。

第二，警察如实作证会增强民众对公安司法机关执法、司法正义的信任，有利于司法权威的树立。反之，如果不实事求是，就会导致警察作伪证的风险加大，甚至可能承担刑事责任。我国《刑法》明确规定了伪证罪。[①] 在修改后的《刑事诉讼法》将警察出庭作证的情况制度化之后，警察在法庭上以证人的身份作证时应该适用与证人相关的法律规定。其中就包括没有履行如实作证义务可能会承担法律责任的伪证罪问题。其实，在我国香港特别行政区类似的实例并不罕见。例如，公开见诸报端的以下这起真实案例及其分析：香港 2 名警察出庭作证前在证人室里只是聊了一会儿天，居然就被判处监禁 27 个月。原来这 2 名警察在聊天中涉嫌串供作伪证，实际上危害了整个司法制度的公信力。事实上，如果不是因为曾经多次立功，他们被判处的刑期可能更长。司法制度要赢得人民的信任、树立权威，同时要营造警察的正面形象。司法制度中的事实认定务必需要证人真实地作证，以其为基础查明案件事实。证据是司法天平的底座，而证人证言就是证据的一种。如果底座本身就是倾斜的，法律则无法发挥公平公正的作用。刑事案件中，警察是侦查一方，与检方一样也承担广义的控诉职能。代表政府的检察官一般依赖警察收集到的证据作出法律判断。但是警察由于拥有绝对优势的公共资源，收集证据过程相对隐秘，因此，很容易滥用权力。为此，香港制定了严密的证据规则，防止警察滥用权力。根据调查统计，香港警队在民众心目中的可靠性高居世界第四位，证明了这些规则是有效的。这其中最重要的是非法证据排除制度，即如果警察通过非法手段获得证据，法庭将拒绝采纳。近年来，香港很少传出警察刑讯逼供的事件。第二个约束警察采证的法律是妨碍司法公正

① 《刑法》第 305 条规定："在刑事诉讼中，证人、鉴定人、记录人、翻译人对与案件有重要关系的情节，故意作虚假证明、鉴定、记录、翻译，意图陷害他人或者隐匿罪证的，处三年以下有期徒刑或者拘役；情节严重的，处三年以上七年以下有期徒刑。"

罪，也就是那2名警察触犯的罪名。这个罪名不仅针对警察，也针对其他所有可能影响案件事实认定的人。英文直译的话，这个罪名的意思是"扭转正义的方向"，就好比在法律天平下垫了一块石头，扭转了平衡的方向。香港这2名警察冒着危险，卧底掌握了一个色情犯罪团伙的罪证，结果只因为出庭前相互"复习"了一下作证的内容，导致前功尽弃。嫌犯因此逃脱了法律制裁，警察反而身陷囹圄。有些人可能会为这2名警察鸣冤。但是试想，当民众指着法庭说"你撒谎"的时候，也就是司法天平开始倾斜的时候。况且，放过了几个罪犯，却保护了其他所有人免受警察滥用权力的威胁；惩罚了2名警察，却换来了香港民众常年对香港警队的高支持率，换来了香港整个司法系统的公信力。①

第三，实事求是与所谓的"作证技巧"并不冲突，讲究作证技巧从来不意味着否定实事求是。那种认为警察出庭作证需要经过相应的培训、提高作证技巧，与实事求是相矛盾的观点其实是种误解。作证技巧的培训并不是教警察如何说假话，或者想方设法地隐瞒实情、钻法律的空子，而是培养警察证人沉着应对法庭中其他方面的质询，实事求是地提供诉讼证据，避免辩方利用警察或控方的漏洞使法庭放纵犯罪，当然同时也防止冤枉无辜。因而，实事求是仍然是警察作证所必需的态度、方法和要求。

具体而言，警察出庭作证究竟应该如何做到实事求是，或者说应该着重注意哪些方面的具体要求就能最大限度、实事求是地作证呢？我国香港特别行政区警察在出庭作证问题上已经积累了大量的经验。尽管我国香港特别行政区的法律制度为普通法系，但是由于出庭作证的很多规则属于技术性的法律规定，所以此方面的诉讼制度及贯彻该制度的具体程序可以为内地所借鉴。根据有关资料的介绍，香港警察出庭作证的原则或要求在实事求是方面主要可以归结

---

① 叶竹盛："证据是司法天平的底座"，载《人民法院报》2011年5月17日。

如下：一是警察在出庭作证之前，对他所要作证的问题，一定要有一个清晰的记忆，避免因记忆模糊而说错话。二是在回答问题的时候，尽量不要长篇大论，要简单明了，这样就不会露出太多的疑点。三是对说错的地方，不要过多地进行解释。说错了就要承认说错了，只说“对不起，是我记错了”，不必过多解释。反之，如果做过多的解释，可能愈来愈被动。四是如果辩方律师跟出庭作证的警察抬扛，作证的警察也不要和他纠缠，只需简单地回答“我说的都是事实，并没有说谎”，除此之外的话不必多说，因为说得越多，就难免出现更多的破绽。总的原则是，在法庭上一定要诚实，对法官不能说谎，如果说谎，肯定会被戳穿。①

总之，警察出庭作证的首要要求是实事求是，即本着客观真实的原则作证。司法实践中，法官在审查判断证据时，对警察出庭作证提供的证言也会着重审查其真实可信性。法官不会想当然地认为，只要警察出庭作证，其证言就是真实的，就应当采信。法官会综合全案证据，形成证据锁链，保证客观、公正地处理案件，保证无辜之人不受追究、有罪之人罚当其罪。所以，警察证人也应该清醒地意识到这点。

二、尊重法庭

（一）尊重法律与法官

当今法治发达国家，刑事诉讼都是以法庭审判为中心。这与司法最终裁决原则、司法是社会纠纷的最后一道屏障、程序正当等现代司法理念相关。法官与警察之间的关系集中表现在司法审查机制的具体程序之中。司法审查旨在对侦控机关运用公职权力进行的诉讼行为进行审查。世界范围内，尤其是在西方国家的刑事司法程序

① 参见崔敏：“关于警察出庭作证的若干问题”，载《中国人民公安大学学报（社会科学版）》2005 年第 5 期。

中，这种司法审查在刑事审前程序中体现为：对强制性侦查行为的司法授权（即令状主义），对审前羁押的司法审查和救济、预审制度、对不起诉处分的审查等。司法审查从审前延伸到审判程序中，最典型的莫过于非法证据排除程序的听审，即“审判中的审判”。这也是我国公、法关系处理中最直接、最重要的问题。因为我国刑事审前阶段并没有设置司法（法院、法官）介入侦查、干预警察行为的制度。公、法关系只有在修改后的《刑事诉讼法》规定的警察出庭作证制度之后，才在法庭审判阶段开始有了探讨的空间。应该意识到这种程序设计背后蕴含的理念之一——司法审查观。特别是在警察出庭为取证的合法性进行说明的程序中，警察应该充分尊重法律、尊重法官，并时刻保持接受司法审查的心态。当然，司法审查并不是对警察不利，相反，它还能达到控、辩“双赢”的局面。客观上讲，提起公诉的检控方面对辩方提出的排除非法证据、启动证据调查的申请，迫切需要警察对其取证行为的合法性直接出庭说明情况、反驳辩方的质询、解除法庭法官的疑问，以使得控方的证据以合法的资格被法庭采纳、认定；另一方面，辩方也希望取证的警察与其当面对质。另外，警察自身也有固定证据、惩罚犯罪的意愿。所以，无论是从法理还是从现实需要出发，警察都应以尊重法律和法官为原则，义不容辞地接受司法审查、出庭作证。

（二）尊重律师

尊重法庭的原则既包括尊重法律、法官，也包括尊重辩方律师、其他辩护人或诉讼代理人。警察出庭作证是以证人身份出现在法庭之上，本身也是诉讼参与人之一。辩护律师、其他辩护人或诉讼代理人同样也是重要的诉讼参与人。本质上，他们都应该服从法律。有西方法谚认为，警察证人应当作“法庭的仆人”。这是从证人在法理上属于法庭的证人的角度，将警察证人也归入为司法审判而出席法庭进行服务的人员。这样看来，警察出庭并不仅仅为支持控方，以控方证人的身份出现。从整个法庭审判的大局出发，控辩双方几乎所有的诉讼参与人都可以被视为参与法庭审判的主体，而并非彼此的敌对方。所以，相互尊重非常重要且必要。无论是警察证人还是律师，他们都是配合法庭、通过正当程序查明案件事实不可或缺的要素，当然律师也应当尊重警察。

总之，警察与律师应当在尊重法律的基础上，互相尊重。不应出现警察认为律师是自己的敌对方而排斥的情况，也不应出现法庭各方对警察“逼问”、“审问”的情况。如果出现类似苗头，检察官、法官都应当适时、适当地履行职责，避免“不敬”发生。

三、摆正位置

（一）纠正警察特权、怕惹麻烦等思想，树立正确的身份转变观

当前，有的地区的警察仍不习惯出庭作证，实践中警察出庭作证的比例也不高。无论背后的法理多么正当、法律规定多么明确，由于旧的思想观念作祟，警察出庭作证阻力犹在。究其思想认识根源，警察自我认识的角色定位是刑事执法者、行政执法者。在承担维护社会安全与稳定的职责中，警察都是扮演“管理者”的角色。从整个国家权力配置体系来看，警察权也在社会各领域中发挥威力。由此，在传统观念中，警察认为在刑事司法活动中自己从来都是主导讯问或询问的，不太可能变成被质问的对象。更有甚者，“官本位”思想作怪，认为警察职业天然“高人一等”，具有“优越感”，持有“警察特权”的心态，不能接受让曾经被自己讯问、执行拘留、逮捕的被告人及辩护律师反过来询问自己。特别是我国的公、检、法三机关之间的关系在实践中异化为重配合、轻制约。警察以公安机关的公职人员自居，更不愿服务法庭、出庭接受控辩双方的交叉询问。

此外，有的警察也许担心在作证之后会对自身的职业发展造成负面影响，甚至可能承担纪律处分、行政甚至刑事责任，或者可能害怕招惹是非、引起打击报复等后果，本着“多一事不如少一事”、怕惹麻烦等类似的自私心理，本能地抗拒出庭作证。

为促进警察出庭作证早日成为常态化的制度，最重要的准则之一应该是使警察从思想观念上彻底转变，真正接受出庭作证。强调纠正警察特权、怕惹麻烦等思想的重要性，树立正确的身份转变观。警察需要进行观念革新，对警察出庭作证树立正确的态度。这有待于公安机关对出庭作证的警察予以重新定位与评价。当前亟待解决的是破除警察旧有的特权思想，使警察真正接受现代司法观和诉讼理念。警察出庭作证是以证人的身份出现。狭义上可以理解为以公诉为导向、作为控方的证人；广义上应该接受“警察是法庭的仆人”这一现代刑事诉讼理念，出庭作证的警察此时的实质定位应该是国家的证人、法庭的证人。

（二）警察作证的特殊性不影响配合法庭查明案件事实的要求

以证人身份出庭作证的警察与目击证人、不在犯罪现场的普通公民证人存在客观上的差异。澄清两者之间的异同有助于明确作证时的特殊要求。根据全国人大法工委刑法室的相关解读，警察针对实体性事实出庭作证时，所谓“执行职务”时目击犯罪的情况，既包括作为侦查人员执行职务时目击犯罪的情况，也包括执行其他职务（如巡逻）时目击犯罪的情况。对于这些情况，警察作为目击证人与普通公民证人没有区别。但当警察针对程序性事实出庭作证时，就与普通公民证人出庭作证存在差异：一方面，警察出庭作证具有公务性，警察作为侦查人员需要对其取证行为的合法性加以证明。之所以称之为具有公务性，主要是由于其证明的目的出于对公诉方的支持，可以在总体上视为控方为达到追诉犯罪的目标而为之。不可避免地，在此目标下的作证带有一定的倾向性，与普通公民证人的中立地位不尽相同。在这样的目的下作证，不能为了实现追诉而不顾实事求是的首要要求，否则将丧失作证的本义。另一方面，证人作证应该体现并强调“亲历性”，对警察在这种情形下作证的特殊要求应该从其仅是程序性事实的亲历者的角度考虑，要求其作证时应当聚焦于程序性事实本身，而不应对实体性事实发表直接或间接的意见。[①] 与普通公民证人相比，警察履职行为的程序性内容是普通公民证人无法提供的。这主要源于警察在刑事诉讼过程中承担的侦查任务是普通公民证人无法做到的。也许这有让警察"自我证明"的嫌疑。但这种程序性事实的证明无法避免，尤其是控方承担取证合法性的证明责任时，警察出庭作证也只是控方的证明方式之一。总之，无论具有多大程度的特殊性，警察出庭作证都要满足配合法庭查明案件事实的要求。

① 参见谢佑平："'警察出庭作证'，各方尚未适应"，载《新京报》2013年6月15日。

第七章　域外借鉴：美国警察出庭作证

在英美法系国家，警察作为证人出庭作证已是司空见惯之事。《美国联邦证据规则》排除法官与陪审员在所承审的案件中不具备证人资格，警察与一般证人一样出庭作证；[①]《加利福尼亚证据法典》第700条也规定，除由法律明文规定外，每个人都有资格作证，没有人在任何事上被免除作证资格。[②] 所以在美国，警察出庭作证是一种义务，从入警开始，美国警察均会接受出庭作证的培训，出庭作证已经成为美国警察的一种意识，融入到日常工作之中。美国警察在职业生涯中面临各种危险和困难的任务，其中，出庭作证带给警察更多的是压力。美国所有执法部门的人员无论级别高低，均有可能作为证人出庭作证。

国内多数文章对美国警察的职业素养和出庭表现赞赏有加，但是笔者通过与美国警察的接触感知，绝大多数警察并不愿意主动出庭。这一方面是因为出庭程序烦琐，如庭前会议以及与检察官会面等事宜，会浪费很多时间与精力；另一方面是因为警察在法庭上要

---

① 崔敏："关于警察出庭作证的若干问题"，载《中国人民公安大学学报（社会科学版）》2005年第5期。

② 何家弘、杨建国："论警察出庭作证的程序保障——以《波士顿警察局规则与程序规则320》为蓝本"，载《犯罪研究》2010年第4期。

接受控辩双方的交叉询问，一旦失败即意味着对前期侦查工作的否定，基于上述原因，美国警察对出庭作证也大多持谨慎态度。甚至很多美国的警察局局长认为，警察出庭作证时，陪审团、法官、检察官、辩护律师以及社会公众都在关注，警察出庭时的表现在某种程度上直接关系到警察局的声誉。因此，美国警察只能通过不断地学习和总结，积累大量的经验与技能，才能胜任出庭作证这项任务。

美国警察出庭作证培训涉及庭前准备、庭审中的权利与义务以及应变技巧等，可以为我国警察出庭作证提供参考与借鉴。笔者对美国警察出庭作证制度从作证理念、庭前准备工作及出庭应对策略三个方面进行介绍：

一、警察出庭作证理念

在美国，警察虽然也被视为普通证人，但由于其特殊身份，往往会被寄予厚望。公众希望出庭作证的警察能够更加清晰、客观地陈述案件事实，无论是侦破复杂的凶杀案件，还是第一位到达现场的巡警，警察的一举一动都是公众瞩目的焦点。这一理念和思想的灌输，使得美国警察在从警的开始就具备了出庭的法律意识。美国警察在出庭作证时，大部分情况下有陪审团参加。陪审团成员是由法院面向公众选拔出来的没有法律专业知识的普通人，他们不仅对警察作证的案件进行判断，而且还会基于警察出庭时的表现，对出庭的警察及其所隶属的部门作出评价，这样的意见会停留在陪审团成员的脑海中，并潜意识地移植到下一位出庭的警察身上，形成一个先入为主的意识。

二、庭前准备工作

出庭前，美国警察需要写出一份完整、翔实的案件报告。如果不擅长书写案件报告，他们会与其他善于书写报告的警察交流，学习如何构架报告以及如何阐述案件。在书写案件报告时，从辩护律师的角度来撰写报告，这样警察在出庭时辩护律师就没有太多机会来进行攻击。但是警察作证难免会出现一些纰漏，最好的解决办法就是如实陈述，不要担心在案件审查过程中会出现这样或者那样的问题，因为法官或陪审团才是案件的裁判者。美国警察经常接受这样的理念：人不是完美的，人都会犯错误，不要惧怕犯错误，学会接受并且从失败中吸取教训才能真正地提高。一位从警 25 年的美国警察陈述道，他的从警职业生涯最艰难的时刻不是被枪击或者被毒打，而是在出庭作证时遇到刻薄和准备充分的辩护律师。“无论在联邦法庭还是州法庭出庭，虽然我每次都会紧张，但是我会尽量克服，我的职责是陈述我的执法过程，不要去编造自己不知道的答案，也不要试图将自己视为与检察官具有一样的职能。”具体而言，美国警察出庭作证的准备工作包括以下几个方面：

（一）出庭理念的构建

在整个出庭的过程中，详细、认真的准备至关重要。准备得越充分，警察在法庭上的表现也会越自信，在面对律师提出的刻薄问题时就会迎难而解。尽量与有经验的检察官多接触，了解他们对警察出庭的期望，在与他们的沟通中，会有意外的收获。警察对在执法过程中参与的每一起案件都有可能出庭作证，最重要的是要始终记住一点——做好自己。不用担心别人怎么看你，你无须尽力去改变自己，每一个人都有着不同的生活阅历与经验。

（二）与检察官会谈

一位优秀的美国检察官会从辩护律师的角度来重新看待整起案件，然后指出哪些地方辩方会在法庭交互诘问中进行攻击。作为警察，需要仔细听取检察官的意见，经验丰富的警察应该可以在检察官指出之前就预判到哪些地方需要重点准备。如果警察的经验比检察官还要丰富，警察可以帮助检察官指出问题所在，协助检察官制订更加完备的应对策略。

例如，在美国佛罗里达州，检察官会在正式审判之前与侦查人员讨论目前掌握的证据与案件情况，因为检察官与警察看待案件的角度不同，通常会进行沟通与协商，很多没有经验的警察甚至会觉得检察官的观点有些可笑。为什么在美国会发生这样的情况呢？我们可以进行如下分析：美国的检察官几乎很少亲自到达犯罪现场或者抓捕现场，他们没有看到被害人绝望和无助的表情，没有体会到亲人被谋杀的痛苦，他们没有这些亲身的、直观的感受，与此同时，案件材料堆满他们的办公桌，他们要做的是尽快把案件处理掉，因此，他们也不愿意去碰没有把握能赢的案件。但是，警察的观点往往与检察官不同，因为很多时候，警察是冒着一定的风险对嫌疑人员进行控制。针对这一点，美国警察与检察官之间存在着一个需要共同面对的问题：是冒着风险将案件提交法庭还是干脆不去尝试这个风险。在美国，警察与检察官之间合作的两个重要因素：一是全面了解自己的案件；二是要对自己的案件充满信心。

（三）记录现场信息

警察出庭前如何做到准备充分？在一些复杂的刑事案件中，案件信息非常繁杂，如证人证言、被害人信息、现场照片、现场笔录、物证清单、电话记录、电子物证等。当警察作为证人出庭时，就是一位客观事实的陈述者，陈述所经历、所观察到的事件。美国法庭不需要警察在出庭时给出自身的意见，陪审团会根据警察的陈述等来判断被告是否有罪。

现场记录是出庭作证的保证之一，尽量详细地记录现场的各种信息，包括进出现场的人员等。在美国，警察会牢记一个概念："如果你犯懒或者忘记记录一些信息，一旦辩方发现这一点，他们会牢牢抓住这一点并且不断地扩大。"辩护律师会试图说服陪审团警方存在重大错误，导致其他证据被排除。记录嫌疑人员的行为、陈述以及他们的状态是至关重要的，详细记录与嫌疑人员接触的每一位警察，包括接触的时间、内容等信息。每一位侦查人员都要牢记米兰达规则，这会让法官和陪审团产生截然不同的两种印象。辩护律师会想尽一切办法来找出警察在侦查过程中的漏洞，所以最好的应对措施就是做好详细的记录。

三、出庭应对策略

（一）出庭面貌

1. 着　　装

在美国，警察出庭的面貌至关重要，端庄的仪表与着装会凸显警察的职业素养，面容自信并时刻保持警惕，干净的指甲、整齐的发型、整洁的制服、笔直的领带、洁净的衬衫、闪亮的皮鞋，这些看起来微不足道的细节，却恰恰能给陪审团留下深刻的印象。出庭时只携带必要的物品，避免携带其他随身的杂物。出庭时的着装由隶属的部门决定，通常情况为制服和西装两种着装方式。在州和地区法庭，警察无论穿着制服还是西装均可以携带武器；但是在联邦法庭，警察出庭一般不允许携带武器。一些陪审团成员对于穿着西装但是携带警用手枪、手铐等器械的警察会产生一种不好的印象，所以在出庭前的着装问题上，应与检察官一起协商。美国警察在出庭作证前通常要进行宣誓，在宣誓的过程中，严肃认真地聆听书记员宣读的誓词，右手半握举至右肩直至宣誓完毕，然后面对法官和陪审团说出“是的，我遵守”。警察出庭前参加宣誓，将给法官和陪审团留下一个非常职业的印象。

2. 姿　　态

警察出庭时的姿态会影响法官和陪审团的决定。人在疲劳时会有不同的表现形式，精力不再集中，站姿或者坐姿不好，甚至打哈欠。这些都会让法官或者陪审团认为警察对待法庭审理不够认真。所以任何时候，在出庭前都要充分休息，防止疲劳。

（二）庭审表现

首先，法官和陪审团对案件的判断有多种渠道，警察要意识到这一点。因为在法庭上会有很多不同的人作证，提供各种证据和证词，证明被告有罪或者无罪，而不仅仅只依靠警察。如果警察在证词中表现出来一些对案件审判具有倾向性的意见，那么该警察的证词将会被法官或者陪审团认定是不可信的。

其次，很多出庭作证的美国警察经常会感受到，有些警察在法庭上表现优异，有些则很差。无论是在联邦法庭还是在州法庭，警察出庭是工作职责之一，这份职责是帮助刑事司法系统寻求事实的真相。警察出庭是代表州或者联邦政府出示证据来赢得案件的审判。出庭时，警察只需回答知道的问题，而不要试图编造一些不知道的答案。

最后，陈述时发音一定要清晰，可以通过适度提高声音来彰显自信。不要低下头进行陈述，因为辩护律师会问是否在阅读相关材料或者图片，这有可能会影响证词效果。清晰、慢速和适度地提高声音会使坐在远端的陪审员听清证词。尽管警察在回答辩护律师的问题，但实际上是为说服陪审团做准备。因此，警察出庭时应尽量将答案解释给陪审团，而不是辩护律师。但是，辩护律师经常使用他们的战术，会站在陪审团对面的位置对警察进行诘问，所以警察在回答问题的时候，只能面对律师而不是陪审团。一种常用的解决办法为：警察的目光跟随辩护律师，回答辩护律师的问题，然后将头转向陪审团微微点头。出庭时警察的表现以及如何陈述将会直接影响到出庭效果。

（三）应辩技巧

1. 沉着与冷静

首先，在美国，警察出庭的案件都会引起一定的关注。在法庭上，通过交互诘问，警察会回答其曾经参与侦办案件的过程与细节。警察尽量客观、真实地回答一些辩护律师提出的问题，不要试图表现得比辩护律师更加聪明，反而在一些问题上要回答：“我不记得”。因为辩护律师要做的非常简单，就是不停地提出问题，警察作为证人需要回答他们的问题，但不是每一个问题都要回答，不要惧怕回答“不知道”，因为警察也不可能什么事情都记得住。尽量在法庭上表现出诚实、职业和良好的精神面貌。

其次，美国的辩护律师经常会在法官或者陪审团面前挑衅警察，目的是激怒警察。实际上这是律师的技巧之一。警察出庭是让法官或者陪审团相信你在履行你的职责，无需个人的情感因素来倾向于被告是否有罪。

再次，警察都希望自己办理的案件能顺利通过审判，但是有罪与无罪是由法官或者陪审团决定，而不是由警察决定。如果警察在法庭上表现得过于强势，或者有倾向性，法官或陪审团有可能认为警察存在偏见，而且辩护律师一定会抓住这些进行反击。

最后，回答问题时要镇静、礼貌。在很多案件审理过程中，尤其是涉及使用武力的案件，辩护律师经常会故意夸大事实期望激起警察的情绪。因此，警察要知道这是辩护律师设计的用来激怒自己的“陷阱”，要时刻保持清醒的头脑，从容、镇定地回答问题。比如，在美国，辩护律师会问警察：“你到底问了被告多少次他是否知道他妻子现在何处?”该问题明显是想突出讯问的次数，让陪审团认为警察在审查被告时多次逼问被告。千万不能掉入这样的“陷阱”。最好的回答为：“我不知道，我从来没有考虑过用多少次来讯问我想知道的事情。在讯问的过程中，我更关注他在讲什么，而不是我需要多少次来让他讲”。对于这样的回答，陪审团会觉得警察非常职业，而且专注于找到事实的真相。

2. 应答策略

警察在庭审中应当认真听清问题，深思熟虑后再回答，千万不可不假思索地给出问题的答案。很多警察习惯性地认为，在出庭时回答问题越快，证词的证明力越强。实际不然，经过仔细思考的回答会比慌乱中快速回答问题的效果更好。记住，律师的技巧之一是让警察跟随他的节奏回答问题，然后在警察回答过的问题中找寻相互矛盾的地方作为下一个攻击点。

警察出庭时要敢于回答“不知道”，因为“不知道”包含的另一层含义是不编造事实。警察也是普通人，事件的情节也会难以完整地回忆出来，对此陪审团和法官会理解。最危险的事情是编造一个不存在的事实来弥补，这样带来的后果将是非常严重的。如果警察在回答时出现了错误，应当马上改正，如果回答得不清楚，应当马上澄清。警察自身纠正错误要比律师发现错误后纠正的庭审效果更佳。如果发现错误，可以当庭申请："我可以纠正我刚才说过的错误吗？"诚实地解释错误很关键，法官和陪审团会理解。只回答当庭提出的问题，不要附加更多额外的信息。法官和陪审团只关心警察经历的案件过程，因此，警察出庭时不需要给出结论或者意见，也不要陈述其他无关信息。如果法官打断警察的陈述，马上停止陈述，或者律师提出质疑，直到法官告知警察继续回答问题方可继续回答。在回答问题时，避免使用"我认为"、"我想"或者"依照我个人的观点"等用语；如果不知道，就回答"不知道"；在回答一些微小的问题时，如果忘记了，就回答"不记得"，千万不能编造答案。无须相互讨论证词，特别是在庭审前，不要与任何人讨论案件，陪审员也许有机会知道你在外面与人交谈案件情况，这会对庭审产生不利影响。有时律师会问这样的问题："你与其他人谈论过这起案件吗？"如果警察回答"没有"，法官会觉得这样的回答不够准确，因为检察官通常会召集警察一起讨论案件情况。所以，对于这样的问题，可以坦诚地回答"我确实与检察官、被害人及其亲属讨论过案件情况，目的是查清案件事实"。

3. 技巧提高

平时有意识的研究与不断的模拟练习会提高出庭时的应对技巧。尽量多参加有警察出庭的案件，从陪审团或者法官的角度来听取警察出庭的证词，从中总结成功的经验与失败的教训，将有助于提高警察出庭作证的技巧。

经过多年的出庭作证实践，美国警察已经积累了宝贵的经验。在出庭作证过程中与辩护律师进行交互诘问，使得美国警察在日常的执法过程中更加认真地遵守取证程序，千方百计收集合法证据来证实犯罪，因为一旦在执法过程中出现遗漏或者疏忽，那么在出庭作证时就有败诉的可能，导致个人的行业名誉以及所隶属的工作单位受到牵连，公众也会对司法失去信心。因此，美国警察普遍具有较好的专业素质、较强的诉讼意识和证据意识，最终案件审理结束才是工作的结束。出庭作证时刻出现在美国警察的脑海中，也时刻指导他们树立强烈的法律意识，这一点值得我国警察学习、借鉴。

下　　篇

第八章　非法证据排除程序中的警察出庭作证

侦查讯问程序是完全封闭的诉讼程序，被告人在侦查期间接受讯问时直接面对警察，并无第三方在场见证或者监督，但其作出的书面有罪供述将作为呈堂证据，用于证明其犯罪的事实。为确保被告人庭前供述的真实性，首先必须确保被告人作出的有罪供述完全出于自愿，并无外在压力。为确保不得强迫自证其罪原则的贯彻执行，《刑事诉讼法》对侦查讯问程序作出了极为详细的规定。但从实务角度看，缺乏监督仍然是侦查讯问程序存在问题的根源，也是庭审中辩方质疑被告人有罪供述合法性的焦点之一。在法庭审理中，被告人往往推翻其在侦查阶段作出的有罪供述，辩称其在侦查期间的供述不是真实意思表示，具体翻供理由之一为其在接受讯问时受到刑讯逼供等非法取证行为，因而违心作出了有罪供述。被告人在翻供的同时，往往申请法庭启动非法证据排除程序。在公诉机关无法通过同步讯问录像等证明侦查讯问程序合法时，控辩双方往往会选择申请法庭通知讯问警察出庭，就是否存在非法取证问题当庭作证。

案例1：郭某某等4人贩卖、运输毒品案

【案件基本情况】

京华市人民检察院指控：被告人刘某某以贩卖为目的，于2011年8月13日至16日间，在京华市以每克265元的价格向郭某某购买甲基苯丙胺550克。袁某以贩卖为目的，以每克300元的价格向刘某某购买其中的200克，并为此支付给刘某某6万元毒资。

被告人杨某于2011年8月18日凌晨，在明知刘某某携带毒品的情况下，仍驾驶轿车从某省运送刘某某及其所携带的毒品。后杨某驾车行至京华市某区某店附近时被查获，并被当场起获甲基苯丙胺548.55克。

被告人袁某在其住处藏匿以火药为动力的枪支1把。被告人郭某某、刘某某、袁某、杨某作案后分别被查获归案。

京华市人民检察院认为，被告人郭某某、刘某某、袁某、杨某违反国家毒品管理规定，贩卖、运输毒品，犯罪性质恶劣，情节严重，社会危害性大；被告人袁某还违反国家枪支管理规定，非法持有枪支。4名被告人的行为分别触犯了《刑法》第347条第2款第1项、第128条第1款之规定，犯罪事实清楚，证据确实、充分，应当以贩卖毒品罪追究被告人郭某某的刑事责任，以贩卖、运输毒品罪追究被告人刘某某的刑事责任，以贩卖毒品罪、非法持有枪支罪追究被告人袁某的刑事责任，以运输毒品罪追究被告人杨某的刑事责任。

【警察出庭作证的情况】

被告人郭某某在会见其辩护律师时提出，其于2011年8月21日接受侦查人员的首次讯问时受到了威胁及诱供，其供述内容不属实。在庭前会议中，郭某某的辩护人据此认为，郭某某的该次供述属非法证据，申请法庭予以排除。在庭审中，郭某某向法庭详细陈述了其在2011年8月21日接受讯问时遭受非法取证的具体情况，法庭据此对郭某某在2011年8月21日的供述是否系侦查人员合法

取得产生疑问，并当庭决定启动非法证据排除程序，要求公诉人就郭某某该次供述的合法性问题当庭出示相关证据。公诉人遂申请法庭通知侦查人员出庭作证，以证明侦查人员在2011年8月21日对郭某某的讯问符合法律规定，不存在非法取证情形。

在法庭组织的非法证据排除程序中，侦查人员依法出庭，接受控辩双方的发问，且控辩双方分别发表了意见。合议庭经审理认为，被告人郭某某及其辩护人当庭提供了侦查人员非法取证的相关线索，并描述了侦查人员以其亲属的安危相要挟，迫使其承认贩卖毒品的情况。但公诉人申请到庭的侦查人员当庭所作的没有要挟被告人的证言不够确切，不能排除非法收集证据的可能性，故法院将被告人郭某某在2011年8月21日的供述予以排除。

【警察出庭作证的庭审实录】

审判长：现在开始法庭调查。首先调查定罪部分的事实，先由公诉人宣读起诉书。

（公诉人宣读京华市人民检察院起诉书）

审判长：4名被告人，刚才公诉人宣读的起诉书与你们收到的起诉书副本的内容一致吗？

四被告人：一致。

审判长：各位辩护人，你们对刚才宣读的起诉书有什么意见吗？

郭某某的辩护人：本辩护人在会见郭某某的过程中，了解到侦查人员在获取郭某某的有罪供述过程中存在违法行为，辩护人申请法庭启动非法证据排除程序。

审判长：下面将被告人刘某某、袁某、杨某带出法庭候审。

（法警执行）

审判长：被告人郭某某，你可以坐下。

审判长：请郭某某的辩护人详细说明情况。

郭某某的辩护人：2011年8月21日，郭某某被侦查人员抓获，后在京华市某县某镇派出所，2名侦查人员对郭某某进行了恐吓、威胁，逼迫其承认犯罪事实。在离开派出所的车上，侦查人员当着郭某某的面讨论本案，多次提到毒品的数量、金额等情况，给郭某某以暗示，侦查人员多次诱供。辩护人完全有理由认为，侦查人员在获取郭某某供述的时候存在违法行为，辩护人向法庭申请启动非法证据排除程序。

审判长：郭某某的辩护人，你是怎么知道的？

郭某某的辩护人：在会见郭某某的过程中，郭某某向我陈述的。

审判长：郭某某的辩护人，你申请法庭排除郭某某第几次口供？

郭某某的辩护人：郭某某在第一次接受讯问时被威胁、恐吓，对其后续的供述是有压力的，在此，辩护人申请法庭排除郭某某的第一次供述。

审判长：被告人郭某某，你的律师说的属实吗？

被告人郭某某：是。

审判长：被告人郭某某，你的辩护人申请本法庭排除你在侦查期间的第一次供述，你同意吗？

被告人郭某某：同意。

审判长：被告人郭某某，你确认在侦查期间接受讯问时，侦查人员对你采取了非法取证手段吗？

被告人郭某某：确认。

审判长：郭某某，你在侦查阶段的什么时间受到了非法讯问？

被告人郭某某：他们抓获我的时候，我认为他们不像人民警察，抓了我之后在派出所讯问我，我说根本没有参与。

审判长：在什么地点抓获你？

被告人郭某某：某镇。

审判长：什么时间？

被告人郭某某：8月21日。

审判长：用了什么方法威胁、恐吓你？

被告人郭某某：他们说京华市这边有人已经指认了我，还拿我们家孩子威胁我，意思是如果我不说，就见不到我的孩子了。

审判长：你听了这些话有什么感受？

被告人郭某某：害怕。

审判长：公诉人在宣读起诉书的时候，对指控你的事实，你承认吗？

被告人郭某某：我不承认，我没有参与。

审判长：起诉书指控刘某某从你处购买550克甲基苯丙胺，对此指控事实，你不承认？

被告人郭某某：是。

审判长：郭某某的辩护人是否需要补充？

郭某某的辩护人：郭某某文化程度低，生活经验比较单一。其孩子在出生40天之后出过车祸，颅脑损伤，这是事实。他在某市的时候，侦查人员拍桌子、摔凳子的行为给郭某某精神上造成巨大的压力，当时他的精神已经完全崩溃。

审判长：公诉人同意被告人郭某某的供述吗？

公诉人：不同意。

审判长：下面请公诉人发表意见。

公诉人：针对郭某某及其辩护人所提出的郭某某最初的有罪供述系侦查人员采取威胁手段非法取得的说法，公诉人准备申请京华市公安局禁毒支队的2名侦查人员出庭作证。为保护他们的人身安全，公诉人请法庭给予适当的保护措施，请审判长准许。

审判长：同意公诉人的申请，请法警放置遮挡屏，对证人采取不暴露外貌的保护措施。

（法警执行）

公诉人：请审判长传第一位侦查人员王警官出庭。

审判长：请法警带证人王警官到庭。

（法警执行）

审判长：证人王警官，你在哪个单位工作？与本案有何关系？

证人王警官：我是京华市公安局禁毒支队的侦查人员。

审判长：法庭中的被告人是你抓捕的吗？

证人王警官：是。

审判长：依据《中华人民共和国刑事诉讼法》第 123 条及第 189 条之规定，证人作证时要如实提供证言，有意作伪证或者隐匿罪证要负法律责任。你能向法庭保证如实作证吗？

证人王警官：能。

审判长：请在如实作证保证书上签字。

(法警协助执行)

审判长：请公诉人向证人王警官发问。

公诉人：证人王警官，今天法庭开庭审理郭某某贩卖毒品一案，郭某某及其辩护人提出郭某某在京华市某县某镇派出所的有罪供述系非法取得，现在公诉人针对取证合法性向你发问。你听清了吗？

证人王警官：听清了。

公诉人：在这起案件的侦查过程中，你主要负责什么工作？

证人王警官：负责对郭某某的抓捕及讯问工作。

公诉人：你们在什么时间、什么地点抓获的郭某某？

证人王警官：2011 年 8 月 21 日，在京华市某县某镇抓获郭某某。

公诉人：你能向法庭说明整个抓获过程吗？

证人王警官：当时是在饭店抓获郭某某的，之后我们立即把他带到了某镇派出所。到了派出所后我们对他进行了简单的突审。开始他不说话，对很多问题都不回答，经过我们综合教育、举例，他就很平静地说明了整个案件过程。

公诉人：在某镇派出所由你主要审讯郭某某？

证人王警官：还有禁毒支队的李警官。

公诉人：郭某某是在什么状态之下作出不利于本人的供述的？

证人王警官：被带到某镇派出所以后，郭某某非常紧张，后来经过言语上的教育，他是在很平静、自然的状态下供述的。

公诉人：你们向郭某某告知了你们的身份及其应当依法享有的权利了吗？

证人王警官：告知了。

公诉人：审讯过程中你是否对郭某某有过威胁？

证人王警官：没有。

公诉人：参与审讯的其他人员对郭某某有言语威胁吗？

证人王警官：没有。

公诉人：审讯之外是否还有威胁行为？

证人王警官：整个过程当中都没有。

公诉人：是否当着郭某某的面讨论过案情？

证人王警官：没有。

公诉人：是否见过郭某某的家人？

证人王警官：没有。

公诉人：审判长，公诉人对证人发问完毕。

审判长：请辩护人向证人发问。

郭某某的辩护人：证人王警官，我是郭某某的辩护人，有几个问题，希望你能如实回答。

证人王警官：我一定。

郭某某的辩护人：在京华市，你们对郭某某进行了几次讯问？

证人王警官：某镇派出所一次，禁毒支队一次，一共两次。

郭某某的辩护人：是否都有讯问笔录？

证人王警官：突审的时候没有，在禁毒支队审讯的时候有。

郭某某的辩护人：两次讯问中郭某某的供述是否一致？

证人王警官：对犯罪事实的供述是一致的。

郭某某的辩护人：是贩毒数量与金额，还是具体的犯罪时间与地点？

证人王警官：郭某某对这个事情不否认，也很清晰地说了贩卖毒品的事情经过，但具体到每个细节我记不清了。

郭某某的辩护人：郭某某在被带到某镇派出所的时候是一种什么状态？

证人王警官：当时很紧张，后来很平静。

郭某某的辩护人：他从某镇派出所被带到京华市公安局时，上车之前是什么状态？

证人王警官：很自然。

郭某某的辩护人：在京华市公安局接受讯问时是什么状态？

证人王警官：很自然。

郭某某的辩护人：在整个讯问过程中，郭某某是什么态度？

证人王警官：很诚恳，回答问题很流利，非常配合。

郭某某的辩护人：郭某某识字吗？

证人王警官：不识字，只会写自己的名字。

郭某某的辩护人：笔录怎么签的字？

证人王警官：我们对他宣读，他确认之后签字的。

郭某某的辩护人：你如何证明当时给郭某某宣读的笔录和供述是一致的？

证人王警官：宣读的时候有很多警官在场。

郭某某的辩护人：审判长，辩护人对证人发问完毕。

审判长：证人王警官，我有几个问题，希望你能如实回答。

证人王警官：好的。

审判长：侦查人员在某镇派出所对郭某某讯问时，是否有讯问笔录？

证人王警官：没有，因为当时是突审。

审判长：是否有讯问录像？

证人王警官：当时用执法记录仪进行了录像，但是后来断电了。

审判长：也就是说这次的讯问没有笔录，有录像，可是不完整？

证人王警官：是的。

审判长：你们在京华市公安局禁毒支队讯问郭某某时，有讯问笔录吗？

证人王警官：有的。

审判长：有讯问录像吗？

证人王警官：没有。

审判长：请证人王警官退庭，请公诉人继续举证。

公诉人：请审判长传第二位侦查人员李警官出庭。

审判长：请法警带证人李警官到庭。

（法警执行）

审判长：证人李警官，你在哪个单位工作？与本案有何关系？

证人李警官：我是京华市公安局禁毒支队的侦查人员。

审判长：你也参与了抓捕郭某某的工作？

证人李警官：是。

审判长：依据《中华人民共和国刑事诉讼法》第 123 条及第 189 条之规定，证人作证时要如实提供证言，有意作伪证或者隐匿罪证要负法律责任。你能向法庭保证如实作证吗？

证人李警官：能。

审判长：请你在如实作证保证书上签字。

（法警协助执行）

审判长：请公诉人向证人李警官发问。

公诉人：证人李警官，郭某某及其辩护人提出郭某某在京华市某县某镇派出所的有罪供述是侦查人员非法取得，现在法庭就被告人庭前供述的合法性进行调查。你听清了吗？

证人李警官：听清了。

公诉人：你认识法庭中的被告人吗？

证人李警官：认识，他叫郭某某。

公诉人：你为什么认识他？

证人李警官：2011 年 8 月，郭某某涉嫌贩卖毒品，我参与了审讯。

公诉人：你们在什么时间、什么地点抓获的郭某某？

证人李警官：2011 年 8 月 21 日，我们在京华市某县某镇将郭某某抓获。

公诉人：什么时间回京华市的？

证人李警官：8 月 23 日下午。

公诉人：主要由谁审讯？

证人李警官：我和王警官。抓获当天晚上 7 点多在某镇派出所突审的。

公诉人：郭某某是否如实交代了犯罪事实？

证人李警官：是。

公诉人：交代的状态是否自然？

证人李警官：自然。

公诉人：你陈述一下详细经过。

证人李警官：开始讯问时他基本不回答问题，后来我们对他进行教育，他考虑了一会儿，供认了犯罪事实。

公诉人：制作讯问笔录了吗？

证人李警官：没有，因为我们这次主要对他进行突审，核实真实身份，确认没有抓错人，对简单的犯罪事实进行确认，郭某某也承认了。审讯刚刚开始的时候，派出所停电了，我们决定连夜将郭某某带到京华市公安局禁毒支队进行审讯。

公诉人：在京华市公安局交代了吗？

证人李警官：交代了，也制作笔录了。

公诉人：你是否对郭某某进行过威胁、恐吓？

证人李警官：没有。

公诉人：其他参与审讯的人对郭某某是否有威胁行为？

证人李警官：没有。

公诉人：审判长，公诉人对证人发问完毕。

审判长：请郭某某的辩护人向证人发问。

郭某某的辩护人：证人李警官，你们在抓捕郭某某之前是否对他的个人信息和家庭情况进行过调查？

证人李警官：在网上调查过他本人信息，家庭信息不清楚。

郭某某的辩护人：他的自然信息显示是已婚还是未婚？

证人李警官：印象不深了。

郭某某的辩护人：郭某某在被你们初次带到某镇派出所的时候是什么状态？

证人李警官：感觉当时有点压力，在审讯开始的时候交代问题比较自然。

郭某某的辩护人：在被带到京华市公安局的车上时是什么状态？

证人李警官：很平静。

郭某某的辩护人：在京华市公安局禁毒支队制作笔录时是什么状态？

证人李警官：自然、平静。

郭某某的辩护人：你们在京华市公安局禁毒支队对郭某某审讯时有同步的录像吗？

证人李警官：没有。

郭某某的辩护人：郭某某对讯问笔录怎么签的字？

证人李警官：他说不识字，只会写自己的名字，我们对他进行宣读，他确认之后签字。

郭某某的辩护人：审判长，辩护人对证人发问完毕。

审判长：被告人郭某某，你的辩护人向证人的发问，你同意吗？

被告人郭某某：我同意。

审判长：你对证人是否有发问？

被告人郭某某：没有发问。王警官当时拿我家闺女照片威胁我，他说京华市这边有好几个人指认我参与了这起贩毒案件。

审判长：李警官当时在场吗？

被告人郭某某：在场。

审判长：你还有其他意见吗？

被告人郭某某：当时的警察没有穿制服，穿的是便服。

审判长：你还有其他问题吗？

郭某某：没有。

审判长：证人李警官，我有几个问题，希望你能如实回答。

证人李警官：一定。

审判长：在某镇派出所，你们讯问郭某某时，有讯问笔录吗？

证人李警官：确实没有，只有一段录像。

审判长：在京华市公安局禁毒支队，你们有讯问笔录，但没有录像，是吗？

证人李警官：是的。

审判长：谢谢李警官的出庭作证，现在请证人李警官退庭。

（法警执行）

审判长：公诉人是否还有其他证据需要出示？

公诉人：没有了。

审判长：请法警撤去遮挡屏。

（法警执行）

审判长：下面由公诉人就被告人郭某某在2011年8月21日供述的合法性问题发表意见。

公诉人：公诉人刚才申请法庭传唤侦查人员出庭作证，2名侦查人员向法庭详细地陈述了他们抓捕、审讯郭某某的过程。破案报告等证据材料显示，本案当时是由京华市公安局禁毒支队牵头，其他各个部门一起联合侦破，涉及若干个工作组，李警官和王警官是一个工作组。郭某某当时是在完全自然的状态下作出不利于本人的供述的，侦查人员没有言语、行为上的威胁，不存在非法取证的行为。公诉人认为被告人郭某某及其辩护人提出的意见不能成立，请合议庭考虑不予采纳。

审判长：被告人郭某某，对于刚才公诉人所发表的意见，你是否有意见？

被告人郭某某：他们当时确实威胁了我。

审判长：具体说了什么？

被告人郭某某：他们说想见孩子的话就得好好说，因为我的孩子在出生40天时出车祸差一点死去。他们还说京华市这边有好几个人证明我参与了这起犯罪。他们去抓我的时候我知道，但是我没有跑，因为我没有犯什么事。我不认识字，审讯完，他们也没有给我宣读笔录。

审判长：下面由郭某某的辩护人发表意见。

郭某某的辩护人：证人的当庭证言我认为不足以采信，但恰恰可以说明：第一，侦查人员抓捕郭某某之前对他的身份情况是了解的，知道他家中有一个5岁的女儿，拿他女儿的安全威胁他，这不需要怀疑。第二，说到郭某某的状态，2名证人都提到了郭某某被抓到派出所的时候精神紧张，但离开的时候却很平静，我认为证人存在虚假陈述，证言不足以采信。

审判长：公诉人是否还有意见？

公诉人：坚持刚才的意见。

审判长：下面休庭5分钟，将被告人郭某某带出法庭。合议庭将对公诉人当庭出示的证据及控辩双方发表的意见进行讨论，对郭某某在2011年8月21日的供述是否系合法取得进行评议，5分钟后再次开庭。(敲法槌)

(合议庭退庭，进入评议室评议)

审判长：（敲法槌）现在继续开庭，将被告人郭某某带入法庭。

(法警执行)

审判长：被告人郭某某，你可以坐下。

审判长：合议庭经过评议后认为，公诉人当庭出示的证据不够确实、充分，不能排除郭某某在2011年8月21日的供述系侦查人员非法取得的可能性。合议庭决定：在后续的法庭调查阶段，公诉人不得当庭宣读被告人郭某某在2011年8月21日的供述，其他供述可以宣读。

审判长：非法证据排除程序完毕。

【警察点评】

《刑事诉讼法》中关于非法证据排除的规定，不仅仅保护了犯罪嫌疑人的人权，而且对于日常从事侦查取证工作的民警来说也是保护。从郭某某等4人贩卖、运输毒品案来看，其致命的弱点在于同步录音录像资料的缺失。这一点导致了审判人员对笔录真实性产生怀疑，同时民警取证的随意性加深了怀疑。单从辩护人最后发表的意见来看，其逻辑并非无懈可击。办案民警事先掌握了犯罪嫌疑人孩子的情况，并不能直接推导出民警一定会利用这一点去威胁犯罪嫌疑人作虚假的供述。但是，律师的这种猜测也确实引出了当庭其他人对这一情况存在可能的怀疑。本案中，民警在抓获犯罪嫌疑人之后，两次审讯犯罪嫌疑人，一次未作笔录，有笔录的那次讯问又未进行同步录音录像，让人如何相信这次的侦查取证工作是合法完成的？此时，面对律师当庭提出的疑问，民警在缺乏有力证据支撑的情况下，单纯地进行否定性的作答，是难以令人信服的。

本案中，民警与公诉人的配合也有所欠缺。在庭审中，民警对自己执法行为的阐述完全依赖于律师、公诉人、审判人员的提问。律师的提问往往有选择性地避开了能够体现民警规范执法的问题，而直击存在问题的薄弱环节，从而使存在的问题被放大，民警取证的可信度被降到最低。民警在出庭前应当将自己希望阐述的事实与公诉人进行充分沟通，通过公诉人的提问来陈述事实，主动解释容易被人误解、引起歧义的合法履职行为，从而避免辩护人在庭审过程中可能出现的圈套式提问，在庭上变被动为主动。

对于公安机关在刑事执法中所承担的职责，《刑事诉讼法》中都有明确的条文进行规定。同时，条文也对可能影响执法公正性的情况进行了预见，并采取了相应的预防措施。比如，双人办案模式、见证人在场制度、同步录音录像工作等，既可避免犯罪嫌疑人权益遭到侵犯，同时又是对取证工作的真实性、客观性、有效性的最有力的证明。对于法律的规范和限制，民警应当正确地理解并充分地利用，在用以规范自身行为，维护司法公平正义的同时，也应有意识地将其作为自身的保护，主动防范执法风险。

【律师点评】

非法证据，是指违反法律规定收集到的证据。非法证据排除，是指不能用非法获取的证据作为定案的依据，将非法获取的证据排除在法庭审判活动之外，以保证司法公正、维护司法权威。非法证据由于常常与侵犯人权、冤假错案等紧密相连，所以被认为是目前最为严重的影响司法公信力的顽疾。正因如此，2012 年《刑事诉讼法》结合以往相关司法解释，特别针对非法证据排除制定了若干条款。但是，由于制定法律、司法解释的时间、背景等诸多因素的不同，什么是非法证据、什么情况下可能引起非法证据排除程序、什么情况下可以排除非法证据等诸多本应该清晰完整的规定，散见于不同的法律、法规之中。这不仅不利于侦查人员全面理解、掌握法律规定，依法办案，也不利于司法机关正确审查、认定非法证据。从辩护律师的角度，总结、梳理提出非法证据排除的各种情况，不论是对侦查人员还是对公诉方、审判者，都会有所启发。

通常情况下，辩护律师会针对以下情况提出非法证据排除的要求：

（1）非法限制人身自由期间取得的言词证据；

（2）摘抄、复制犯罪嫌疑人、被告人以前作出的供述或其他人作出的证言；

（3）未提供语言翻译取得的供述、证言；

（4）限制、剥夺辩护权期间取得的犯罪嫌疑人、被告人供述；

（5）违反《刑事诉讼法》第一篇第六章关于取保候审、监视居住规定期间取得的言词证据；

（6）违反《刑事诉讼法》第 83 条的规定，没有将被拘留人及时送看守所期间取得的言词证据；

（7）违反《刑事诉讼法》第 91 条的规定，没有将被逮捕人及时送看守所期间取得的言词证据；

（8）违反《刑事诉讼法》第116条的规定，犯罪嫌疑人被送交看守所后，又在看守所对其讯问产生的言词证据；

（9）违反《刑事诉讼法》第117条的规定，违法使用传唤、拘传措施期间取得的言词证据；

（10）没有或不能提供与讯问、询问同步的不间断的全程录音、录像资料，以及提供的录音、录像资料没有原件、无法当庭启封质证的言词证据；

（11）没有或不能提供进出看守所的原始收押记录、原始健康检查记录的犯罪嫌疑人、被告人的全部供述；

（12）没有或不能提供在押期间就医、治疗原始病历资料的犯罪嫌疑人、被告人的全部供述；

（13）没有同意辩护律师鉴定伤情的申请或经鉴定伤情确属羁押期间形成的犯罪嫌疑人、被告人的全部供述；

（14）辩护律师申请通知讯问、询问时其他在场人员出庭作证未被批准的犯罪嫌疑人、被告人的全部供述或该证人的全部证言；

（15）辩护律师申请要求同监室人员出庭作证未被批准的被告人的全部证言；

（16）非法言词证据之后的内容雷同的言词证据；

（17）仅有办案单位、办案人员出具的合法性说明或其他解释的言词证据；

（18）非法证据排除程序启动后，人民检察院没有对辩护人提出的线索、材料、证据开展质证、辩论的言词证据；

（19）询问、讯问、审判时，没有适合的成年人在场的未成年人的言词证据；

（20）违反《宪法》第37条、第38条的规定搜查、扣押的证据；

（21）违反《宪法》第39条的规定侵入公民住宅取得的证据；

（22）违反《宪法》第40条的规定侵犯公民通信自由和通信

秘密取得的证据；

(23) 经勘验、检查、搜查提取、扣押的，未附有勘验、检查笔录，搜查笔录，提取笔录，扣押清单，不能证明来源的物证、书证；

(24) 仅有办案单位、办案人员出具的合法性说明或其他解释的物证、书证；

(25) 非法证据排除程序启动后，人民检察院没有对辩护人提出的线索、材料、证据开展质证、辩论的物证、书证；

(26) 其他严重违法取得的证据。

【法官点评】

在非法证据排除程序中，只有在通过现有证据材料不能证明证据收集的合法性时，公诉人才会申请法庭通知警察出庭，或者人民法院直接通知有关警察出庭说明情况。

首先需要明确的是，出庭警察的身份为证人。实践中，有些警察认为自己出庭的目的是指控犯罪，因而可以和辩护人辩论，并可以直接讯问被告人。事实上，这种观点并不正确。非法证据排除程序设置的宗旨是查明侦查讯问程序是否合法，而出庭警察的证言只是公诉人证明取证合法性的证据之一。因此，出庭警察的身份应该是证人，其出庭作证的目的是协助公诉人证明取证的合法性，最终帮助法庭查明侦查讯问程序是否存在非法取证情形，确定被告人的有罪供述是否应当予以排除，这是每一个出庭警察都应始终牢记的基本原则。

其次需要明确的是，出庭警察不宜简单直接地否认存在非法取证情形。《刑事诉讼法》第58条规定："对于经过法庭审理，确认或者不能排除存在本法第五十四条规定的以非法方法收集证据情形的，对有关证据应当予以排除。"因而认定为非法证据并予以排除的证明标准为"确认"或者"不能排除"，"确认"的标准可以理解为有确实、充分的证据证明存在非法取证的情形，"不能排除"的标准可以理解为没有确实、充分的证据证明存在合法取证的情形。

本案中，被告人郭某某及其辩护人向法庭陈述了侦查人员涉嫌非法取证的线索与证据材料，在“成功”地使合议庭产生疑问后，证明取证合法性的责任转移到控方。

在庭审中，被告人郭某某向法庭详细描述了侦查人员以其亲属的安危相要挟，迫使其承认贩卖毒品的情况，而侦查人员出庭后，无论是接受控辩双方的询问，还是接受法庭的询问，均只是对郭某某的陈述予以简单地否定，不承认存在要挟、胁迫等非法讯问手段的情形，而不能提出有实质证明力的证据材料。事实上，出庭侦查人员与被告人就取证是否合法“各执一词”，在证明力上处于“50%对50%”的状态。法庭经合议认为，控方的证明未能达到基本的证明标准，虽然2名侦查人员出庭作证，但其当庭所作的没有要挟被告人的证言不够确切，不能排除非法收集证据的可能性，故法庭最终决定排除郭某某在2011年8月21日所作的供述。

案例2：张某某抢劫杀人案

【案件基本情况】

京华市人民检察院起诉书指控：2012年1月22日，被告人张某某与王某某、李某某夫妇相识后被认作干女儿，并于当日应邀入住京华市长亭镇长亭新村五区21幢102室王某某夫妇家中。其间，王某某多次与张某某发生两性关系并给其财物。同年1月26日8时许，张某某萌生窃取财物后离开之念，遂进入王某某夫妇的卧室内行窃。在被被害人李某某发现后，张某某即持砍刀砍、劈李某某头面部、双手腕部等处数十刀，并从该卧室内劫得人民币3700元后逃离现场。经鉴定，被害人李某某系全身多处损伤引起大出血死亡。

公诉机关认为，被告人张某某以非法占有为目的，采用暴力手段劫取他人财物，致人死亡，后果特别严重，其行为严重触犯了《中华人民共和国刑法》第263条第5项之规定，犯罪事实清楚，证据确实、充分，应当以抢劫罪追究其刑事责任。

【警察出庭作证的情况】

在庭前会议上，辩护人申请排除被告人张某某在侦查期间的有罪供述。被告人张某某在2012年1月26日被抓获归案后，即被带往京华市公安局江南区分局刑侦支队接受讯问，1月27日被监视居住，2月28日被送往江南区看守所羁押。张某某在会见时称，其在1月26日被带往京华市公安局江南区分局刑侦支队接受讯问时，遭受侦查人员殴打，被迫承认犯罪事实。在监视居住期间，其虽未遭受殴打，但受到超长时间连续讯问。公安机关以换取外出就医为条件，要求其承认犯罪事实，但是其没有答应。在进入江南区看守所后，其在夜间接受了长时间的超强度讯问，侦查人员分组对其连续讯问，迫使其承认犯罪事实，并暗示管教让其承认犯罪事实，于是在被迫接受一夜的讯问后，其就按照警察的提示，承认了犯罪事实。但过了几天，其就否认了犯罪事实。据此，辩护人申请法庭启动非法证据排除程序，排除被告人在侦查期间的有罪供述。

法庭经审理认为，鉴于被告人在接受讯问期间身上存在明显的伤情，同时在羁押期间接受了超长时间连续讯问，而侦查人员的当庭证言不能合理解释被告人作有罪供述时同步讯问录像资料存在部分缺失的原因，法庭不能排除在被告人作出有罪供述期间，侦查人员存在非法取证的可能性，故法院将被告人在侦查期间的有罪供述予以排除。

【警察出庭作证的庭审实录】

审判长：现在开始法庭调查。首先调查定罪部分的事实，先由公诉人宣读起诉书。

（公诉人宣读京华市人民检察院起诉书）

审判长：被告人张某某，刚才公诉人宣读的起诉书与你们收到的起诉书副本的内容一致吗？

被告人：一致。

审判长：根据《中华人民共和国刑事诉讼法》第182条的规定，本法庭在开庭之前已经召集了公诉人、被告人及辩护人召开了庭前会议，控辩双方就当庭拟出示的证据相互进行了开示，法庭已经询问了控辩双方对证据材料是否存在异议。在今天的法庭调查中，对有异议的证据，法庭将予以重点调查；对没有异议的证据，法庭将对举证、质证程序适当予以简化。

审判长：公诉人是否有意见？

公诉人：没有。

审判长：被告人是否有意见？

被告人：没有。

审判长：辩护人是否有意见？

辩护人：没有。

审判长：被告人，在庭前会议上，你的律师申请本法庭排除你在侦查期间的有罪供述，你现在是什么意见？

被告人：我同意辩护人的申请。

审判长：被告人，你能否向法庭详细陈述你在接受讯问时遭受非法取证的具体情况？

被告人：我在接受侦查人员讯问时被刑讯逼供了，几次讯问时都被打骂了，前后总共有4名侦查人员参与讯问，但我只记得其中一名警察的警号，后三位是032。侦查人员在夜间仍对我进行讯问，不让我休息，又打又骂。

审判长：辩护人，你有需要补充的内容吗？

辩护人：在庭前会议上，我向法院提交了几份材料。第一份材料是将被告人送交看守所时作的体检报告，证明被告人在第一次被送交看守所时，看守所拒绝收押。被告人在监视居住1个月后再次被送交看守所时，依然存在伤情。第二份材料是被告人的两份口供，其中一份口供是被告人在被送交看守所之前作出的，另一份口供是被告人在被送交看守所羁押后作出的，而且该份口供是在夜间提审时作出的。我对被告人供述的合法性存疑，进而对供述的真实性存疑。我认为存在刑讯逼供的情节，请求法院对被告人的口供依法予以排除。

审判长：公诉人，你是否同意被告人及辩护人刚才的陈述？

公诉人：我不同意被告人及辩护人的意见。经京华市人民检察院的审查，被告人在侦查期间的供述均系侦查人员合法取得，系被告人自愿作出，具有真实性。

（合议庭当庭评议）

审判长：鉴于被告人及其辩护人刚才提出了非法取证的线索与材料，本法庭对被告人在侦查阶段的供述是否系侦查人员合法取得存有疑问，现在决定启动非法证据排除程序。请公诉人就被告人庭前供述的合法性问题出示相关证据。

公诉人：好的，首先我申请法庭传侦查人员周警官到庭作证。

审判长：同意公诉人的申请。请法警传侦查人员周警官到庭。

审判长：周警官，你在哪个单位工作？

证人周警官：我在京华市公安局江南区分局刑侦支队工作。

审判长：你与本案有何关系？

证人周警官：我参与了对被告人张某某的抓捕及前期讯问工作。

审判长：根据《中华人民共和国刑事诉讼法》第123条及第189条的规定，证人应当如实提供证言，有意作伪证或者隐匿罪证要负法律责任。同时，审判人员可以询问证人，经审判长许可，公诉人、被告人及辩护人可以对证人发问。

审判长：周警官，你听清楚了吗？你能向法庭保证如实作证吗？

证人周警官：听清楚了，我能向法庭保证如实作证。

审判长：首先请公诉人向证人发问。

公诉人：周警官，你是否参与了对被告人的抓捕行动？

证人周警官：是的。

公诉人：被告人当时有无反抗？

证人周警官：被告人当时反抗激烈，但我们仍然是依法按程序实施抓捕的。

公诉人：抓捕时有几名侦查人员，你们是怎么分工的？

证人周警官：我们总共出动了4名侦查人员，其中我负责按住她的左手，其他人分别控制住她的手脚。

公诉人：在抓捕后的讯问过程中，有无民警实施了刑讯逼供行为？

证人周警官：没有，我们是按照法定程序讯问的。

公诉人：你们在讯问过程中，是否使用了侮辱性语言？

证人周警官：没有。

公诉人：在讯问时，同步录音录像资料为何不完整？

证人周警官：这个问题我不清楚，可能是技术原因吧。

公诉人：审判长，我的发问暂时到此。

审判长：被告人，你是否需要向证人发问？

被告人：请我的辩护人向出庭警察发问。

审判长：下面请辩护人向证人发问。

辩护人：周警官，我有几个问题，希望你能如实向法庭陈述。

证人周警官：我一定如实回答。

辩护人：当时在抓捕现场的4名警官都是男性吗？

证人周警官：是的。

辩护人：你们实施抓捕时，被告人身上有凶器吗？

证人周警官：我们去现场前不清楚被告人身上是否携带了凶器，但当时我们都有相应的前期预案。

辩护人：你们在去抓捕之前，知道本案被告人涉嫌的是严重暴力犯罪吗？

证人周警官：这个我们知道。

辩护人：你们是几点到达抓捕现场的？

证人周警官：大约是12点左右。

辩护人：你刚才在回答公诉人发问时，说被告人当时抗拒抓捕，请告诉法庭，被告人当时是如何抗拒抓捕的？被告人使用凶器了吗？

证人周警官：当时被告人背着包，我们不知道包里面是否有凶器。被告人还不停地捡石块打我们，当时反抗十分激烈。我们接近被告人时，被告人手脚并用，不断抓打侦查人员。

辩护人：抓捕时，你们4名侦查人员分别在什么方位？

证人周警官：我开始在被告人的前方，后来在其后方，其他人在什么位置记不清了。

辩护人：4名侦查人员是在不同位置吗？

证人周警官：是的。因为当时被告人一直在跑，所以我们的位置也不固定。

辩护人：你们抓捕前有没有向被告人出示证件，表明身份？

证人周警官：出示了证件，告知她我们是公安局刑警队的。

辩护人：你刚刚说你在被告人的身后，那你怎么向被告人出示证件呢？

证人周警官：我在被告人身后是因为抓捕时被告人反抗，我们在抓捕之前，正面向被告人出示了证件。

辩护人：你们当时给被告人戴械具了吗？

证人周警官：当时只给她戴了手铐，将她投送看守所时给她戴了脚镣。

辩护人：你们抓捕被告人后把她带到哪里了？

证人周警官：刑侦支队。

辩护人：怎么带回去的？

证人周警官：开警车。

辩护人：什么时间到达刑侦支队的？

证人周警官：下午2点多。

辩护人：也就是说，你们开了1个多小时才到支队？

证人周警官：差不多。

辩护人：到了之后你们干什么了？

证人周警官：我们先确认了一下被告人的身份情况。

辩护人：这个工作用了多长时间？

证人周警官：大概用了三五分钟。

辩护人：然后你们对她干什么了？

证人周警官：我们在刑侦支队对她进行了讯问，之前已经进行了传唤。

辩护人：从诉讼文书看，你们当时就作出了拘留决定。这符合法律规定吗？你们怎么解释？

证人周警官：我们的文书都是经过审批的，有些文书是后来补办的手续。

辩护人：周警官，你从警多久了？

证人周警官：有20多年了吧。

辩护人：从事抓捕工作也有20多年的经历了吧？

证人周警官：这可不能这么说，刚刚干警察时没有从事抓捕工作，因此从事抓捕工作肯定没有20年。

辩护人：反正你在这方面的经验肯定是非常丰富的，是吗？

证人周警官：可以这么说。

辩护人：你们在讯问张某某的时候，现场有几人？

证人周警官：2人。

辩护人：第一次讯问是什么时间？

证人周警官：大概从下午3点到晚上7点。

辩护人：当时被告人作有罪供述了吗？

证人周警官：没有。

辩护人：然后你们又对她干什么了？

证人周警官：我们又接着继续讯问。

辩护人：第二次讯问是什么时间？

证人周警官：晚上8点到凌晨2点。

辩护人：这次讯问时，被告人作有罪供述了吗？

证人周警官：是的。

辩护人：我有个问题不太明白，这两次讯问中间仅间隔1个小时，为何笔录内容差异这么大，这期间发生了什么？

证人周警官：在中间的这1个小时内，我们给被告人提供了饮食，让她得到了充分休息。

辩护人：你们仅仅提供了饮食和休息，她就作了有罪供述？

证人周警官：主要是我们对被告人作了一些政策教育。

辩护人：政策教育的内容在笔录上体现了吗？

证人周警官：笔录上没有记载，因为我们觉得这与案件联系不大，但是讯问的录音录像资料上应该有反映。

辩护人：政策教育有这么大的作用吗？你能否当庭演示一下。

证人周警官：我们当时教育她说，你出身农村，家境贫寒，虽然干下了这样的事情……

辩护人：请问，你们所说的“干下了这样的事情”究竟是指干下了什么事情？

证人周警官：我们当时并没有说案件就是她干的。

辩护人：你在这里面有诱导性讯问，是不是？

证人周警官：我认为不是。

辩护人：你们刑侦支队有没有固定的录像设备？

证人周警官：有的。

辩护人：设备安装在什么位置？

证人周警官：总共有2个摄像头，其中审讯人员对面有一个，犯罪嫌疑人对面有一个。

辩护人：你们在讯问时，录像是由谁在操作？

证人周警官：其他人员操作。

辩护人：是讯问一开始录像就开始录吗？

证人周警官：是的。

辩护人：为何第一次讯问没有录像资料？

证人周警官：这块工作不是由我负责，我不清楚。

辩护人：第二次讯问的录像资料为何不完整？

证人周警官：可能是技术问题导致录像资料不完整。

辩护人：那你们录像用的技术设备有问题吗？

证人周警官：应该没有。

辩护人：是你们整理了录像资料还是其他人员录制的？

证人周警官：是其他人员录制的，但我们这边做了备份。

辩护人：你们备份时检查了这份录像资料吗？

证人周警官：这个我不清楚，这工作不是我负责的。

辩护人：你们在对被告人采取监视居住期间讯问时，有同步录像吗？

证人周警官：有的。

辩护人：在哪里录像？

证人周警官：在附近的派出所进行的。

辩护人：附近的派出所有专门的录像设备吗？

证人周警官：没有，但我们用的是临时录像设备。

辩护人：在你们刑侦支队讯问时也是吗？

证人周警官：是的。

辩护人：是你们还是其他人操作的？

证人周警官：其他人操作。

辩护人：你们讯问时去了几个人？

证人周警官：3 个人。

辩护人：当时是怎么分工的？

证人周警官：一人负责录像，我跟另外一人负责讯问。

辩护人：为什么在看守所讯问时也出现了录像资料不完整的情况？

证人周警官：这个应该是由看守所负责的事情，我不清楚。

辩护人：你作为侦查人员要对这些资料进行核对，这项法律规定你知道吗？

证人周警官：知道。

辩护人：你对这项规定的执行情况清楚吗？

证人周警官：清楚。

辩护人：你认为自己尽到了职责吗？

证人周警官：我们两次都有读取相应的文件资料，这些文件资料都是完整的，所以我认为我们尽到了职责。

辩护人：你们什么时候把被告人送看守所的？

证人周警官：是在2月28日移送的。

辩护人：也就是说，从抓捕到移送看守所，时间超过了24小时，对吧？

证人周警官：在1月27日移送过，当时看守所不收。

辩护人：看守所当时为什么不收？

证人周警官：因为被告人身上有伤。

辩护人：身上哪个部位有伤？

证人周警官：腿部和手部都有。

辩护人：脚部有伤吗？

证人周警官：有。

辩护人：当时看守所给被告人做了体检，对吗？

证人周警官：是的。

辩护人：看守所在什么情况下拒收？

证人周警官：应该是按照看守所的管理条例规定。

辩护人：被告人的伤情是谁造成的？

证人周警官：在抓捕的过程中，被告人跌倒了又爬起来，可能是这样致伤的。

辩护人：跌倒了又爬起来，这样所造成的应该是擦划伤啊，为什么被告人的腿部有肿胀呢？

证人周警官：这个问题我不清楚。

辩护人：从抓捕开始，直到1个月之后依然有肿胀，那么是什么时候造成的？

证人周警官：在监视居住期间应该是没有受伤的。

辩护人：从抓捕到监视居住这1个月伤都没有好，是吗？

证人周警官：是的。

辩护人：有带到医院检查吗？

证人周警官：去过医院。

辩护人：有医院的证明材料吗？

证人周警官：有，这个已经提交法庭了。

辩护人：你们采取监视居住的地点在哪里？

证人周警官：在一个出租房里。

辩护人：根据《刑事诉讼法》的规定，只有被告人没有固定住所的，才可以对其采取指定居所的监视居住。本案被告人符合这样的情况吗？

证人周警官：我们是根据《刑事诉讼法》规定的情形，结合被告人的具体情况——她是来此地打工的外来人员，一直租住别人的房子，没有固定居所，按照法定程序，依法对其采取的监视居住。

辩护人：据我所知，被告人的父亲、兄弟都在本地打工，住所固定。你们凭什么认定被告人没有固定居所？

证人周警官：我们前期进行了调查，但是被告人不能提供家人的住址及联系方式。

辩护人：3月8日的这次讯问是几点开始的？

证人周警官：在被告人被移送看守所后，我们就将案件移交预审大队了，之后的讯问情况我就不知道了。

辩护人：审判长，辩护人的发问暂时到此。

审判长：周警官，我有几个问题，希望你能如实回答。

证人周警官：好的。

审判长：被告人在被送交看守所之前的历次讯问，你都参与了吗？

证人周警官：是的。

审判长：你们对讯问的全程都进行了录像吗？

证人周警官：是的。

审判长：同步监控录像资料都经过你们的审核吗？

证人周警官：是的。

审判长：原始的同步讯问录像资料在哪里？能否提交法院？

证人周警官：可以提交法院。

审判长：请证人退庭。

（法警引导证人周警官退庭）

审判长：对证人周警官刚才的当庭证言，公诉人是否有异议？

公诉人：公诉人认为，周警官的当庭证言能够证明侦查人员在对被告人进行讯问时依照法律的规定，没有刑讯逼供的情形存在，对此公诉人没有异议。

审判长：被告人是否有异议？

被告人：请我的辩护人发表意见。

审判长：辩护人是否有异议？

辩护人：辩护人认为，周警官的证言无法解释被告人身上多处伤势的造成原因，尤其是被告人脚踝部位的肿胀伤，而且这份证言也不能解释为何同步讯问录像资料不完整。

审判长：请公诉人继续出示证据。

公诉人：我申请法庭传侦查人员吴警官到庭。

审判长：同意。请法警传侦查人员吴警官到庭。

审判长：吴警官，你在哪个单位工作？你与本案有何关系？

证人吴警官：我是京华市公安局预审大队侦查人员，我参与了本案被告人被移送看守所之后的讯问工作。

审判长：历次讯问都参与了吗？

证人吴警官：我只是参与了几次，并没有全部参与。

审判长：根据《中华人民共和国刑事诉讼法》第 123 条及第 189 条的规定，证人应当如实提供证言，有意作伪证或者隐匿罪证要负法律责任。同时，审判人员可以询问证人，经审判长许可，公诉人、被告人及辩护人可以对证人发问。

审判长：吴警官，你听清楚了吗？你能向法庭保证如实作证吗？

证人吴警官：可以保证。

审判长：首先请公诉人向证人发问。

公诉人：吴警官，从3月8日到3月9日，你们连续进行了14个小时的讯问，当时是出于什么情况？

证人吴警官：我们当时接到电话，说被告人有认罪的意向。因为此前讯问时，被告人一直辩称无罪，所以我们连夜赶过去对她进行了提审。

公诉人：你们在讯问过程中对被告人有刑讯逼供吗？

证人吴警官：我们没有刑讯逼供，并且没有什么言语不当，我们也保证了被告人必要的饮食和休息。

公诉人：录像资料为什么不完整？

证人吴警官：我们当时是用光盘录制的，但之后发现部分资料丢失，我也不能解释是什么原因。

公诉人：审判长，公诉人的发问暂时到此。

审判长：被告人，你是否需要向证人发问？

被告人：请我的辩护人向证人发问。

审判长：请辩护人向证人发问。

辩护人：吴警官，我有一些问题，希望你能实事求是地回答。

证人吴警官：我一定。

辩护人：你们在3月8日去讯问时，是几点到的？

证人吴警官：应该是晚上10点左右。

辩护人：到了看守所后，你们提审被告人需要手续吗？

证人吴警官：我们需要提供提讯证才能提审。

辩护人：是看守所的警官把被告人提出来的吗？

证人吴警官：是的。

辩护人：提讯时，你们跟被告人是在两个区域，中间有隔离，是吗？

证人吴警官：是的，讯问人员跟被告人接触不到。

辩护人：这种情况下，你们是在提讯室等候？

证人吴警官：是的，讯问结束后，看守所民警将她带走。

辩护人：这次讯问的时间是晚上10点到第二天中午12点，是吗？

证人吴警官：是的，我们中间给她提供了必要的休息。

辩护人：被告人当时是站着还是坐着？

证人吴警官：当然是坐着。

辩护人：坐在什么位置？

证人吴警官：看守所提供的专门用来审讯的那种座位。

辩护人：这种座位是不是将被告人固定在上面，不能随意走动？

证人吴警官：是的。

辩护人：你们讯问的时候看守所民警不在场，是吗？

证人吴警官：是的。

辩护人：你们跟被告人接触不到，进不去被告人的房间，你们怎么让她休息啊？

证人吴警官：我们是停止审讯，让她自行休息。

辩护人：在一个无法走动、活动困难的地方休息吗？

证人吴警官：是的。

辩护人：你们说提供了必要的饮食，是什么？

证人吴警官：这是看守所提供的。

辩护人：晚上讯问时给被告人吃饭、喝水了吗？

证人吴警官：给她喝水了，没有吃饭。

辩护人：讯问室里有饮水机吗？

证人吴警官：没有。

辩护人：那你们怎么让她喝水啊？

证人吴警官：具体由看守所提供。

辩护人：你们是什么时候向看守所转达被告人的休息要求的？

证人吴警官：看守所有规定，我们讯问时，他们的工作人员要在外面随时待命。所以我们可以随时转达要求。

辩护人：在看守所讯问时，被告人从早上6点起床到第二天中午12点一直没休息，这符合规定吗？

证人吴警官：这是因为被告人主动提出要交代她的情况，所以我们……

辩护人：请你先回答，被告人这么长时间没有休息，符合法律规定吗？

证人吴警官：这是特殊情况特殊对待。

辩护人：特殊情况特殊对待是吧？那被告人对不休息也是主动要求的吗？

证人吴警官：我们是应被告人的主动要求，给她提供了必要的休息。

辩护人：这么长时间在这样活动受限的椅子上，算是必要的休息吗？

证人吴警官：我们当时就是这样的。

辩护人：审判长，辩护人的发问暂时到此。

审判长：吴警官，我有几个问题，希望你能如实回答。

证人吴警官：好的。

审判长：在你们讯问时，被告人作出了有罪供述，是吗？

证人吴警官：是的。

审判长：你们对被告人讯问时，同步讯问录像持续了多长时间？

证人吴警官：从晚上10点到第二天中午12点。

审判长：录像资料完整吗？

证人吴警官：部分有缺失。

审判长：缺失的录像资料有多长时间？

证人吴警官：不清楚。

审判长：从晚上开始到结束，你全程参与讯问了，是吗？

证人吴警官：是的。

审判长：讯问录像是由谁控制的？

证人吴警官：我们当时去了3个人，其中有一个人是负责录像的。

审判长：负责录像的人跟你们同属于预审大队吗？

证人吴警官：是的。

审判长：谢谢吴警官，现在请你退庭。

审判长：对侦查人员吴警官刚才的当庭证言，公诉人是否有异议？

公诉人：没有意见。

审判长：被告人是否有异议？

被告人：请我的辩护人发表意见。

审判长：辩护人是否有异议？

辩护人：有异议。从吴警官的当庭证言看，侦查人员在讯问时没有保证被告人必要的饮食和休息。虽然没有对被告人采取肉刑，但是进行了长达14个小时的讯问。这严重违反了法律规定，所以对该份讯问笔录应予排除。

审判长：公诉人是否还有证据需要出示？

公诉人：没有。

审判长：下面由公诉人结合当庭出示的证据，就被告人在侦查期间供述的合法性问题发表意见。

公诉人：2名侦查人员的当庭证言表明，本案不存在刑讯逼供，讯问选择在夜间进行不违反法律规定，虽然侦查人员讯问的持续时间过长，但没有违反法律的限制规定。

审判长：被告人，对于公诉人刚才所发表的意见，你是否有意见？

被告人：请我的辩护人发表意见。

审判长：下面由辩护人发表意见。

辩护人：辩护人认为2名侦查人员的证言不能排除刑讯逼供的合理怀疑。根据法律规定，非法证据排除的证明责任由公诉方承担，证明要达到排除合理怀疑的程度。这里的排除合理怀疑就是说有没有刑讯逼供的可能性。不能排除，就构成合理怀疑。

我认为有四种可能导致被告人被移送看守所时身上有伤：与被害人打斗时造成，被抓捕时造成，自残造成，刑讯逼供造成。

被告人所受的伤不止一处，遍及腿部、手部、脚部，而且有肿胀，尤其是脚踝伤1个月都没恢复。结合本案相关证据，第一种情况可以排除，第二种情况的可能性也不大，因为抓捕所造成的应该是擦划伤，无法解释肿胀的原因，第三种情况也当然可以排除。所以，刑讯逼供的可能性是比较大的。而侦查人员的2份当庭证言在逻辑上无法证明不存在刑讯逼供，所以，对讯问笔录应依法予以排除。

在看守所中证据的取得也存在问题。讯问时间长达14个小时，侦查人员称被告人是主动交代但无法证明这一点，而且就本案案情看，没有必要在晚间进行长时间讯问，而且在讯问时也没有为被告人提供必要的休息，本质上这就是一种变相肉刑。被告人在这期间不能喝水，不能上厕所，这对其身体造成的损害是巨大的，所以应认定为刑讯逼供，请求法院对该份证据依法予以排除。

审判长：公诉人是否还有补充意见？

公诉人：没有。

审判长：被告人及辩护人是否还有补充意见。

被告人及辩护人：没有。

审判长：非法证据排除程序完毕。

【警察点评】

一、庭审前做足准备

利用庭审前的一两天时间准备好庭审案件的相关材料，包括该案的完整档案材料，自己的身份证、工作证、学历学位证书、接受教育和培训的证书、从事执法办案工作所获取的荣誉证书等材料。律师会比较关注身份、是否存在利害关系、是否认识犯罪嫌疑人、从事侦查办案等工作的年限、经验丰富程度等问题。在庭前会议中，可以要求辩护律师就有关问题事先进行咨询、释疑，务求准确理解律师的思路，以及有无文字或逻辑上的陷阱。上述案例中，辩护律师就是在模拟庭前会议中提交看守所的健康检查笔录，证实犯罪嫌疑人在第一次被送往看守所时手、脚及大腿内侧有大面积肿胀，在监视居住1个月后第二次被送往看守所时左足仍有肿胀。知悉辩护人可能就哪些细节性问题发问，就可以在庭前会议中获知部分内容。办案民警要仔细回忆整个案件的侦办过程，审阅案件侦办过程中形成的完整档案材料，对律师提出的问题形成有针对性的、科学的回答方案。并和主诉检察官取得联系，了解什么问题可以回答、什么问题不必回答，在庭审中共同应对律师提问，避免单打独斗、回答混乱。

二、出庭的语言表达

在庭上表述的时候要言简意赅，清晰简练，严格限定自己的语言表述范围。对于经法官同意、律师提出的问题，回答要简练，千万不要求大、求全，显示自己的知识渊博，超出范围的回答有可能会被律师抓住马脚。总之，就是问什么回答什么，其他一律不管，多应用“是”、“不是”或者“无法确定”这类的词汇，不要试图对“无法确定”的问题作出明确清楚的回答，这样很容易越解释越乱，越解释越不清楚。律师的很多问题都是两难问题，无论怎样回答，都会掉入了他所设置的“陷阱”中。比如，抓捕后是否进行了有效的人身检查，这样的问题在这个案例中根本没有办法回答。如果回答进行了人身检查，那么律师会盯着犯罪嫌疑人大腿根部怎么会形成伤势，脚部大面积肿胀在讯问后形成是否说明侦查人员进行了刑讯逼供，是否由女性工作人员进行检查等问题进行连续发问。如果回答没有进行人身检查，律师又会盯着为什么没有按照执法规范流程进行人身检查，是因为在送达派出所的路上进行了刑讯逼供，不愿意、不敢、不能进行人身检查等问题进行连续发问。而这些问题，恰恰是我们在平时执法过程中反复强调，从执法流程上进行了全面规范的。而且，在问题的设定上，为了展示和研讨的需要，让律师对很多问题临时进行了现场先期设定，要让一个执法规范的民警去说明执法很不规范的诸多问题，或许这本身就是勉为其难的做法，因此，在回答问题的过程中，出庭作证民警难免感到无力招架。

三、出庭技能亟待提升

笔者从事刑事执法办案工作多年，但在庭审中面对中国一流的辩护律师时，发现心理应对和业务技能仍需要不断磨炼。本次模拟庭审中，辩护律师对笔者的侦查人员身份、从业经历、抓捕程序是否合法、制作笔录是否程序合法、强制措施是否依法审批、是否有变相刑讯逼供等提出了 88 个问题，确实有点儿疲于应付、应接不暇。今后，需要商请检察机关、法院、刑事辩护律师和办案民警分别站在控、审、辩、嫌四方对案件的庭审开展全程模拟。在庭审的过程中，民警往往因为缺乏足够的庭审经验、论辩技能、心理适应能力，不够尊重辩护人，让对方有机会故意设计圈套来激怒自己，从而令自己丧失了判断、回答问题的理性思考。在应对案件质询的过程中，不应考虑如何规避问题，而应该如实回答，完全进入案件本身，客观、真实地回应侦查行为是否规范。如果程序上确实存在问题和瑕疵，就如实回答，而不必纠结于问题和程序等细枝末节。即便某些证据被作为非法证据予以排除，其他证据收集、固定到位的，同样可以认定。不仅要关注案件实体本身，更要关注办案程序细节，深入掌握案件涉及的法律、法规和相关程序规定，深入了解案件争议焦点，深入考证关键证据取证程序是否合法，深入梳理警方是否存在办案瑕疵，同时尽量避免误入辩方“非法取证”诘难和威胁、引诱、欺骗的法律“陷阱”中。办案民警要针对控辩双方关注的重点问题、疑难问题和关键环节，进行反复演练，查漏补缺，保证出庭作证时从容应对、万无一失，还要加强心理应急技能的训练，增强应变技巧和语言表达能力。

四、转变执法理念

首先，推进对执法流程监控制度化。苏州市公安局强势推进刑事案件流程再造，实现执法环节全流程监控。针对重点办案环节，进一步落实相关责任；依托科技设备实现对执法活动全方位、全过程的监督管理。优化调整业务流程，突出执法问题所在，强化关键节点控制，实现监督考核的自动生成抓取，依托“大平台”，以警务流程再造为契机，进一步优化故意伤害、入室盗窃等11类刑事案件的办案流程，强化侦办进程监督，实现刑侦工作业务流、信息流和管理流的有机统一，努力提升破案打处质态。

其次，推进视听资料的同步化。审讯过程全程录音录像是对有无使用刑讯逼供等非法方法收集犯罪嫌疑人供述的最直接、最有力的“说明”。苏州市公安局自2007年以来就开始在全市基层所队推行全程同步录音录像；到2011年，全市各基层所队办案场所安装了规范化讯（询）问室，同步录音录像系统实时保存、实时传输、实时查看，对审查过程进行全程录音录像基本可以实现。

最后，推进知识储备的常态化。长久以来，公安机关侧重侦查抓捕，对审查应诉未予以足够重视。承担犯罪侦查职责的民警除了必须具有精湛的侦查业务知识外，还必须具有同检察官、法官、律师水平相当的法律知识及综合素质。要培养侦查人员的临场应变能力，强化心理素质培训，提高调适能力和语言表达能力。

警察出庭作证制度对警察队伍而言，既是一种严峻的挑战，也是提高警察队伍特别是刑事警察队伍素质的绝好机遇。对外可树立公安机关及其民警的良好形象，展示优秀法律业务素质，对内可推动公安机关及其民警更加注重执法规范化建设，提升刑事执法办案能力和水平。

【律师点评】

一、关于非法证据排除程序中警察出庭作证的原则

在非法证据排除程序中，警察出庭作证的原则是：实事求是，

如实作证。警察出庭实事求是地回答问题，不是辩护人的偏见和误导，是法律的规定，是法庭审理的目的和要求。

根据我国《刑事诉讼法》第123条及第189条的规定，证人应当如实提供证言，有意作伪证或者隐匿罪证的，要负法律责任。在法律实务中，法庭已经通知警察出庭作证，显然在法庭上，警察的证人身份不容置疑，警察依据《刑事诉讼法》如实作证的法定义务不容置疑。警察出庭的目的不是与律师抗辩，不是与律师唱反调，而是配合法庭查明事实。

在非法证据排除程序中，法庭的目的是要查明是否存在非法取证的情形。警察出庭作证是非法证据排除程序中的一个组成部分。在诉讼程序中，所有诉讼参加人，无论是公诉人、辩护人、被害人、被告人，还是证人，均应服从查明事实的法庭调查目的，按照法庭的指挥进行庭审活动。所以，实事求是应当作为警察出庭必须遵循的首要原则。

二、关于非法证据排除程序中警察出庭作证的技巧

（一）问什么答什么，不解释，不扩展

法庭审理案件有其自身的规律。发问环节是在法庭的指挥下有序进行的。为了使法庭审理能够顺利进行，对发问的要求很严谨。警察作为证人，首要的技巧是直接对所问的问题作出回答，既不能答非所问，也不要作过多解释，更不要去扩展问题。在张某某抢劫杀人案中，警察作为证人出庭，回答公诉人发问时，就出现不断扩展解释的情况。

公诉人：被告人当时有无反抗？

证人周警官：被告人当时反抗激烈，但我们仍然是依法按程序实施抓捕的。

……

公诉人：在抓捕后的讯问过程中，有无民警实施了刑讯逼供行为？

证人周警官：没有，我们是按照法定程序讯问的。

在上述两个问题中，公诉人的问题都很简单，“有无反抗”、“有无刑讯逼供”。但警察证人的陈述除了回答问题之外，均带有明显的、附加的问题之外的内容。也许警察证人自己觉得这样说就能表明自己是依据法定程序办案的，但在法庭上听起来，更像是背诵答案，况且这种回答方式也不符合“问”与“答”的逻辑，有答非所问之嫌。即使后面要回答的问题特别重要，也要等到公诉人问“你是否按法定程序讯问”，才能回答“是”或者“不是”，而不要去自己扩展问题之外的内容。

（二）知道什么答什么，不推测，不评论

证人作证的前提条件是对案件事实有亲身经历，有感知，即直接看见、听到、接触、嗅到案件的某些信息，不能靠想象、靠推断、靠评论作证。对此，我国《刑事诉讼法》和有关司法解释中有明确规定，证人的推测、判断不得作为定案的依据。在张某某抢劫杀人案中，警察出庭作证时，就出现了此类问题。

公诉人：在讯问时，同步录音录像资料为何不完整？

证人周警官：这个问题我不清楚，可能是技术原因吧。

警察证人的这次回答显得不负责任。提供同步录音录像资料是侦查人员的法定义务，办案警察不但不清楚，而且将“可能”的原因加以推测，其可信度大打折扣。至于后半句多余的“可能”，即使其目的是引导法官往技术故障方面去想象，但因该推测不能作为定案依据，也起不到其想要达到的效果。

【法官点评】

《刑事诉讼法》及《公安机关办理刑事案件程序规定》对于侦查讯问的时间、地点及具体程序均作出了较为详细的规定，其中明确禁止采取刑讯逼供的手段获取被告人供述，对于讯问的时长及讯问开始时间虽没有明确限定，但超越生理极限的超长时间讯问及经常性的夜间讯问，显然是不合法的。同时，对于侦查讯问过程，侦查机关应当确保录像不被剪辑，使其处于原始状态。

如果侦查机关确实存在不当讯问的情况，出庭警察应当当庭如实作出说明，而不要轻易以“不知道”来拒绝回答。实践中，出庭警察对于公诉人及法庭的询问往往能够较为配合，但对于辩护人的发问，对抗心理较强，常常以“不知道”来回答。其实，在法庭审理过程中，控辩双方对出庭警察的询问均是法庭调查的具体手段，因而只要是有关讯问程序的问题，出庭警察原则上都应该实事求是地回答。辩护人询问的内容与本案无关，或者涉及侦查秘密时，出庭警察可以不回答，但不宜直接拒绝，而应该向法庭申请准许不予回答，并陈述具体理由。如果直接拒绝回答，则有违司法礼仪，显示出庭警察对法律、法庭的不尊重，而且显示出庭警察对自己的身份定位不明。对于辩护人询问的有关讯问程序的问题，出庭警察往往误认为“不知道”是保护自己的万能“盾牌”，其实在法官看来，警察动辄回答“不知道”实质上是推卸责任、回避问题。这种躲避式的回答恰恰反映警察无法对辩护人提出的问题作出合理解释，不可避免地加深了法官对讯问是否合法的怀疑。张某某抢劫杀人案中的出庭警察，对于辩护人关于同步讯问录音录像资料为何部分缺失的问题，多次以“不知道”或者“具体不是由我负责”来回答。可能出庭警察认为该种回答方式将导致辩护人的问题没有答案，但实际上这种回答恰恰强化了法官对可能存在非法取证的确信。

案例3：孙某、焦某故意杀人案

【案件基本情况】

京华市人民检察院指控：被告人孙某、焦某预谋抢劫，2012年1月20日晚，二人寻找目标伺机作案，后骗乘仉某某（男，殁年55岁）驾驶的黑色捷达牌轿车欲实施抢劫，因在寻找作案地点的过程中被仉某某察觉并打电话叫人，孙某、焦某未着手实施抢劫。次日零时许，仉某某将车停靠在京华市某区某镇某公路某桥南侧辅路等人时，孙某、焦某唯恐预谋抢劫的事情败露，焦某按住仉某某的身体，孙某持随身携带的尖刀猛刺仉某某的颈部右侧部位。最终，仉某某因被伤及右侧颈内静脉及颈总动脉致急性失血性休克死亡。

被告人焦某作案后于当日向公安机关投案，随后被告人孙某被查获归案。

公诉机关认为，被告人孙某、焦某以非法占有为目的，为抢劫他人财物寻找目标伺机作案；后为逃避法律责任竟持械故意非法剥夺他人生命，致人死亡，犯罪性质极其恶劣，情节、后果特别严重，社会危害性极大，其行为触犯了《中华人民共和国刑法》第232条、第263条之规定，犯罪事实清楚，证据确实、充分，应当以故意杀人罪、抢劫罪追究其刑事责任。二被告人抢劫犯罪系犯罪预备，依据《中华人民共和国刑法》第22条之规定，可以从轻处罚。

【警察出庭作证的情况】

被告人孙某在庭前会议上提出，他在被抓后受到侦查人员的刑讯逼供，供述并不属实，当时是侦查人员逼迫他作出有罪供述的。在进入看守所时，他身上有明显的伤痕。在预审期间，他的供述也不属实，预审人员不允许他改变口供，称这直接影响他的认罪态度。据此，被告人申请法庭启动非法证据排除程序，排除其在侦查期间的有罪供述。但公诉人并不同意被告人的说法，称本案不存在非法证据问题，侦查人员的讯问程序合法。合议庭认为，鉴于被告人提出了非法证据排除申请，并提供了涉嫌非法取证的相关线索及材料，因此决定在法庭调查开始时启动非法证据排除程序。

在非法证据排除程序中，公诉机关申请法庭通知侦查讯问人员出庭作证，欲证实讯问程序合法。法庭经审理查实，被告人孙某于2012年1月21日、1月22日、1月26日、1月30日、2月7日及2月15日接受过讯问。其中，1月21日的讯问地点位于大山区公安分局张坊派出所，没有同步讯问过程录像，其余讯问地点均位于大山区看守所，且均有全程同步讯问过程录像。同时，孙某在进入大山区看守所时存在左足踝部肿胀的伤情。

对于孙某所提其在京华市公安局大山区分局侦查期间的全部讯问笔录均属非法取得的辩解，合议庭经评议认为，公诉人当庭出示的证据能够证明孙某在2012年1月22日、1月26日、1月30日、2月7日及2月15日接受讯问时供述自然，能够排除侦查人员采取刑讯逼供等非法手段收集证据的可能性，故对孙某在上述时间接受讯问的笔录不予排除。但对于孙某在2012年1月21日接受讯问时的笔录，公诉机关当庭出示的证据不够确实、充分，不能排除侦查人员非法收集证据的可能性，故对孙某的该次供述予以排除。

【警察出庭作证的庭审实录】

审判长：现在开始法庭调查。先由公诉人宣读起诉书。

（公诉人宣读京华市人民检察院起诉书）

审判长：被告人孙某，刚才公诉人宣读的起诉书与你收到的起诉书副本的内容一致吗？

被告人孙某：一致。

审判长：根据《中华人民共和国刑事诉讼法》第182条的规定，本法庭在开庭之前已经召集公诉人、被告人及辩护人召开了庭前会议，控辩双方就当庭拟出示的证据相互进行了开示，法庭已经询问了控辩双方对证据材料是否存在异议。在今天的法庭调查中，对有异议的证据，法庭将予以重点调查；对没有异议的证据，法庭将对举证、质证程序适当予以简化。

审判长：公诉人是否有意见？

公诉人：没有。

审判长：被告人孙某是否有意见？

被告人孙某：没有。

审判长：辩护人是否有意见？

辩护人：没有。

审判长：被告人孙某，在庭前会议上，你申请本法庭排除你在侦查期间的有罪供述，你现在是什么意见？

被告人孙某：我还是申请法庭排除，因为我在接受讯问时受到了刑讯逼供，我挨打了，我的供述是不真实的。

审判长：被告人孙某，你能否向法庭详细陈述你在接受讯问时遭受非法取证的具体情况？

被告人孙某：公安人员在抓我时就打我。在我被带往派出所的车上，公安人员再次殴打我，让我在空白的笔录上签字。在派出所，我只能按照公安人员的提示去说。你们可以调取看守所的入监体检记录，上面真实地记载着我的身体有伤。

审判长：在进入看守所后，你的供述是真实的吗？

被告人孙某：不是的。我还是受到了胁迫。当时我想说真话，但是预审人员不让我说真话，逼迫我重复之前的供述。

审判长：现在请你明确，你申请法庭排除你在什么阶段的供述？

被告人孙某：在大山区公安分局侦查期间的所有供述。

审判长：辩护人，你有需要补充的内容吗？

辩护人：我同意被告人的申请。

审判长：公诉人，你是否同意被告人刚才的陈述？

公诉人：我不同意被告人及辩护人的意见。

审判长：鉴于被告人及辩护人刚才提出了非法取证的线索与材料，本法庭对被告人在侦查阶段的供述是否系侦查人员合法取得存有疑问，现在决定启动非法证据排除程序。请公诉人就被告人庭前供述的合法性问题出示相关证据。

公诉人：鉴于被告人孙某在上次开庭时辩解，称在大山区公安分局侦查期间的供述不属实，公安机关存在非法取证的现象，根据上次庭前会议的情况，检察机关要求京华市公安局对这个问题进行调查，京华市公安局对办理孙某案件的所有侦查人员，包括负责抓捕的刑侦人员、预审人员、管教人员，还有孙某提出的同监室照顾他生活的人都作了调查。

公诉人：下面出示证人张某杰的证言，证明他是因为贩毒，在2012年1月12日被抓。在他被抓十几天后，孙某因为杀人也被抓进看守所，与他在同一监室关押。孙某刚进来时，不是左脚就是右脚有些拐。孙某当时说是在警察抓其的时候因为拒捕，让警察用警棍给打的。除了脚伤外，孙某没有其他外伤，而且精神状态挺好的。

审判长：被告人及辩护人，对上述证据是否有异议？

被告人孙某：没有意见，当时我的脚有伤，是被警察打的。

辩护人：同意被告人孙某的意见。

审判长：请公诉人继续出示证据。

公诉人：下面出示大山区看守所健康检查笔录及京华市第一看守所健康检查笔录，证明2012年1月22日，孙某进入大山区看守所时的体格检查显示，其左足踝部肿胀，但其在2012年3月7日进入京华市第一看守所时的体格检查显示，其体表无外伤。

审判长：被告人及辩护人，对上述证据是否有异议？

被告人孙某：有意见，我进入看守所时脚是有肿胀，一拐一瘸的，我当时都走不了，不可能一天就好了。

辩护人：同意被告人的意见。

审判长：请公诉人继续出示证据。

公诉人：下面出示京华市公安局大山区分局预审大队在2012年1月22日、1月26日、1月30日、2月7日、2月15日讯问孙某时的同步录像，证明被告人孙某在上述时间接受讯问时，不存在刑讯逼供等非法取证情形。

(播放同步讯问录像)

审判长：被告人孙某，对刚才公诉人播放的同步讯问录像是否有异议？

被告人孙某：在第一次讯问时，没有录像，他们打了我。在进入看守所后，虽然有录像，但在没有进入讯问室及离开讯问室时，预审人员逼迫、殴打了我，不准我说实话。这个录像中没有我一开始进去时候的情景，只是从我坐着的时候才开始的，他们打我的时候不可能录下来，我脚踝骨确实有伤。

审判长：上述录像是你当时接受讯问时的录像吗？

被告人孙某：是的。

审判长：从录像内容看，对于当时的讯问笔录，你是逐页阅读并签字确认的。

被告人孙某：当时我不敢不签字确认，我怕他们打我。

审判长：辩护人有意见吗？

辩护人：我同意被告人的意见。同时我补充一点，现在没有第一次讯问的录像，播放的是第二次讯问的录像。在第一次讯问时，不排除侦查人员对被告人存在刑讯逼供的可能，这种影响直接延续到后续的讯问中。

审判长：请公诉人继续出示证据。

公诉人：下面我申请法庭传侦查人员乔警官到庭作证。

审判长：同意公诉人的申请。请法警传侦查人员乔警官到庭。

审判长：乔警官，你在哪个单位工作？

证人乔警官：我在京华市公安局大山区分局刑侦支队工作。

审判长：你与本案有何关系？

证人乔警官：我参与了对被告人孙某的抓捕及前期讯问工作。

审判长：根据《中华人民共和国刑事诉讼法》第 123 条及第 189 条的规定，证人应当如实提供证言，有意作伪证或者隐匿罪证要负法律责任。同时，审判人员可以询问证人，经审判长许可，公诉人、被告人及辩护人可以向证人发问。

审判长：乔警官，你听清楚了吗？你能向法庭保证如实作证吗？

证人乔警官：听清楚了，我能向法庭保证如实作证。

审判长：首先请公诉人向证人发问。

公诉人：乔警官，你是否参与了对被告人的抓捕行动？

证人乔警官：是的。

公诉人：你能把当时抓捕被告人的情况向法庭叙述一遍吗？

证人乔警官：可以。当时我们根据情报得知被告人孙某将要去大山区某镇某村村委会西侧等人，于是我们就提前到达指定地点，通过同案犯的指认，直接将被告人孙某控制住了，并带往附近的张坊派出所突审。

公诉人：这期间，被告人孙某是否反抗了？

证人乔警官：本案的被告人孙某涉嫌抢劫、杀人，具有重大的暴力嫌疑，我们必须有所防备，防止其持凶器再次伤人，因此，我们对被告人孙某采取了预防性的措施。被告人孙某在见到我们时，极力挣脱。

公诉人：你们当时是怎样对他采取预防性措施的？

证人乔警官：我们首先询问他是不是孙某，被告人孙某在确认后有所警觉，便准备逃跑，于是我们就直接将其按倒在地，并搜查其是否随身携带凶器。

公诉人：在你们把被告人孙某带往派出所的路上，是否讯问了他？

证人乔警官：没有。我们的第一次讯问是在派出所进行的。

公诉人：讯问时是否有同步录音录像？

证人乔警官：没有，因为当时派出所没有相关设备，而且是临时突审，只是作了笔录，没有录音录像。

公诉人：你们讯问被告人时是否依照《刑事诉讼法》的规定开展的？

证人乔警官：我们完全是按照《刑事诉讼法》的要求开展的。

公诉人：审判长，我的发问暂时到此。

审判长：被告人孙某是否向证人发问？

被告人孙某：请我的辩护人发问。

审判长：辩护人是否需要发问？

辩护人：我有几个问题。被告人孙某在派出所接受讯问后，是否立即被送往看守所了？

证人乔警官：是的。

辩护人：为什么被告人孙某在看守所的入监体检表上显示，被告人孙某的左脚踝有伤？

证人乔警官：这个我不太清楚，可能是抓捕时造成的。

辩护人：审判长，我的发问暂时到此。

审判长：下面请证人乔警官退庭。

（证人乔警官退庭）

审判长：被告人孙某，你对证人乔警官刚才的当庭证言是否有异议？

被告人孙某：我不同意。公安人员确实打我了，我没有拒捕，他们确实让我强行签字，并且还打我。

辩护人：我同意被告人的意见。

审判长：公诉人，你是否还有证据需要出示？

公诉人：下面我申请法庭通知第二位证人王警官出庭。

审判长：同意，请法警带证人王警官到庭。

审判长：王警官，你在哪个单位工作？

证人王警官：我在京华市公安局大山区分局预审支队工作。

审判长：你与本案有何关系？

证人王警官：我参与了对被告人孙某的预审讯问工作。

审判长：根据《中华人民共和国刑事诉讼法》第123条及第189条的规定，证人应当如实提供证言，有意作伪证或者隐匿罪证要负法律责任。同时，审判人员可以询问证人，经审判长许可，公诉人、被告人孙某及辩护人可以向证人发问。

审判长：王警官，你听清楚了吗？你能向法庭保证如实作证吗？

证人王警官：听清楚了，我能向法庭保证如实作证。

审判长：首先请公诉人向证人发问。

公诉人：被告人孙某在京华市公安局大山区分局预审期间的历次讯问你都参与了吗？

证人王警官：是的。

公诉人：这些讯问都是在哪里进行的?

证人王警官：在大山区看守所。

公诉人：每次都录像了吗?

证人王警官：都录像了，而且从被告人孙某进入录像室开始录，直到被告人孙某逐页阅读讯问笔录、逐页签字并离开讯问室。

公诉人：你们在讯问时，对被告人孙某采取什么手段了吗?

证人王警官：没有。我们的讯问室是将被告人孙某与讯问人员隔离的，而且被告人孙某每次供述时都是完全自然的，我们沟通得非常愉快。

公诉人：审判长，公诉人的发问暂时到此。

审判长：被告人孙某是否需要发问?

被告人孙某：我请我的辩护人代我发问。

审判长：辩护人是否发问?

辩护人：我没有发问。

审判长：证人王警官，你在将被告人孙某从看守所提出讯问时，有没有发现被告人孙某身上存在伤情?

证人王警官：没有什么大的伤情，只是开始时发现他走路有点瘸，我们也问他了，他说没有大事，我们就没再关注这件事。

审判长：请证人王警官退庭。

(证人王警官退庭)

审判长：被告人孙某，你对王警官刚才的当庭证言有无异议?

被告人孙某：我不同意他的证言。

审判长：辩护人有无异议?

辩护人：没有。

审判长：公诉人，你是否还有证据需要出示?

公诉人：没有了。

审判长：下面由公诉人就被告人孙某在侦查期间供述的合法性发表意见。

公诉人：综合上述证据，公诉人认为，庭前会议后，公诉人调取的相关证据真实有效，证明了被告人孙某在大山区公安分局期间的供述系侦查人员合法取得。

审判长：被告人孙某，对刚才公诉人所发表的意见，你是否有意见？

被告人孙某：我还是要求调查，因为他们确实打我了。

审判长：刚才公诉人出示的证据已经说明了你的腿上有伤，你说你被打了，具体是什么意思？

被告人孙某：我的意思是，我在大山区公安分局预审期间所有的供述都是公安机关非法取得的。我希望法庭再调查一下。

审判长：下面由孙某的辩护人发表意见。

辩护人：建议法庭采信的时候考虑一下，第一份在大山区公安分局的讯问笔录确实没有录像。

审判长：公诉人是否还有补充意见？

公诉人：没有。

审判长：下面休庭，将被告人孙某带出法庭候审。合议庭将对公诉人当庭出示的证据及控辩双方发表的意见进行讨论，对孙某在大山区公安分局刑侦及预审期间的供述是否系合法取得进行评议，5 分钟后再次开庭。

(合议庭休庭评议)

审判长：现在继续开庭，将被告人孙某带入法庭。

(法警执行)

审判长：合议庭经过评议后认为，鉴于被告人孙某在进入看守所时身体上确实有伤，而其在看守所外接受的第一次讯问没有录像进行印证，不能排除侦查人员在第一次讯问时存在非法取证的可能，在后续的法庭调查阶段，公诉人不得出示被告人孙某的第一次供述。但被告人孙某在其他时间的供述，现有证据可以证明取证程序合法，公诉人可以当庭出示。

(非法证据排除程序完毕)

【警察点评】

一、对可能判处无期徒刑、死刑的案件应当确保同步录音录像完整

孙某、焦某故意杀人案与前述几起案例存在一个共同的问题：被申请予以排除的有罪供述的同步录音录像，或者无法提供，或者部分缺失。本案为可能判处无期徒刑、死刑的案件，根据《刑事诉讼法》第121条的规定，应当制作同步录音录像并保持完整性。被判处无期徒刑或死刑对于犯罪嫌疑人乃至其整个家庭来说都会产生极大的影响，而同步录音录像是完整体现讯问过程、犯罪嫌疑人供述状态、办案人员有无刑讯逼供行为的最权威的依据。有犯罪行为的人不应因其善辩而逃脱追责，无犯罪行为的人也不能因为个别执法人员工作上的纰漏而承担罪责。因此，通过侦查还原事实真相才是公安机关侦查阶段追求的目标。同步录音录像在保障犯罪嫌疑人人权的同时，其实也确保了侦查人员的合法取证过程得以体现且不受质疑，前期大量的侦查工作也不会因犯罪嫌疑人当庭随口的翻供，而失去应有的证明效力。

二、文明执法，保障犯罪嫌疑人的合法权益

《刑事诉讼法》中对传唤、讯问犯罪嫌疑人的时长、地点都有明确规定，同时要求保障犯罪嫌疑人必要的休息和饮食。民警在办案过程中所实施的任何一项侦查行为，都应当依法规范操作，文明执法。修改后的《刑事诉讼法》加强了尊重和保护人权，每一项侦查措施都有严格的审批程序、规范的时间和地点限制。民警依法侦查取证，一方面，保障了案件当事人的合法权益，提高了证据收集的真实性；另一方面，能够当庭从容且如实地回应辩护律师提出的质疑。

三、对犯罪嫌疑人入所前应做详细检查，全面反映其身体状况

民警在抓捕过程中，由于犯罪嫌疑人抗拒抓捕，彼此之间存在激烈的挣脱与控制，很容易出现人员受伤的情况；在执法过程中还

可能使用到警棍、辣椒水等会给犯罪嫌疑人带来一定损伤的非致命性警用器械，因此，《人民警察使用警械和武器条例》对有关的适用条件及方法都作出了明确的规定。抓捕行为不可避免地会给犯罪嫌疑人身体上造成伤害，此时应及时检查并如实记录，从而排除进入看守所后可能存在违规讯问情况的可能。例如，在孙某、焦某故意杀人案中，孙某左足踝部肿胀的伤情在进入看守所前就已经进行了登记，且看守所民警讯问犯罪嫌疑人时分处两个区域，不存在身体接触，故其在进入看守所后接受的讯问不存在刑讯逼供造成伤害的可能，但其在派出所接受的讯问则不能排除这种可能性。此外，在实际办案中，对于犯罪嫌疑人在抗拒抓捕过程中由于激烈反抗而造成的明显外伤，应在抓获经过中有所体现，若当时有围观群众，最好向目睹全过程的群众及时取证，以反映当时的情况。

综上，民警在执法过程中存在的程序漏洞往往是辩护人提出非法证据排除申请的源头，或缺少同步录音录像，或犯罪嫌疑人有不可解释的外伤，或笔录中缺少见证人签名等。如果公安机关提供的案卷材料中体现的是公安机关严格依法办案，把握每一个办案细节，辩护人就无从提出非法证据排除申请。而所谓的民警出庭技巧，重点也并不在于庭上几分钟的能言善辩，而在于平时工作中是否严格依照有关的法律、法规规范自己的办案行为，从而能够当庭如实地说明情况。法律、法规在避免民警在执法过程中出现权利滥用情形的同时，对其执法行为也是一种保护。在规范化执法活动中收集到的体现案件事实的证据，其证明力有助于应对犯罪嫌疑人的当庭翻供和辩护人的质疑。即便犯罪嫌疑人当庭编造谎言，有意诬告、陷害民警，只要民警在法律、法规的范围内从事执法活动，其行为本身有严格的法律依据，就会受到法律保护。

【律师点评】

在非法证据排除程序中，只有在现有证据材料不能证明证据收集合法时，公诉人才会申请法庭通知警察出庭或者法院直接通知警察出庭说明情况。显然，警察出庭说明情况是我国《刑事诉讼法》

规定的证明取证合法的最后一种手段和方法。然而，实践中，这种立法原意常常被曲解。

作为公诉人，不是让警察出庭、将警察推上法庭就万事大吉了，我们必须清楚地认识到，警察出庭的行为本身没有任何证明取证合法的意义。在本案中，对于乔警官的出庭，公诉人仅仅提出7个问题，其中还包括十分明显的诱导性发问：

公诉人：你们讯问被告人时是否依照《刑事诉讼法》的规定开展的？

证人乔警官：我们完全是按照《刑事诉讼法》的要求开展的。

对于王警官的出庭，公诉人仅仅提出4个问题。如果我们再将公诉人的发问简化，是不是可以只问一个问题：是否严格按照《刑事诉讼法》的规定依法办案？显然，这样的发问既没有完成证明取证合法的任务，对帮助法庭查清是否存在非法取证也没有任何意义。要知道，按照我国《刑事诉讼法》的规定，证明取证合法的责任在控方。仅凭公诉人如此简单的发问，无需辩护人发问，法庭也应该可以作出清晰的裁决。这样的出庭、这样的发问、这样的过程，并非非法证据排除法庭调查期间警察出庭的本来面目。

在非法证据排除程序中，警察出庭的意义在于通过回答控辩双方的提问，让法庭感知警察在取证过程中是否存在违法行为。为此，公诉人作为主询问方，应当利用开放的问题，通过详细、系统的发问，引导出庭警察唤起记忆，让出庭警察有更多的机会详细描述其所经历的取证过程，从而让法庭得以全面感知取证的合法性。在本案中，公诉人过于简单的发问，显然没有实现警察出庭说明情况的目的。

同样，在本案中，辩护人也没有完成应尽的职责。不论公诉人是否认真履行职责，辩护人都应该紧紧围绕警察的身份和资历、被告人的伤情（形成的过程、救治的手段、治疗的结果、用药的情况）、取证的程序、讯问的细节（出庭警察是讯问人，还是证人；

讯问的方式、时间、次数、在场人员数量）、讯问的场所情况、同步录音录像设备情况及操作情况等展开发问。辩护人发问的目的是揭示有可能存在的不实和矛盾，甚至可以发现、证明事实真相。为此目的，辩护人常常利用封闭的问题进行诱导性的发问。这当然会使出庭警察处于难以回答的尴尬境地，以至于产生矛盾或冲突。

在非法证据排除程序的调查过程中，围绕出庭警察，控辩双方角逐竞技，通过交叉询问引导出庭警察揭示有利于和不利于控辩双方的事实和情节，检验出庭警察证言的可信度。这是被人们诉讼实践已久的科学合理的方式，是探明事实真相的伟大发明。在这种诉讼模式下，被告方反守为攻，指控警察有刑讯逼供的行为，公诉人变身成为出庭警察的代理人，必须证明被告方的指控子虚乌有，于是，出庭警察必定成为竞技双方攻守转换的焦点，必然承受巨大的压力。然而，正是由于这种程序的运行，实现了程序正义、提高了诉讼效率，最终帮助法庭尽可能发现客观事实。为此，作为出庭警察，必须做好心理准备，实事求是，正确面对来自各方的压力。

【法官点评】

尽管被告人孙某申请排除其在大山区公安分局期间的所有供述，但经法庭调查发现，孙某在进入看守所之后的历次同步讯问录像内容完整连贯，显示孙某供述的过程自然，侦查人员讯问程序合法，因而完全可以排除存在刑讯逼供情况的可能。第一次讯问由于没有同步录像，而且在讯问后被告人身上存在明显的伤痕，而公诉机关及出庭警察无法作出合理解释，因而法院将被告人的第一次供述予以排除，但认定其他供述系侦查人员合法取得。

就警察在非法证据排除程序中出庭作证的诸多案例，人民警察应当获取三个方面的启示：

第一，要放弃口供是“证据之王”的过时观念，树立依靠客观性证据定案的基本理念。口供是直接证据，但口供是易变的，被告人在庭审中完全可能推翻其原先作出的有罪供述；而客观性证据虽然是间接证据，但却是最为稳定的。因此，侦查人员不能依赖口供定案，一定要寻找、发现稳定的客观性证据。

第二，要放弃通过非人道、不文明的方式获取口供的讯问策略，树立确保被告人供述自愿性的基本认识。讯问时对犯罪嫌疑人保持一定的外在压力与心理攻势，是促使犯罪嫌疑人及早如实供述的一种讯问策略，但极易演变为强迫供述乃至刑讯逼供，并最终导致口供因被法庭认定为非法证据而予以排除，因此，一定要确保犯罪嫌疑人在外在压力与心理攻势后的供述系自愿的，系出于其本人的真实意思。

第三，要放弃拿下口供即完成破案任务的侦查思路，树立留存证明犯罪嫌疑人供述系出于自愿的证明材料的基本观念。侦查人员就取证合法出庭作证，基本上是因为讯问时没有同步录像，或者同步录像不完整，并且讯问时没有第三人在场监督。此时，建议侦查人员详细记载讯问笔录，在讯问结束后一定要让犯罪嫌疑人详细阅读讯问笔录，并允许其对部分内容进行自行修改，或者自行书写修改意见，由其本人捺指印予以确认，以证明讯问笔录内容系出于其本人的真实意思。

第九章　现场勘查笔录调查程序中的警察出庭作证

一般而言，物证不是直接证据，因而往往需要与其他证据，尤其是司法鉴定意见相结合才能证明案件事实。但物证因为客观、稳定，成为很多案件至关重要的证据。在众多案件中，尤其是命案中，犯罪现场是最为重要的客观物证来源。现场勘查人员认真、细致、规范地勘查现场，准确记录现场物证的形态、特征及位置，提取现场留存的痕迹，收集现场遗留的生物物证，这些都对案件事实的证明极为重要。为此，公安机关内部对于现场勘查制定了详尽的技术性规范，最高人民法院《关于适用〈中华人民共和国刑事诉讼法〉的解释》也对物证及其收集程序提出了明确的要求。但在实践中，因为种种原因，现场勘查笔录存在着一些瑕疵甚至严重问题，导致法庭对现场勘查笔录记载内容的真实性存疑，在此情形下，现场勘查人员就有必要出庭说明情况。

案例1：张某某抢劫杀人案

【案件基本情况】

京华市人民检察院起诉书指控：2012年1月22日，被告人张某某与王某某、李某某夫妇相识后被认作干女儿，并于当日应邀入住京华市某镇某村五区21幢102室王某某夫妇家中。其间，王某某多次与张某某发生两性关系并给其财物。同年1月26日8时许，张某某萌生窃取财物后离开之念，遂进入王某某夫妇卧室内行窃。在被被害人李某某发现后，张某某即持砍刀砍、劈李某某的头面部、双手腕部等处数十刀，后从该卧室内劫得人民币 3700 元逃离现场。经鉴定，被害人李某某系全身多处损伤引起大出血死亡。

公诉机关认为，被告人张某某以非法占有为目的，采用暴力手段劫取他人财物，致人死亡，后果特别严重，其行为严重触犯了《中华人民共和国刑法》第 263 条第 5 项之规定，犯罪事实清楚，证据确实、充分，应当以抢劫罪追究其刑事责任。

【警察出庭作证的情况】

本案有两个现场，第一现场为杀人的现场，第二现场为被告人丢弃作案时所穿衣服的现场。在庭前会议上，辩护人针对第二现场的勘查笔录提出质疑，提出了勘查程序不规范、提取生物物证检材的程序不规范，可能导致检材污染等问题。鉴于此，法庭依法通知了现场勘查人员出庭，就现场勘查的过程说明情况。

【警察出庭作证的庭审实录】

审判长：下面继续法庭调查，请公诉人出示证据。

公诉人：下面出示现场勘查笔录及现场照片，主要是案发后对被告人抛弃的作案时所穿的牛仔裤进行勘查，并在勘查后提取了该牛仔裤。

审判长：被告人，你对公诉人刚才宣读出示的现场勘查笔录有无异议？

被告人张某某：请我的辩护人发表意见。

审判长：辩护人有无异议？

辩护人：牛仔裤以及其他多项物证的提取皆存在问题，请求法庭传现场勘查人员出庭说明情况。

审判长：同意。请法警传侦查人员周警官到庭。

审判长：侦查人员周警官，你在哪个单位工作？你与本案有何关系？

证人周警官：我就职于京华市公安局刑侦支队三大队，在本案中负责对牛仔裤作现场勘查，属勘查人员。

审判长：根据《中华人民共和国刑事诉讼法》第123条及第189条的规定，证人应当如实提供证言，有意作伪证或者隐匿罪证要负法律责任。同时，审判人员可以询问证人，经审判长许可，公诉人、被告人及辩护人可以向证人发问。

审判长：证人周警官，你听清楚了吗？你能向法庭保证如实作证吗？

证人周警官：可以保证。

审判长：首先请公诉人向证人发问。

公诉人：周警官，希望你能如实回答我的问题。请问你是在什么时候发现丢弃牛仔裤的现场的？

证人周警官：是在1月27日凌晨发现的。

公诉人：事前没有发现吗？

证人周警官：没有发现。

公诉人：你们发现丢弃牛仔裤的现场时，牛仔裤是什么状态？

证人周警官：当时是在三楼的楼梯上，牛仔裤的里衬朝外。

公诉人：牛仔裤上有无可疑斑迹？

证人周警官：当时用肉眼没有发现。

公诉人：你们是怎么处理的？

证人周警官：我们是装在牛皮纸袋里提存的。

公诉人：是封存的吗？

证人周警官：是的。

公诉人：之后怎么处理的？

证人周警官：之后我们送交物证鉴定中心去做检验了。

公诉人：审判长，公诉人的发问暂时到此。

审判长：被告人，你是否向证人发问？

被告人张某某：请我的辩护人向证人发问。

审判长：请辩护人向证人发问。

辩护人：周警官，我有几个问题，希望你能如实回答。

证人周警官：一定。

辩护人：请问你从事现场勘查工作有多长时间了？

证人周警官：从1993年至今一直从事现场勘查工作。

辩护人：当天，你们去现场勘查的其他人员还有谁？

证人周警官：有2名勘查人员，另外还有1名负责照相的人员。

辩护人：谁分的工？怎么分的？

证人周警官：是我分的工，我负责勘查，1名负责记录，1名负责照相。

辩护人：怎么去的现场？

证人周警官：我们当时是临时接到的任务，步行去现场的。

辩护人：到了现场是怎么处理的？

证人周警官：在被告人指认后就固定现场，之后就进行了勘查。

辩护人：你们没有对现场进行保护吗？

证人周警官：我们是临时去的，无法进行保护，最后是在勘查的同时做的保护。

辩护人：你们是怎么进行保护的？

证人周警官：我们当时拉了警戒线。

辩护人：你们有没有对周边的居民进行访谈？

证人周警官：这不是我们的工作范围。

辩护人：根据法律规定，现场勘查包括现场访问，你清楚吗？

证人周警官：清楚，但我们是专门技术人员，只负责勘查。

辩护人：从你们做的现场勘查笔录来看，其中并没有关于足迹的鉴定，是不是？

证人周警官：是的。

辩护人：按照法律规定，应不应该有足迹的鉴定？

证人周警官：当时在现场仅发现有粗糙的足迹，根本无法作足迹鉴定。

辩护人：为什么这一情况没有写在勘查笔录上呢？

证人周警官：我们觉得这是与案件无关的情况，所以没有写。

辩护人：你们提取牛仔裤的时候，是先将其放在牛皮纸袋中，然后放到物证箱中，是吗？

证人周警官：是的。

辩护人：这样做符合法律规定吗？

证人周警官：符合法律规定。

辩护人：根据公安部的规定，在提取物证时应该封口，你知道吗？

证人周警官：我知道这项规定，但这只适用于生物物证，本案的物证不属于这个范围，所以我不认为这是违法的。

辩护人：我在案卷材料中只看到了提取笔录，并没有看到扣押笔录，这个你怎么解释？

证人周警官：已经有提取笔录了，可以没有扣押笔录。

辩护人：根据法律规定，在提取物证时必须同时具备提取笔录和扣押笔录。这项规定你清楚吗？

证人周警官：这个我不是很清楚。

辩护人：审判长，辩护人的发问暂时到此。

审判长：周警官，我有几个问题，希望你能如实回答。

证人周警官：一定。

审判长：你们当时提取的牛仔裤是整条的吗？

证人周警官：是整条提取的。

审判长：在哪里提取的？

证人周警官：是在实验室提取的。

审判长：在提取的过程中采取了什么保护措施？

证人周警官：我们把牛仔裤放在牛皮纸袋中，然后在纸袋外面进行了详细的说明，并且是跟别的物证分开放的，最后也做到了及时送检。

审判长：你们什么时候发现血迹的？

证人周警官：当时并未发现血迹。

审判长：请证人退庭。

审判长：对侦查人员周警官刚才的当庭证言，公诉人是否有异议？

公诉人：没有意见。

审判长：被告人是否有异议？

被告人张某某：请我的辩护人发表意见。

审判长：辩护人是否有异议？

辩护人：辩护人认为，本案的关键物证牛仔裤的提取存在疑点，侦查人员保护不力，之后的处理工作不当，而且没有对现场附近的人员进行相应的访谈，对牛仔裤的保存没有按规定采取密封冷冻的方式，这些取证程序皆存在违法嫌疑，请求法庭予以排除，不予采信。

【警察点评】

现场勘查是最重要的证据来源。在审判阶段，法庭审查的是现场勘查笔录、现场图、现场照片、录像等资料和现场勘查后续的鉴定材料。现场材料是案发现场客观情况的现实载体，现场勘查工作者是缔造现场真实、客观重现的工程师和责任人，而法庭根据现场材料所感受到的情况毕竟与现场实际情况是有差别的，因此，勘查人员有必要出庭将法庭所欲了解的情况如实、客观地加以说明。

从上述案例可以看出，以下几个问题需要勘查人员出庭作证时加以重视：

（1）关于现场勘查分工的问题。现场勘查有广义和狭义之分，广义的现场勘查包括现场访问和实地勘验两部分，实际工作中分别由侦查人员（包括刑侦人员和派出所办案民警等）和刑事技术人员承担。狭义的现场勘查，即单指实地勘验。为减少可能对现场造成的破坏，现场访问人员一般是不进入中心现场的，因此，平时我们所说的“现场勘查”，一般是指由刑事技术人员承担的实地勘验。法庭要求出庭作证的现场勘查人员一般也是指实地勘验人员。

（2）关于现场保护的问题。《公安机关办理刑事案件程序规定》第209条第1款规定："发案地派出所、巡警等部门应当妥善保护犯罪现场和证据，控制犯罪嫌疑人，并立即报告公安机关主管部门。"可见，现场保护不是勘查人员的职责，出庭作证时可以加以说明。

（3）关于现场勘查笔录中如何反映现场提取痕迹、物证的问题。《公安机关办理刑事案件程序规定》第208条规定："侦查人员对于与犯罪有关的场所、物品、人身、尸体应当进行勘验或者检查，及时提取、采集与案件有关的痕迹、物证、生物样本等。在必要的时候，可以指派或者聘请具有专门知识的人，在侦查人员的主持下进行勘验、检查。"《公安机关刑事案件现场勘验检查规则》第3条规定："刑事案件现场勘验、检查的任务是，发现、固定、提取与犯罪有关的痕迹、物证及其他信息，存储现场信息资料……"可以看出，呈报法庭的"痕迹、物证及其他信息"是需要经过"与犯罪有关"的甄别的。这一甄别的依据主要有几个来源：一是勘查人员依据现场情况的主观判断；二是通过检验鉴定后的印证；三是现场访问和案发时能够反映作案行为的监控录像；四是犯罪嫌疑人被抓获后对作案细节的交代。现场勘查笔录应当将经过上述甄别的痕迹、物证及其他信息准确反映出来。另外，对于现场情况的细节，笔录、照片、录像应尽可能详细、客观、准确地记录。犯罪现场的客观细节与犯罪嫌疑人的口供互相印证，也是定案的重要依据。

（4）关于物证提取方法的问题。张某某抢劫杀人案中的物证牛仔裤，在现场勘查时未发现明显血迹，需要将其送至DNA实验室作进一步的检验，因此，该物证应适用《法医学物证检材的提取、保存与送检》（GA/T 169—1997）的规定，采用物证袋单独包装。对牛仔裤的保存没有按规定采取密封冷冻的方式的质疑显然是错误的，只有易腐败的内脏、人体组织等才适用冷冻保存。

(5) 关于提取与扣押的问题。《公安机关刑事案件现场勘验检查规则》对于物证的提取与扣押没有明确的界定，而公安部《关于刑事案件现场勘验检查中正确适用提取和扣押措施的批复》(公复字〔2009〕3号)则对两者作出了可操作性比较强的说明。同时，从上述两份规范可以看出，对于同一物证，提取和扣押不是必须同时具备的。

(6) 关于现场复验、复查的问题。《公安机关刑事案件现场勘验检查规则》第十三章明确规定了应当复验、复查的情形，但并没有划定属于复验、复查分次的明确界限。实际工作中，一般当后续的勘验与前次相隔两天以上或有重大发现的，均应重新制作勘查笔录。这一点可以向法庭说明。

(7) 关于现场勘查人员出庭作证时回答范围的问题。现场勘查人员出庭时，应当如实说明自己参与工作的真实情况。对于现场访问、现场保护、询问被害人、讯问犯罪嫌疑人等相关问题，如果勘查人员没有实际参与，不可以将听来的情况作为回答的依据，而应当拒绝回答并如实说明自己的职责范围。

(8) 关于现场勘查人员出庭作证时如实说明工作中失误的问题。在庭审过程中，对现场勘查的情况有疑问时，法庭会要求勘查人员出庭说明情况。勘查人员在法庭上对于现场材料中出现的错误，应当明确表述发生错误的原因，辨明是制作材料时的失误还是案件事实与口供等不符，让法庭对定案依据有符合客观事实的采信。

综上所述，现场勘查人员在实际勘验阶段，就应当从出庭作证的角度出发，以熟悉掌握现场勘查、物证提取和包装、刑事照相、录像、卷宗制作等的相关法律规范和行业标准为基础，严格规范现场勘查行为。出庭作证是真实展现勘查工作的实际情况，而不是弥补工作的失误。

【律师点评】

在我国的刑事诉讼程序中，无论现场勘查的人员，勘查的过程，还是勘查的结果，都带有极其神秘的色彩，可谓“神龙见首不见尾”。虽然法律、司法解释规定了现场勘查人员可以也应当出庭作证，但是长期以来，这样的规定如同沉睡的或者说是休眠的条款，司法实践中鲜见有勘查人员出庭作证的情况。于是，那一张张毫无生机、毫无活力的记录纸——勘查笔录，作为一种神奇的证据，不仅存在，而且严重影响了诉讼活动的过程和结果。以至于在我国许多法律人心目中，与勘查有关的一切都是毋庸置疑、一贯正确的，这已经成为运行刑事诉讼的潜规则、潜意识。这种现实存在的“神秘证据”，让诉讼活动同样带有了神秘色彩，这与世界范围内的刑事诉讼活动趋于公开的原则是背道而驰的。随着社会的进步，信息传播途径逐渐丰富起来，程序公正、人权保护等诸多符合现代理念的诉讼原则被广泛接受。我国刑事勘查环节中的诸多“秘密操作”，必将揭开其神秘的面纱，走到台前、走向公开、走上法庭。

不仅如此，伴随着精细复杂的司法实践的不断发展，现场勘查人员出庭作证更显得迫在眉睫。除行业自律规定和内部监督外，不用担心任何来自他人的质疑，但可以左右诉讼活动的现状，不仅让现场勘查人员越来越粗心大意、缺乏责任心，降低了自身的业务水平，更使得违规操作的事件频频发生。然而，许多案件的勘查笔录对于案件的定性至关重要。越来越多违规个案的曝光，让更多的人认识到勘查环节存在的问题，并且开始思考解决问题的方式、手段。其实，只有将勘查人员出庭作证这扇紧闭的大门打开，才能顺利解决这些问题。

实际上，只有勘查笔录是远远不够的，现场勘查人员应当出庭作证。从质证权的角度讲，任何证据必须经过法庭查证属实才能作为定案的依据。没有现场勘查人员出庭，就不能保证有充分的质证，就不符合查证属实的要求。我们知道，现场勘查人员制作勘查笔录，并不是从无到有的制造证据的活动，而是具有主观认识、专业判断的发现过程。如果现场勘查人员不出庭，就无法弄清勘查人员是否具有勘查的权利；有没有指派或聘请具有专门知识的人参与勘查活动；如何发现、提取、记载有关物品、痕迹和其他情况并将这些情况反映出来；如何实现一种逆向的认识过程；勘查活动有没有违反法定程序。

作为已经习惯了提交一份笔录了事的现场勘查人员，面对诉讼活动如此强烈的要求，必须转变观念。出庭作证对于任何一位证人来说，紧张、恐惧都是在所难免的，尤其作为控方证人，面对的是出庭经验比自己丰富得多的辩方的挑战，但是，我们应当从追求司法公正、树立司法权威的高度认识问题，理解来自辩方的发问、质疑，殊途同归才是法律人共同的追求。

如何面对这一新课题，对于现场勘查人员来说无疑是充满了挑战的。现场勘查人员出庭，最为重要的要求无疑就是坦诚面对、实事求是，不能提供任何不实的信息。除此之外，还要格外注重司法礼仪，任何傲慢、烦躁、抵触情绪都会对勘查笔录的证据能力、证明力产生不利的影响。

【法官点评】

一般而言，现场勘查必然伴随着物证的提取。对于生物物证而言，提取、保管程序是否规范，直接关系到后续鉴定意见是否客观真实。法律、法规对生物物证提取、保管乃至鉴定的过程均作出了明确的规定，并要求以书面文件的形式固定下来。因此，法庭可以通过审查书面材料，判断提取、保管乃至鉴定过程是否合法合规。对于出庭作证的现场勘查人员而言，应当从出庭作证的角度出发，熟悉现场勘查、物证提取及保管、刑事照相、录像、卷宗制作等相关法律规范和行业标准，熟悉现场勘查、提取等实际情况，在接受询问时，能够将实际勘查情况与法律法规相结合，向法庭作出真切的说明。如果出庭勘查人员无法回答辩护人提出的诸多问题，尤其是法律规范和行业标准，法庭将对勘查人员的专业素养产生质疑。

案例2：刘某故意杀人案

【案件基本情况】

京华市人民检察院第一分院指控：被告人刘某因对工友邢某(男，殁年62岁)、李某某（男，殁年55岁）不满而起意报复杀人。2012年4月17日零时许，刘某在京华市某区某镇某村西侧绿化工地打井平台的帐篷内，趁邢某、李某某熟睡之机，持铁棍先后多次猛击邢某、李某某的头部。后同住的宋某某（男，殁年57岁）被惊醒，刘某怕宋某某告发，遂持铁棍多次猛击宋某某的头部。邢某、李某某、宋某某因颅脑损伤死亡。被告人刘某作案后被抓获归案。

公诉机关认为，被告人刘某故意非法剥夺他人生命，致3人死亡，犯罪性质极其恶劣，情节、后果特别严重，社会危害性极大，其行为触犯了《中华人民共和国刑法》第232条之规定，犯罪事实清楚，证据确实、充分，应当以故意杀人罪追究其刑事责任。

【警察出庭作证的情况】

公安机关在本案中一共进行了3次现场勘查，提取了诸多血迹、痕迹等检材，仅在一件衬衫上检出被告人刘某的脱落细胞，但该证据不能证明刘某作案，因为案发前刘某与3名被害人在现场长期共同居住。而侦查机关在现场提取的其余检材要么失去鉴定价值，要么不能证明系被告人作案时所留，尤其是在现场提取的作案工具——铁棍上，虽然鉴定出3名被害人的血迹，却不能提取被告人的指纹及脱落细胞。因为在前两次勘查现场时，侦查机关未能找到指控被告人的有力证据，只是根据案发后现场唯有刘某失踪而推断刘某具有作案的可能性。

刘某在被抓获归案后，曾经供述了自己杀人及离开现场的经过，其中特别供述其遗留在现场的个人物品的摆放情况，以及离开现场前曾更换过被害人的布鞋的情况。据此，侦查人员首先扣押了被告人归案后所穿的布鞋，并第三次勘查了现场，提取了现场的2

双布鞋，分别标示为布鞋 1 与布鞋 2。在审判阶段，合议庭发现，现场勘查笔录及现场照片中所标示的布鞋 1 与布鞋 2 并不对应，且公安机关并未对现场提取的 2 双布鞋及被告人归案时所穿的布鞋进行辨认及鉴定，以确定被告人供述是否属实等问题。为此，法院通知了本案的现场勘查人员出庭说明情况。

鉴于现场勘查人员出庭就本案第三次勘查现场所发现的 2 双布鞋等问题，尤其是因为工作失误将 2 双布鞋的标志贴反了的问题作出了说明，证明现场勘查的结果与被告人归案后的供述基本一致，证实了被告人供述的客观性。据此，法庭不仅采信了第三次的现场勘查笔录，而且强化了对被告人供述真实性的内心确信。

【警察出庭作证的庭审实录】

审判长：请公诉人继续举证。

公诉人：宣读并出示 3 份现场勘查笔录及现场照片。其中，第三次现场勘查笔录的内容为：2012 年 5 月 8 日，在见证人商某等人的见证下，勘查人员对现场进行复勘。现场位于京华市某区某镇某村西侧绿化工地打井平台的帐篷内。经勘验检查，在帐篷内东数第二张单人床西侧地面有 1 双黑色的布鞋，实物提取该双黑色布鞋（标志为布鞋 1），在布鞋 1 左脚鞋和右脚鞋外侧面各剪取带血迹的布片提取血迹 3 处（分别标志为布鞋 1 左脚鞋上血迹 1－3 和布鞋 1 右脚鞋上血迹 1－3），在布鞋 1 左脚鞋和右脚鞋内分别用脱落细胞粘取器提取脱落细胞拭子 1 枚（分别标志为布鞋 1 脱落细胞拭子 1－2）；在帐篷内东数第一张单人床西侧地面发现 1 双有“精品”字样的黑色布鞋，实物提取该双黑色布鞋（标志为布鞋 2），在布鞋 2 左脚鞋和右脚鞋内侧各剪取带血迹的布片提取血迹 1 处（分别标志为布鞋 2 左脚鞋上血迹和布鞋 2 右脚鞋上血迹），在布鞋 2 左脚鞋和右脚鞋内侧分别用脱落细胞粘取器提取脱落细胞拭子 1 枚（分别标志为布鞋 2 脱落细胞拭子 1－2）。除上所述，该现场未发现和提取其他痕迹物证。

审判长：被告人刘某，你对上述现场勘查笔录是否有意见？

被告人刘某：鞋有问题，别的没有意见。

审判长：具体是什么问题？

被告人刘某：我临走时换了鞋，但是我归案时穿的鞋不是被害人的。

审判长：辩护人对证据有什么意见？

辩护人：没有。

审判长：请公诉人继续举证。

公诉人：公诉人申请法庭传侦查人员罗警官出庭作证。

审判长：同意。请法警传侦查人员罗警官到庭。

审判长：罗警官，你在哪个单位工作？主要从事什么工作？与本案有何关系？

证人罗警官：我在京华市公安局安平分局刑侦支队工作，主要从事案件的现场勘查工作，本案的 3 次现场勘查我都参与了，而且现场勘查笔录也是我制作的。

审判长：根据《中华人民共和国刑事诉讼法》第 123 条及第 189 条的规定，证人应当如实提供证言，有意作伪证或者隐匿罪证要负法律责任。同时，审判人员可以询问证人，经审判长许可，公诉人、被告人及辩护人可以向证人发问。

审判长：罗警官，你能向法庭保证如实作证吗？

证人罗警官：能够保证。

审判长：请在如实作证保证书上签字。

证人罗警官：好的。

审判长：请法警将如实作证保证书送交侦查人员阅签。

(法警从书记员席取如实作证保证书至证人席)

审判长：请法警将如实作证保证书送交书记员。

(法警将如实作证保证书送交书记员)

审判长：首先请公诉人向侦查人员发问。

公诉人：刘某故意杀人案的现场勘查你都参与了？

证人罗警官：是。

公诉人：在第三次勘查现场时，你提取到几双布鞋？

证人罗警官：2 双。

公诉人：你记录了吗？

证人罗警官：是的。

公诉人：现场标志是你做的吗？

证人罗警官：是。

公诉人：为什么现场勘查笔录中记载的标志与现场照片中显示的不一致？

证人罗警官：这是我们工作失误造成的。现场勘查时，我们一边记录一边拍照。而照片是回到公安局后洗印出来的，并打印了相应的标志贴在照片下面。但是当时因为工作繁忙，不小心贴反了，把本来应该贴在布鞋 1 下面的标志贴在了布鞋 2 下面，而把本来应该贴在布鞋 2 下面的标志贴在了布鞋 1 下面了。

公诉人：只是单纯的文字标志错误？

证人罗警官：是的。

公诉人：其他工作还存在矛盾吗？

证人罗警官：不存在。

公诉人：审判长，发问完毕。

审判长：被告人刘某，是否向侦查人员发问？

被告人刘某：没有。

审判长：辩护人是否向侦查人员发问？

辩护人：没有。

审判长：罗警官，我有几个问题，希望你能如实回答。

证人罗警官：一定。

审判长：从公诉人刚才出示的现场勘查笔录及照片看，本案为什么勘查了 3 次？

证人罗警官：对于命案现场，我们一般都会勘查多次，主要是为了完善证据链，所以本案最终勘查了 3 次。

审判长：在第三次勘查现场时，你们发现了 2 双布鞋，为什么之前没有发现？

证人罗警官：前两次勘查时，没有发现任何异常，没有关注到布鞋的问题。

审判长：第二次勘验之后，现场有没有变动？

证人罗警官：当时提取了痕迹物证有些物证有位移，但总体没有变化。

审判长：移动布鞋了吗？

证人罗警官：布鞋没有移动。我们只是对需要提取以及拍照的物证移动了。对于布鞋，我们原先没有当做勘查的重点，因而没有移动。

审判长：现在是否可以通过技术手段确定在现场提取的布鞋分别是谁穿的？

证人罗警官：从技术上现在无法鉴定出来。

审判长：是否可以通过其他手段？

证人罗警官：侦查人员已经通过辨认程序，组织被害人邢某的儿子及被告人刘某进行了辨认，2人的辨认结果与刘某归案后的供述情况是一致的。具体的辨认笔录已经提交到法院。

审判长：据刘某归案后所供述，其在离开现场后，曾将自己的手机丢弃在现场，而通过现场勘查照片，我们也发现在案发现场西北角刘某睡的单人床上有部手机，这部手机日前在哪里？

证人罗警官：现在在安平分局刑侦支队。

审判长：拍摄物证照片了吗？

证人罗警官：拍摄了，今天也带来了。

审判长：请法警将手机照片向刘某出示。

（法警出示）

审判长：刘某，这部手机是你的吗？

被告人刘某：是的，就是我的，我当时就放在我自己的床上。

审判长：请侦查人员罗警官退庭。

（罗警官退庭）

审判长：被告人刘某，你对侦查人员罗警官刚才的当庭证言有无异议？

被告人刘某：我没有什么要说的了。

审判长：辩护人有无异议？

辩护人：没有。

审判长：请公诉人继续出示证据。

【警察点评】

现场勘查人员对现场采取的措施、物证处理与提取的方法和步骤等，在平时的工作中和出庭准备时，一定要掌握其相应的法律来源和科学依据。这样在出庭作证过程中才能理直气壮且客观、如实地回答辩方提出的问题，千万不要因为辩方的反复提问和诱导式提问而自我怀疑。一旦语气由硬变软，就会使法庭认为勘查人员主动承认了工作上的错误，并且使证据的可信度大大降低。勘查人员出庭作证时，应当坚持自身在勘查过程中的依法、科学的工作态度。现场勘查案卷只是勘查人员根据法律规定的形式将现场勘查工作加以浓缩的一种格式化的文字、图片、影像材料，由于法律的要求，它是缺乏生动性和主观感受的。现场勘查人员出庭作证时，有义务将法庭认为需要解释的细节做如实的说明。这种说明是来源于实际工作的，是客观的，是反映勘查人员所在单位工作状况的，因此，回答问题时应当有底气。

出庭作证时应把握好两个目的：一是在庭审中只是如实还原实际工作，体现自身法律和业务能力，即使工作存在瑕疵，也应当做好解释工作，不能通过圆谎来“掩耳盗铃”，至于证据最终是否被采信完全由法庭决定；二是庭审中应当努力通过翔实、客观甚至生动、直观的解释，使现场勘查的相关证据不被法庭排除。

通过就现场勘查工作出庭作证这一回避不了的现实要求，我们应当回过头来审视一下现场勘查人员的实际工作，切实大幅度提高自己做好这项工作的能力：

第一，要好好补补“知其所以然”的课。作为经常跑现场的刑事技术人员，其角色更多的是技术操作工人，而不是执法者。现场勘查人员的知识大多是从学校、培训班、单位“师傅”那里学来的，关于这些知识科学性和技术性的依据，他们可能还略知一二，关于其法律依据，他们也许能粗略地说是《刑法》、《刑事诉讼法》规定的，至于涉及的司法解释、行业标准，他们不一定清楚。通过这次出庭，笔者深切地感受到，大多数现场勘查人员在掌握与工作相关的法律、法规、规章、司法解释、行业标准等方面，是非常欠缺的。现场勘查根据现场的不同而千变万化，它所涉及的领域也是十分繁杂的。相对于有认可流程依据的鉴定工作来说，现场勘查要复杂得多。现场勘查人员应当熟悉《刑法》、《刑事诉讼法》、《公安机关刑事案件现场勘验检查规则》、公安部的相关规定、有关司法解释、公共安全相关行业标准等。在实际勘查过程中，勘查人员应从所承担的工作出发，针对所采取的每项措施、方法、动作，想想是否有相关的规范可以依据；是否存在不当之处；如果要出庭作证，如何解释。

第二，要时刻明白自身的职责。从笔者所在市的实际情况来看，由于警力有限，全市共有勘查人员400人左右，然而他们却承担了每年11万起左右的现场勘查工作，并且还要承担后期的检验、比对、鉴定等相关工作，工作负荷大大超出了公安部的要求。在这种情况下，勘查人员对现场的操作必然追求“短”、“平”、“快”。但是，在现场勘查笔录中签名的警察，应当时刻清醒地认识到自身的职责，任何理由都不能成为可以违反法律规定的借口。如何将自己的工作严格规范在法律、法规、标准的允许范围内，是每名现场勘查人员在参与每起勘查工作时必须面对的“高压线”。

第三，要切实做好现场勘查的相关保障工作。首先，对现场勘查流程与规范，物证处理与提取、保存，送检程序与标准等应当掌握其详细的法律依据，知道完成“规定动作”应当具备的物质保障。其次，努力争取财政支持，严格按照规范要求为现场勘查工作提供物质保障，不能“因陋就简”、“因地制宜”，降低相关标准。

其中，应特别注意物证的提取与保存是否完全达到了公共安全行业标准等规定的要求。

正确应对警察出庭作证，套用毛泽东同志的一个重要战略思想即是："战略上藐视敌人，战术上重视敌人。"既然躲不过，那不如勇敢面对、合理应对。

【律师点评】

一、关于现场勘查笔录调查程序中警察出庭作证的原则

在现场勘查笔录调查程序中，警察出庭作证的原则是：直接感知，客观陈述。勘查人员作为证人出庭作证，要符合证人作证的一般原则，即证言的内容必须为证人亲身感知。这就要求勘查人员出庭作证时，面对来自控、辩、审各方的发问，要根据自己参与办案过程中视觉、听觉、嗅觉和触觉所感知的客观情况进行客观陈述，并且对勘查过程中痕迹、物证的提取，勘查笔录的制作，现场照片的拍摄等情况进行客观的说明。

本案中，侦查机关对现场先后勘查了3次，对此，问答如下：

审判长：……本案为什么勘查了3次？

证人罗警官：对于命案现场，我们一般都会勘查多次，主要是为了完善证据链，所以本案最终勘查了3次。

显然罗警官并未直接回答审判长所提出的问题。根据最高人民法院《关于适用〈中华人民共和国刑事诉讼法〉的解释》第88条的规定，补充进行勘验、检查的，应当对勘验、检查笔录是否说明了再次勘验、检查的原由着重审查。这里的"原由"，当然是对个案补充勘验、检查的具体原因，而不是罗警官所说的命案都会勘查多次的一般原因。即使多次勘查，也必须说明每次勘查的具体原因是什么。其中，罗警官回答的欠缺之处，在于其未就自己亲身经历的3次案件勘查的具体原因向法庭作证，而仅以一般办案经验作说明。

法庭虽然没有继续追问本案补充勘查的具体原因是什么，但并不等于对罗警官的回答已经满意。

二、关于现场勘查笔录调查程序中警察出庭作证的技巧

在现场勘查笔录调查程序中，警察出庭作证的技巧是：知之为知之，不知为不知。勘查人员出庭作证，往往被要求对其参与的勘查工作的某一部分作出合理解释。而这其中合理与不合理的判断，是由法庭主导的。“合理”的要点在于是否与生活经验、常识、逻辑相符。至于推诿、圆滑的说辞，并不是技巧，真正的技巧在于知道什么说什么，知道多少说多少。

本案中，出现了现场勘查笔录与现场照片不一致的情况。对此，问答如下：

公诉人：为什么现场勘查笔录中记载的标志与现场照片中显示的不一致？

证人罗警官：……当时因为工作繁忙，不小心贴反了……

这个解释合理吗？首先，我们知道，公安部对于现场勘查的具体流程有明确的规定。按照这个流程进行，不应该出现任何差错。其次，作为勘查人员，谨慎、准确地进行现场勘查工作仅仅是最基本的工作要求。所以，“工作繁忙”和“不小心”根本不构成现场勘查笔录与现场照片不一致的理由。况且，如果要作出合理解释，罗警官还要进一步说明以下问题：

（1）什么时候发现标志贴反了？

（2）谁发现的？

（3）怎么发现的？

（4）是现场照片上的标志贴错了，还是现场勘查笔录记错了？

（5）有无其他照片、痕迹、物证印证“不小心贴反了”的解释？是否有现场勘查笔录记错的可能？

在出庭作证时，如果警察经常使用一些不负责任的小技巧，往往会造成自相矛盾的尴尬境地。

在本案中，有如下一段问答：

审判长：在第三次勘查现场时，你们发现了2双布鞋，为什么之前没有发现？

证人罗警官：前两次勘查时，没有发现任何异常，没有关注到布鞋的问题。

……

审判长：移动布鞋了吗？

证人罗警官：布鞋没有移动……

这里，罗警官的回答出现了一个自相矛盾之处，即前面说前两次勘查没有关注布鞋的问题，后面又说布鞋没有移动。既然没有关注布鞋，说明布鞋不重要，不会将其纳入物证的范围，也不会现场拍照予以固定。那么，自然不会注意到布鞋的位置，也不会关注布鞋放在哪儿、是怎么放的。然而在这种情况下，罗警官回答法官的问题时，却随口就说“布鞋没有移动”，如果有追问的话，罗警官可能至少还需要回答以下问题：

（1）你怎么知道布鞋没有被移动过？

（2）你既然没有关注到布鞋，怎么知道布鞋没有被移动过？

（3）你原来没有关注布鞋，是因为布鞋开始就没在那儿，还是因为布鞋在那儿而你没有看到？你如何确信这一点？

（4）你刚刚回答“布鞋没有移动”是否客观？

从勘查人员的角度讲，选择说“布鞋没有移动”可能是安全的，法官或许会借此对现场勘查笔录和现场照片不一致的情况给予理解并采信。但真实情况更有可能是罗警官并不知道布鞋是否被移动过，结果出现了自相矛盾的回答，反而造成了并不安全的“证言”。

因此，警察出庭作证，坚持知道就是知道，不知道就是不知道，这样的小道理，才是出庭作证的大技巧。

【法官点评】

根据最高人民法院《关于适用〈中华人民共和国刑事诉讼法〉

的解释》的规定，法庭主要从三个方面审查现场勘查笔录及现场照片：(1) 在形式要件上，重点审查勘查是否依法进行，现场勘查笔录的制作是否符合法律及有关规定，勘查人员和见证人是否签名或者盖章。(2) 在具体内容上，重点审查现场勘查笔录是否记录了提起勘查的事由，勘查的时间、地点，在场人员、现场方位及周围环境，现场的物品、人身、尸体的位置、特征等情况，以及勘查的具体过程；文字记录与实物或者绘图、照片、录像是否相符；现场、物品、痕迹等是否伪造，有无破坏；人身特征、伤害情况、生理状态有无伪装或者变化等。(3) 对于补充勘查的，重点审查补充勘查的原由，以及前后勘查的情况是否存在矛盾等。如果现场勘查笔录存在明显不符合法律及有关规定的情况，勘查人员就有必要出庭说明情况，作出合理解释。

鉴于现场勘查往往与提取、扣押物证同时进行，因而从刑事审判的角度看，现场勘查笔录及现场照片主要提供了以下两个方面的信息：

一是现场勘查笔录及现场照片可以提供静态的现场物证位置及外在的形态信息。审判人员通过对现场物证位置及外在形态的描述，结合被告人及证人对现场的描述，可以判断被告人的供述是否属实，尤其是被告人关于犯罪过程的供述是否符合现场客观情况。比如，在刘某故意杀人案中，刘某在归案后供述了其在午夜趁 3 名被害人睡熟之机，持铁棍先后从正面击打被害人的头面部，致 2 人死亡，后在第三名被害人惊醒起床后，再次持铁棍击打被害人的头面部，致该被害人倒地身亡。通过审查侦查机关的第一次现场勘查笔录及现场照片，发现刘某供述的内容与现场情况基本一致，由此可以判断，刘某归案后在无压力情况下的自然供述是属实的。即使其在审判阶段翻供，法院也将因其归案后的有罪供述与现场勘查笔录一致，而采信其有罪供述。侦查机关在被告人归案后，根据被告人关于离开现场前曾换鞋的供述再次勘查了现场，并实际提取了 2 双布鞋，可现场照片却将 2 双布鞋的标志贴反了，而且未对 2 双布鞋通过辨认、鉴定程序进行确认。但是，出庭警察向法庭如实陈述了勘查过程及后续的辨认过程，最终使得法庭采信了现场勘查笔录。

二是现场勘查笔录及现场照片可以提供动态的提取、扣押物证、检材的过程。现场提取的物证及检材往往要送交相应的检验机构或者鉴定机构，最终由专业人员出具检验报告或者鉴定意见，以揭示物证及检材中所蕴含的证明犯罪的证据。检验报告或者鉴定意见是否可信的关键，在于物证或检材的来源是否确定、提取及保管的方法是否符合法律技术规定。在张某某抢劫杀人案中，辩护人并不质疑鉴定的方法及过程，而是质疑勘查人员提取、保管生物物证、检材的方式及过程。

因而，对于勘查人员而言，在现场勘查时，必须严格按照相关法律及技术规范操作；在出庭时，必须如实陈述勘查现场时的实际情况。通知警察出庭，往往是因为现场勘查笔录等存在需要解释的问题，警察必须熟知勘查规范及具体的勘查过程，并作出合理的解释。

第十章　搜查、扣押笔录调查程序中的警察出庭作证

搜查与扣押均属于我国《刑事诉讼法》规定的强制性措施。搜查是侦查机关为了收集犯罪证据、查获犯罪嫌疑人，对犯罪嫌疑人的人身以及可能隐藏罪犯或者犯罪证据的人的身体、物品、住处和其他有关地方进行搜索、检查的侦查行为。扣押则对收集和保全证据、打击犯罪以及保障诉讼活动顺利进行具有重要的作用。但是在多种现实因素的叠加下，侦查机关在执行搜查、扣押工作时难免产生瑕疵，继而出现诉讼过程中的瑕疵证据。如果辩方在案件审理过程中对瑕疵证据提出质疑，可能影响法庭对于涉案事实、作案工具及赃证物品等的认定。此时，法庭应在必要的情况下通知侦查人员出庭作证，要求侦查人员就搜查、扣押过程说明情况，继而对可能影响案件事实的焦点问题进行审查。

案例 1：程某某运输毒品案

【案件基本情况】

乌沙市人民检察院指控：被告人程某某于 2012 年 5 月间驾驶汽车自某省迎宾市运输大量毒品至乌沙市。2012 年 5 月 23 日 8 时许，当程某某驾车行至乌沙市大山区某镇某村其经营的“大澡堂”门前时被抓获，当场从其驾驶的车辆上起获毒品甲基苯丙胺共计 289.93 克。

乌沙市人民检察院认为，被告人程某某违反国家毒品有关管理规定，非法运输毒品，数量大，犯罪性质恶劣，情节严重，其行为触犯了《中华人民共和国刑法》第347条第2款第1项之规定，犯罪事实清楚，证据确实、充分，应当以运输毒品罪追究其刑事责任。

【警察出庭作证的情况】

本案中，被告人供述、GPS导航轨迹、高速公路收费发票等证据能够证实被告人程某某驾驶汽车自迎宾市行驶至乌沙市大山区的事实，侦查人员对涉案车辆进行检查的证据材料、扣押毒品清单及毒品检验报告证明在程某某所驾驶的车辆中起获了可疑物品，后经鉴定为甲基苯丙胺，在案证据基本形成了证据链条以支持公诉机关指控的内容，即程某某自迎宾市驾车运输毒品至乌沙市的事实。但是该证据链条尚有一环较为薄弱，即程某某虽然供认自己运输毒品至乌沙市，但是对于涉案毒品与程某某所驾驶车辆的联系没有其他证据予以佐证。如果被告人翻供，其完全可以辩解称毒品是自己被抓获后由别人放到车辆上的，毒品与自己没有关系。如此一来，证据链条就会断裂，哪怕在案的其他证据都经法庭依法确认，也将无法确认被告人运输毒品至乌沙市的事实。那么如何证明涉案毒品确实是由被告人自己放到车上并运输至乌沙市？应当由对程某某实施抓捕的侦查人员提供证言，以证明侦查机关抓捕程某某后第一时间在程某某所驾驶的车辆上发现了毒品，排除毒品由他人放到车辆上的可能性。因此，法庭通知了对程某某实施抓捕的侦查人员出庭作证，对抓捕程某某及发现毒品的情况进行说明。

警察此次出庭作证，如实说明了抓捕程某某并在程某某所驾驶的车辆上发现毒品的情况，即对程某某进行控制后第一时间在涉案车辆上发现了毒品，排除了毒品由他人放到涉案车辆上的可能性。2名警察所作证言的内容基本一致，具有较强的证明力，对于涉案毒品与涉案车辆的联系这一证据链条中的关键一环，起到了证明作用，对法庭最终确认案件事实至关重要。经过质证，控辩双方对警察所作证言的内容没有异议，被告人也在庭审中如实供述了犯罪事实。法庭认为2名警察的证言真实可靠，与案件具有最为直接的关联性，在判决书中将2名警察的当庭证言作为定案依据予以引用。

【警察出庭作证的庭审实录】

公诉人：公诉人申请法庭传证人胡警官出庭作证，申请法庭对证人胡警官采取不公开真实姓名、住址和工作单位等个人信息、不暴露外貌的保护措施。

审判长：请法警传证人胡警官到庭。

(胡警官到庭)

审判长：根据《中华人民共和国刑事诉讼法》第123条及第189条的规定，证人应当如实提供证言，有意作伪证或者隐匿罪证要负法律责任。同时，审判人员可以询问证人，经审判长许可，公诉人、被告人及辩护人可以向证人发问。证人胡警官，你能向法庭保证如实作证吗?

证人胡警官：可以如实作证。

审判长：请你在如实作证保证书上签字。

(胡警官在如实作证保证书上签字)

审判长：首先请公诉人向证人发问。

公诉人：你的身份及工作单位?

证人胡警官：我是乌沙市大山区公安分局的民警。

公诉人：你在这次任务中主要负责什么工作?

证人胡警官：负责抓捕嫌疑人程某某。

公诉人：当时你们单位大概出了多少人?

证人胡警官：四五个人，抓捕程某某的就是我和一位同事。

公诉人：你们是怎么进行抓捕的?

证人胡警官：当时我们按照禁毒中队的部署，在“大澡堂”附近进行蹲守，后来我们发现嫌疑车辆由东向西行驶，我和我的同事就驾车进行尾随，等我和我的同事驾车到了“大澡堂”门口的时候，嫌疑车辆就停下了，我们就下车将嫌疑人控制住了。

公诉人：控制嫌疑人的时候，嫌疑人是否有逃跑或反抗的行为？

证人胡警官：没有，当时他就是不下车，我们表明身份后让他下车，然后他就下车了。

公诉人：你们是怎么将嫌疑人控制住的？

证人胡警官：嫌疑人当时已经熄火了，然后我们就上去将嫌疑人控制住了。

公诉人：你们当场在嫌疑人的车里面起获了什么物品？

证人胡警官：在嫌疑人车的水槽里面有一个优酸乳的包装盒，包装盒里面有两袋黄色的晶体，在嫌疑人驾驶的车辆后座上有两个优酸乳的包装盒，这两个包装盒里面分别有两袋黄色的晶体。

公诉人：这些东西都给嫌疑人程某某看了吗？

证人胡警官：给嫌疑人看了。

公诉人：审判长，公诉人对证人的发问到此。

审判长：被告人程某某，你是否向证人发问？

被告人程某某：没有。

审判长：被告人程某某的辩护人，你是否向证人发问？

辩护人：禁毒中队是什么时候通知你们准备行动的？

证人胡警官：5 月 22 日晚上通知的，但是行动是 5 月 23 日早晨。

辩护人：审判长，辩护人对证人的发问到此。

审判长：请证人胡警官退出法庭。

(胡警官退出法庭)

审判长：被告人程某某，你对证人胡警官的证言有无异议？

被告人程某某：没有。

审判长：被告人程某某的辩护人，你对证人胡警官的证言有无异议？

辩护人：没有。

审判长：请公诉人继续举证。

公诉人：公诉人申请法庭传证人马警官出庭作证，申请法庭对证人马警官采取不公开真实姓名、住址和工作单位等个人信息、不暴露外貌的保护措施。

审判长：请法警传证人马警官到庭。

(马警官到庭)

审判长：根据《中华人民共和国刑事诉讼法》第 123 条及第 189 条的规定，证人应当如实提供证言，有意作伪证或者隐匿罪证要负法律责任。同时，审判人员可以询问证人，经审判长许可，公诉人、被告人及辩护人可以向证人发问。证人马警官，你能向法庭保证如实作证吗?

证人马警官：可以如实作证。

审判长：请你在如实作证保证书上签字。

(马警官在如实作证保证书上签字)

审判长：首先请公诉人向证人发问。

公诉人：你的身份以及职业?

证人马警官：我是乌沙市大山区公安分局的民警。

公诉人：你在这次任务中主要负责什么工作?

证人马警官：对嫌疑人程某某进行抓捕。

公诉人：你是接到谁的命令对程某某进行抓捕的?

证人马警官：禁毒中队要求我们对嫌疑人程某某进行抓捕。

公诉人：你是和谁一起去的抓捕现场?

证人马警官：和刚才的胡警官一起去的。

公诉人：你们当时是如何抓获嫌疑人程某某的?

证人马警官：根据禁毒中队的部署，我和同事在“大澡堂”附近蹲守。8 时许，我们发现嫌疑人驾驶的车辆由东向西行驶，到“大澡堂”时嫌疑车辆停了下来，然后我和同事一起对程某某实施抓捕。

公诉人：你们的车辆跟随程某某的车辆有多远的距离?

证人马警官：百八十米。

公诉人：你是如何知道嫌疑人程某某的车牌号码的？

证人马警官：是禁毒中队告诉我们的。

公诉人：你们跟随了程某某的车辆多长时间？

证人马警官：不到1分钟。

公诉人：程某某的车辆是自己停的，还是被动熄火的？

证人马警官：前面有禁毒中队的民警进行拦截，然后我们实施的抓捕。

公诉人：抓捕之后在嫌疑人程某某的车辆里面发现了什么？

证人马警官：在程某某的车的水槽里面有一盒优酸乳，优酸乳里面有两袋黄色的晶体，在车的后座上面发现有两盒优酸乳，这两盒优酸乳里面分别有两袋黄色的晶体。

公诉人：你们把这些东西给嫌疑人程某某看了吗？

证人马警官：当场给程某某看了。

公诉人：你们在抓捕程某某的时候，是否实施过殴打等行为？

证人马警官：没有。

公诉人：审判长，公诉人对证人的发问到此。

审判长：被告人程某某，你是否向证人发问？

被告人程某某：没有。

审判长：被告人程某某的辩护人，你是否向证人发问？

辩护人：禁毒中队是什么时候给你们布置的任务？

证人马警官：抓捕的前一天。

辩护人：审判长，辩护人对证人的发问到此。

审判长：请证人马警官退庭。

(马警官退出法庭)

审判长：被告人程某某，你对证人马警官的证言有无异议？

被告人程某某：没有。

审判长：被告人程某某的辩护人，你对证人马警官的证言有无异议？

辩护人：没有。

审判长：请公诉人继续举证。

【警察点评】

本案的被告人没有对出庭的民警进行刁难指责，既未辩称其不明知从汽车内查获的物品是毒品，也未辩称不知是谁事先放于车上的，但我们还是可以看出规范搜查非常重要。在搜查过程中应注意：第一，应对搜查全部过程进行照相、录像，固定现场（本案中应特别注意毒品的封存和扣押清单的制作、签名过程）。第二，应注重收集与被告人有关联性的重要物证。本案当场进行搜查并且起获毒品，因此应注意收集毒品外包装上留下的微量物证，通过比对确认毒品与被告人之间的关联性。及时、如实、详尽地制作搜查笔录，配合现场搜查录像，记明毒品的具体获取地点、有无外包装，简要描述特征及封存的情况。当场制作扣押物品清单，让被告人签名确认。侦查人员在出庭时对上述流程应当全面、详细地掌握，规范出庭时所用的言词，保证出庭时顺畅地回答问题，从而在法庭上向社会公众展示出人民警察的规范执法及良好形象。

【律师点评】

一、关于搜查、扣押笔录调查程序中警察出庭作证的原则

在搜查、扣押笔录调查程序中，警察出庭作证的原则是：正确理解无罪推定原则，准确把握警察出庭作证的心态。

我国《刑事诉讼法》第12条规定："未经人民法院依法判决，对任何人都不得确定有罪。"无罪推定原则是现代司法文明的重要标志，也是刑事司法最重要的理念之一。秉持无罪推定理念的诉讼参加人，不仅应当包括辩护人、审判人员，也应当包括出庭的警察证人。

无罪推定原则是现代诉讼结构的基石。如果公安机关抓了人，该人就一定有罪，那么就不需要公诉人、辩护人，也不需要法官这个职业群体了。警察作为证人出庭时，必须准确理解法庭审理是在无罪推定的理念下展开的，而法官是站在中立的立场上，公开公正

地查明案件事实，不会有任何先入为主的偏见。同时辩护人的工作也是紧密围绕帮助法官查明事实这一法庭调查的核心内容展开的。查明事实既包括查明有罪事实，也包括查明无罪事实。

因此，在这种诉讼架构下，警察证人出庭就要准确把握好心态，避免带有以下几种不良甚至有害的心态出庭作证：

（1）辩护人会对警察证人刁难或者横加指责；

（2）辩护人会寻找破绽，想从鸡蛋里挑骨头；

（3）辩护人会给警察证人造成很大的压力，让其难以自圆其说；

（4）警察证人稍有疏漏，就会成为辩护人浓墨重彩抨击的对象。

在本案中，法官问警察证人的问题其实远比辩护人问得多，本书其他章节的案例也有很多类似情况。这就表明，不论是辩护人发问，还是法官发问，都是为了查明事实，检验是否有合理怀疑存在，从而检验是否达到事实清楚，证据确实、充分的证明标准。法庭传证人出庭的目的，本身就是不想让案件事实蒙混过关，似是而非。

二、关于搜查、扣押笔录调查程序中警察出庭作证的技巧

在搜查、扣押笔录调查程序中，警察出庭作证的技巧是：明白细节决定证据是否可以采信。

警察证人作为刑事侦查的参与人，必然对其亲历的侦查活动了如指掌，因此，在出庭作证时，如实陈述细节，是增加其证言可信度的重要技巧。

在本案中，有如下问答：

公诉人：控制嫌疑人的时候，嫌疑人是否有逃跑或反抗的行为？

证人胡警官：没有，当时他就是不下车，我们表明身份后让他下车，然后他就下车了。

公诉人：你们是怎么将嫌疑人控制住的？

证人胡警官：嫌疑人当时已经熄火了，然后我们就上去将嫌疑人控制住了。

本案中，法官传警察证人出庭的目的，就是证明涉案毒品与犯罪嫌疑人所驾驶的车辆的联系。警察在搜查、扣押过程中应当是亲历亲为的。从上述对话中可知，这名警察在抓捕犯罪嫌疑人时并未上车，而是犯罪嫌疑人自己下车的。既然如此，警察怎么看到车内有毒品的？是隔着车窗看到的，还是抓捕后上车看到的？什么时间上车的？2 名警察证人都声称在车上看到“优酸乳”了，而他们在抓捕时又没有上车，那么，只能是在抓捕后上车看到的，此时，犯罪嫌疑人被 2 名警察证人如何处理了？是否第一时间移交其他办案单位了？如果是，那与 2 名警察证人上车搜查间隔有多久？可见，这些决定事实真相的细节根本没有通过警察出庭作证得以查明。

此外，还有如下问答：

公诉人：你在这次任务中主要负责什么工作？

证人胡警官：负责抓捕嫌疑人程某某。

如果他的回答是真实的，又与案件中的其他细节互相矛盾：(1) 既然负责抓捕，为什么又去执行搜查、扣押的任务？从工作职责上看，是否有矛盾之处？(2) 抓捕并控制犯罪嫌疑人的同时，又执行搜查、扣押任务，时间上是否有冲突？(3) 既要控制和抓捕犯罪嫌疑人，又要搜查、扣押，还要制作笔录，客观条件是否允许？在本案中，警察出庭作证时，这些细节都被忽视了。

综上，出庭作证时，细节决定了证言的可采性。在本案中，2 名警察证人叙述粗糙且缺乏细节的证言，是很难被睿智、聪明的法官所采信的。

【法官点评】

本案中，警察出庭所要证明的内容对于定案十分关键。抓捕犯罪嫌疑人及起获赃物这一侦查环节，属于侦查人员在打击犯罪过程中的“必修课”，这往往也是侦查人员的“拿手好戏”。本案中，程某某运输毒品的线索已经提前被侦查机关掌握，侦查机关根据本案的具体情况部署了严密的抓捕方案，再加上程某某在到案过程中并没有抗拒、阻碍、逃跑等行为，因此，侦查人员在抓捕程某某的过程中没有遇到过多的困难。一般案件中，只要侦查人员的搜查及扣押行为依法进行，就不会遭到被告人的质疑。基于以上两点原因，侦查人员在本案出庭过程中没有遇到压力，只需如实对搜查情况进行陈述即可。侦查人员在庭审中的表现没有疏漏，体现出了良好的业务素质和能力水平。

通过本案我们可以看出，在绝大部分的刑事案件中，只要侦查人员严格依照法律规定执法办案，做到严谨规范，其出庭作证的压力就会大大减小。而且，侦查人员规范的执法行为也可能促使被告人在庭审中如实供述犯罪事实，既使得庭审取得良好的法律效果，也将在社会公众面前一展人民警察的优良素质，取得良好的社会效果。

我们也应当看到，如果侦查人员在执法办案过程中出现不规范的行为，其出庭作证时就会面临很大的压力，尤其在面对关于不规范行为的质疑时难以自圆其说，不但出庭效果会大打折扣，也会对相关证据来源的合法性、证明力造成影响。综合上述分析，侦查人员在办案过程中的行为是否规范，将在很大程度上影响警察出庭的效果与质量，因此，侦查人员在不断了解、适应出庭作证这一新形势的同时，还应着力在日常执法办案工作中加强规范，真正做到让自己的执法行为无懈可击，保证自己出庭作证更加顺畅。

案例2：储某某出售盗版光盘案

【案件基本情况】

京华市城西区人民检察院指控：被告人储某某自2011年3月以来，在京华市城西区某街4号内，以营利为目的，在销售游戏机时向客人搭售盗版游戏光盘，作为销售游戏机的促销手段，后于

2012 年 8 月 2 日被公安机关当场查获，并起获光盘 604 张，经京华市新闻出版局鉴定，上述光盘为非法出版物。

【警察出庭作证的情况】

在案件开庭审理之前，城西区人民法院承办法官了解到被告人储某某对起诉书指控的内容存在异议，储某某认为公安机关在现场起获的盗版游戏光盘只有二三百张，公诉机关指控的盗版光盘中有一部分不是其销售的游戏机可以使用的游戏光盘，故不能确定上述盗版光盘是在其经营场所内起获的。被告人储某某的辩护人庭前提出：公安机关出具的扣押清单上所列明的光盘仅有 377 张，被告人储某某的行为从数量上不构成侵犯著作权罪。

（1）关于京华市公安局城西区分局扣押清单不完整的问题。从现有卷宗材料上看，大河派出所出具的搜查笔录（有被告人储某某的签字）、扣押笔录（有被告人储某某的签字）、扣押决定书、到案经过、起赃经过及赃物照片和讯问笔录（有被告人储某某的签字）中，均注明现场起获并扣押的疑似盗版 DVD 光盘的数量为 604 张，但在公诉机关移送的预审卷宗中装订有京华市公安局城西区分局扣押清单 5 张（均有被告人储某某的签字），登记 DVD 光盘的数量仅为 377 张；被告人储某某当庭辩称自己柜台内仅有盗版游戏 DVD 光盘二三百张，自己未做过仔细清点，在接受公安机关的查处和讯问过程中，自己未受到过刑讯逼供，自己已对数量问题向公安机关提出过异议，但未被记入笔录。

经对装订在预审卷宗中的 5 张扣押清单进行查阅，发现页码编号明显不连贯，存在部分清单遗失的可能。

（2）对扣押清单和物证原件的比对工作。庭后，承办人对预审卷宗中仅有的 5 张扣押清单中所列明的游戏光盘（70 个品种，共计 377 张）与物证原件（604 张）进行核对，除一部分同名游戏光盘（35 个品种，共计 170 张）在数量上能吻合外，另一部分同名游戏光盘在数量上出现了差异。考虑到公安机关所做清单可能遗失，物证原件数量大于清单列明数量的情况尚能作出合理解释

(如清单中记载名称为“Rabbios”的游戏光盘为5张，而在物证原件中找到“Rabbios”游戏光盘10张)，但清单列明数量多于物证原件数量的情况明显无法解释（如清单中记载名称为“MCHAEL”的游戏光盘为6张，而在物证原件中只能找到“MCHAEL”游戏光盘3张)。同时，清单中所列明的3种游戏光盘（共计12张)，在物证原件中并未找到。

针对上述焦点问题，为更好地核实案情，在法庭的要求下，公诉机关通知查处该案件的民警作为证人出庭作证。

城西区人民法院审理认为，扣押清单作为公安机关出具的原始书证，其内容应对起获物品的名称、数量、包装特征等细节进行清晰且完整的记载。本案中，虽然在一系列笔录中记载起获疑似盗版DVD光盘的数量为604张，且被告人储某某在侦查阶段也有过认可该数量的供述（被告人储某某在审查起诉阶段已推翻上述说法)，但在扣押清单上载明的DVD光盘数量仅为377张，该数量尚未达到侵犯著作权罪的定罪标准（500张)，控诉证据在证明内容上存在矛盾。现从新闻出版局调取的非法出版物虽有604张，但在名称及数量上无法与扣押清单中记载的内容相互对应，故无法认定该604张非法出版物与公安机关一系列笔录中记载的“604张疑似盗版光盘”间存在必然的等同关系，故本案属证据不足。此后，城西区人民检察院以“庭审期间在案证据发生变化”为由申请撤回起诉，城西区人民法院裁定准许撤诉。

【警察出庭作证的庭审实录】

公诉人：申请法庭传证人赵警官到庭。

审判长：传证人赵警官到庭。

(证人赵警官进入法庭)

审判长：证人赵警官，根据《中华人民共和国刑事诉讼法》的规定，你应当如实向本庭提供证言，如果有意作伪证或隐匿证据，要负法律责任。听清了吗?

证人赵警官：听清了。

审判长：在如实作证保证书上签名。

证人赵警官：好。

审判长：公诉人对证人进行发问。

公诉人：你认识本案被告人储某某吗？

证人赵警官：他是我们办理的一个案子的嫌疑人。

公诉人：你们是2012年8月2日去储某某店里检查时抓获储某某的吗？

证人赵警官：对，当时我们带了执法记录仪器。

公诉人：当时你们从储某某店里起获了多少张盗版光盘？

证人赵警官：604张。

公诉人：当时是当着他的面清点的吗？

证人赵警官：是。

公诉人：在哪儿清点的？

证人赵警官：在现场清点了，回所后也清点了。

公诉人：在哪里制作的扣押清单？

证人赵警官：回所制作的清单。

公诉人：当时在店里没有制作清单但是清点了，对吗？

证人赵警官：当时在店里大概清点的，回所也清点了一遍，然后制作的清单。

公诉人：当时清单有多少张？

证人赵警官：十几张。

公诉人：最后扣押清单移交给什么单位了？

证人赵警官：分局预审部门。

公诉人：所有清单都移交了吗？

证人赵警官：对。

公诉人：当时作笔录了吗？

证人赵警官：搜查笔录和扣押笔录都作了，他当时都承认是604张。

公诉人：你们有无刑讯逼供、威胁？

证人赵警官：没有。

公诉人：他当时看笔录了吗?

证人赵警官：看了。后来也签字了。

公诉人：当时储某某提出异议了吗?

证人赵警官：没有。

公诉人：你们是第二天把光盘送到新闻出版局的吗?

证人赵警官：对。

公诉人：他们收的时候清点了吗?

证人赵警官：对，清点后出具了收据。

公诉人：发问完毕。

审判长：被告人有无发问?

被告人储某某：有。我没有数数，根本没让我数，也没有当着我的面数。赵警官，你当着我的面数了吗?

证人赵警官：当然了，点完了你还签字了。

审判长：辩护人有无发问?

辩护人：没有。

审判长：证人赵警官，法庭现在问你几个问题，希望你如实回答。

证人赵警官：好的。

审判长：当时你们怎么得到的线索?

证人赵警官：当时有人举报，说是有淫秽光盘，我们对他的店检查后，发现了这些盗版光盘，我们清点以后，把人带了回去。

审判长：当场作了什么笔录?

证人赵警官：搜查笔录。

审判长：什么内容?

证人赵警官：就是将搜查光盘的事实以及数量写清楚。

审判长：还有其他手续吗?

证人赵警官：当时不止我一个人，我是一边清点一边看押被告人。

审判长：登记工作是什么时候做的？

证人赵警官：当时没有条件，我们要回所才能做。在现场清点之后回所又清点了一遍。

审判长：当天是什么样的执法形式？

证人赵警官：我们单独执法，有保安协助。

审判长：你们在清点过程中被告人是否在场？

证人赵警官：始终在场。

陪审员：你说作搜查笔录，笔写的还是打字的？

证人赵警官：这个不是我作的，应该是笔写的。当时有三四个民警。

审判长：控辩双方有无补充发问？

公诉人：赵警官，你说当时条件有限，现场没有制作扣押清单，对吗？

证人赵警官：对。

公诉人：执法记录仪器拍摄了检查过程，但是没有拍摄数盗版光盘的过程？

证人赵警官：当时执法记录仪器没有电了，但是一直拍着的。

审判长：被告人有无发问？

被告人储某某：赵警官，你当着我的面数了吗？

证人赵警官：我们接到举报后对他的店进行清理，发现盗版光盘后当着他的面清点，制作了搜查笔录，由于条件有限，回所后又重新清点，制作了扣押笔录和扣押清单。

审判长：辩护人有无发问？

辩护人：没有发问。

审判长：证人赵警官，这扣押清单是你制作的吗？

证人赵警官：对。

审判长：现在在案的清单完整吗？

（将扣押清单向证人赵警官出示）

证人赵警官：不止这几页。

审判长：登记完之后东西要封存吗？

证人赵警官：要封存。封存完这些东西我们需要移送新闻出版局作鉴定。移送工作我没参与。

审判长：证人赵警官可以退庭。

（证人赵警官退庭）

公诉人：申请法庭传证人汪警官到庭。

审判长：传证人汪警官到庭。

（证人汪警官进入法庭）

审判长：证人汪警官，根据《中华人民共和国刑事诉讼法》的规定，你应当如实向本庭提供证言，如果有意作伪证或隐匿证据，要负法律责任，听清了吗？

证人汪警官：听清了。

审判长：在如实作证保证书上签名。

证人汪警官：好。

审判长：公诉人对证人进行发问。

公诉人：搜查笔录是你制作的吗？

证人汪警官：对。

公诉人：抓获储某某的时候你在场吗？

证人汪警官：在。

公诉人：光盘当着储某某的面清点了吗？

证人汪警官：清点了。

公诉人：扣押清单是在哪里制作的？

证人汪警官：回所制作的扣押清单。

公诉人：当时储某某对这个有异议吗？

证人汪警官：没有。

公诉人：制作扣押笔录时，储某某对数额有异议吗？

证人汪警官：没有。

公诉人：当时对被告人有无刑讯逼供和强迫、威胁的行为？

证人汪警官：没有。

公诉人：这些光盘是谁送到新闻出版局的？

证人汪警官：是我，还有其他几个人。

公诉人：是当着你们的面清点并出示了收据吗？

证人汪警官：对。

公诉人：发问完毕。

审判长：被告人有无发问？

被告人储某某：汪警官，你当着我的面清点过吗？

证人汪警官：从抓捕时候清点到回所以后清点我们都是当着你的面数的。

审判长：辩护人有无发问？

辩护人：扣押清单是怎么形成的？

证人汪警官：在店里起获了光盘以后当着他的面清点，回到所里后当着他的面又清点了一遍，制作了扣押清单，他签了字。

辩护人：发问完毕。

审判长：证人汪警官，法庭现在问你几个问题，希望你如实回答。

证人汪警官：好的。

审判长：你抓捕储某某时负责什么工作？

证人汪警官：现场指挥。

审判长：你讲一下执法流程。

证人汪警官：我们接到举报，说他的店里有淫秽光盘。我们去现场检查，都携带了执法记录仪器。检查后发现疑似盗版光盘，就把光盘扣押了。然后传唤被告人到所里，并且把光盘带回所里登记。因为他的店特别小，没有制作清单的条件。

审判长：搜查笔录是你制作的，内容是什么？

证人汪警官：就是现场清点搜查到的东西。

审判长：被告人在场吗？

证人汪警官：被告人看过搜查笔录，他当时也没有表示异议。所有笔录签字时我们都告知他有异议可以提出，他都没有异议。

审判长：这类案件移送过去的方式是什么？

被告人：查封，我们把箱子打包，采取专案转送的方式。

审判长：控辩双方还有无发问？

公诉人：没有。

被告人储某某：我有，公安机关始终没有当着我的面数，我自己更没有清点。你确定是当着我的面数的吗？

证人汪警官：确定，我在你经营的店里数过，回派出所后也数过。

辩护人：没有发问。

审判长：证人汪警官退出法庭。

（证人汪警官退庭）

【警察点评】

通览整个庭审过程，表面上两位民警的证词严谨、干脆，可谓是滴水不漏，旁听者略略一听，并不会认为警察在侦查初期阶段存在什么疏漏。只不过细细一辨，就能发现正是民警出庭作证的证言点中了他们在案件办理过程中的“死穴”——扣押清单与一系列笔录前后矛盾，物证与书证不符。在实务过程中，很多时候由于人力、物力、时间的限制，现场扣押物证、书证的工作量会非常大，若非分工明确，把关细致，极易出现纰漏。本案中，公安机关几处瑕疵证据就是很好的例子。回顾两位民警出庭的经过，我们不难看出两人对于存在的几处瑕疵，并没有向法庭作出令人信服的合理解释，使得瑕疵证据无法得到补强，最终导致案件撤诉。究其原因，两位民警最大的失误在于出庭之前没有做好充分的准备。所谓充分的准备，是秉承实事求是的精神，为补强瑕疵证据所做的准备。由于是案件经办人，其对于案件会有更深的认识，找出问题并不难。有针对性地进行证据补强，让客观事实以符合法律规定的形式呈现在法庭上，才能将犯罪分子绳之以法。

【律师点评】

搜查与扣押是我国《刑事诉讼法》规定的强制性措施。虽然这种强制性有法律的授权，但是任何强制性的行为都有可能侵害行为对象的合法权益，所以，在相关的法律、法规和司法解释中，对于侦查活动中的搜查与扣押都作出了较为详细的规定。这些详细的规定，一方面授予强制性侦查措施合法性，另一方面规范强制性侦查措施的实施，避免过度实施而伤及无辜。更重要的是，只有严格规范强制性侦查措施，才能确保侦查结果的准确性，最终实现精确打击犯罪的目的。但是，由于主客观方面的原因，尤其是主观方面的原因，我们常常看到一些案件没有依据法律和规范进行搜查、扣押，致使案件较难认定。本案就是一个典型的案件。

在法庭审理过程中，案卷材料显示在搜查、扣押环节可能存在问题，为了查清案情，让直接参与搜查、扣押的警察出庭作证，这是诉讼活动必不可少的环节。但是，在本案中，控方针对直接参与搜查、扣押的警察的发问，并没有解决扣押清单中数量与实际不符的原因及责任问题，没有为巩固自身的证据链条发挥作用。辩方的发问也没有勤勉尽责地围绕证据之间的矛盾展开，扩大这些重要的疏忽和遗漏的严重性，挖掘扣押过程、笔录制作过程、封存移交过程中存在的重大失误。这样看来，本案的侦查人员出庭作证好像变得可有可无了，这样的庭审状况并不少见。

事实上，当控辩双方争议较大，法庭确实无法依据现有证据得出结论时，才会决定让侦查人员出庭作证。控方知道现有证据不足以说服法庭，所以在侦查人员出庭作证时，一定会试图通过一问一答的方式进一步加以说明、解释，让法庭感受侦查人员的真实、真诚，帮助控方实现指控目的。出庭的侦查人员要明白自己不是来走过场或撇清责任的，要清楚自己的责任和目标，尽可能按照控方提问的引导，回忆自己实施搜查、扣押过程的细节，提供大量的可以帮助控方影响法庭判断的信息。与此同时，对于辩方来说，也会利用这样的机会从细节或者是否符合法律操作规范的角度给出庭的侦查人员以压力，质疑操作细节、揭示证据的严重瑕疵，扩大甚至放大这些证据的瑕疵。对于出庭的侦查人员来说，也要做好充分的准备，坦诚面对辩护律师的发问，让法庭同样感受到侦查人员的真实、真诚。这才是正常情况下，侦查人员出庭可能遇到的真实情景和切身感受。

【法官点评】

此次庭审中，公诉人通知民警出庭作证的目的是当庭对民警的执法过程进行核实，以期佐证或弥补书证上的瑕疵。但是，实际出庭情况却恰恰暴露出民警在工作中存在的问题：一是未按照有关工作规定依法进行扣押并制作扣押清单；二是在使用执法记录仪器的过程中，遗漏了重要的工作内容，即清点赃物的过程；三是赃物扣押与交接过程中存在重大失误，出现了书证与物证不符的情况。而民警在出庭作证时，对于工作中出现的问题没有给予足够的重视，容易给他人造成执法过于随意的印象，尤其是对于物证与书证不符这一重大工作失误，没有作出令人信服的解释，导致案件最终因证据发生变化而予以撤诉。上述问题，显示出警察实务工作中一些粗枝大叶甚至不负责任的做法，有待改进。建议警察出庭作证时，保持严谨的态度，作出合理的陈述与解释，提供执法的依据，方可彰显司法的权威与正义。

第十一章　警察就到案经过出庭作证

侦查机关出具的书面到案经过是法庭在举证、质证环节及审查证据过程中最为重视的证据之一。审查被告人的到案经过，不仅对确认被告人是否存在自首情节至关重要，而且对确认共同犯罪中同案被告人是否具有立功情节及其他与案件事实存在关联的细节具有重要意义。也正因如此，被告人往往在法庭审理过程中对其本人的到案经过或其同案被告人的到案经过提出对自己有利的辩解，如自首、立功等法定从轻处罚情节，或称自己在被抓捕过程中遭到侦查人员的殴打等，以使法庭对被告人有罪供述的合法性产生怀疑，形成对书面到案经过的有力质疑。在直接言词原则的影响下，仅仅凭借一纸遭到被告人否认的到案经过不足以使法庭下定决心对该份证据进行确认，法庭甚至可能认为被告人的辩解更符合逻辑与常识。因此，法庭在认为必要的情况下，应当要求侦查人员出庭作证，就被告人的到案经过说明情况，再依据侦查人员所作证言与被告人所作辩解，查明被告人到案的真实经过。

案例 1：杨某某运输毒品案

【案件基本情况】

京华市人民检察院指控：被告人杨某某于 2012 年 9 月间驾驶车牌号为冀 R××××7 的马自达牌轿车，自辽宁省运输大量毒品至京华市。2012 年 9 月 13 日凌晨，当杨某某驾车行至京华市城西区某路某宾馆时被公安机关查获，当场从轿车副驾驶座的靠垫内起获毒品甲基苯丙胺共计 203.62 克。

京华市人民检察院认为，被告人杨某某违反国家对毒品的相关管理规定，非法运输毒品，数量大，其行为触犯了《中华人民共和国刑法》第 347 条第 2 款第 1 项之规定，犯罪事实清楚，证据确实、充分，应当以运输毒品罪追究其刑事责任。

【警察出庭作证的情况】

本案中，被告人杨某某在侦查阶段的七次供述均否认自己知晓副驾驶座的靠垫内藏有毒品，这与在案的其他证据并不相符。由于被告人对运输毒品是否具有主观故意是判断罪与非罪的基本标准，因此，法庭将这个问题列为庭审中应当解决的"头号"问题。本案的侦查人员对案件线索来源情况最为了解，且第一时间在布控地点对被告人实施了抓捕，相关情况能够证明被告人杨某某对于所运毒品的知晓程度，因此，法庭通知了本案的侦查人员张某、张某某出庭作证，本案的鉴定人也在庭审中出庭作证。

2 名侦查人员此次出庭作证与其之前在公安机关所作书面证言的内容基本一致，但是与在庭审中简单宣读侦查人员的证言相比，侦查人员出庭作证带给被告人的冲击更加直接。侦查人员作证时明确提到，案件的线索来源是群众举报，举报内容为杨某某要去外地运毒品回京华市，侦查人员所证内容是对杨某某之前所称不知所运为毒品的辩解的直接否定。由于承办法官在庭前会议中明确告知诉讼各方，将在庭审中通知侦查人员出庭作证，而在开庭伊始杨某某便一反常态地供认别人在辽宁时给了他一包冰毒。因此可以说，侦查人员出庭作证的消息使得被告人思考自己所作的无谓辩解在庭审中是否仍有意义，与其自己所作的辩解被侦查人员当庭否定，还不如如实供述犯罪事实，以获得轻判。因此，本案中侦查人员出庭作证的效果早在庭审之前便已经体现出来，而本案鉴定人的出庭使得法庭加强了对鉴定意见正确性的确信。最终，被告人当庭供述，证人张某、张某某的证言及鉴定意见在判决书中被引用，成为定案的依据。

【警察出庭作证的庭审实录】

审判长：请公诉人继续举证。

公诉人：申请法庭传证人张某出庭作证，同时申请法庭对证人予以保护，一并出示物证照片。

审判长：同意公诉人的申请，请法警对证人采取保护措施。请法警传证人张某到庭。

审判长：证人张某，你的职业？工作单位？

证人张警官1：张某，男，京华市城东区某派出所民警。

审判长：根据《中华人民共和国刑事诉讼法》第123条及第189条的规定，证人应当如实提供证言，有意作伪证或者隐匿罪证要负法律责任。同时，审判人员可以询问证人，经审判长许可，公诉人、被告人及辩护人可以向证人发问。你听清了吗？

证人张警官1：听清了。

审判长：请在如实作证保证书上签字。

证人张警官1：好。

(法警从书记员席取如实作证保证书至证人席，在证人签字后将该文书送至书记员席)

审判长：首先请公诉人向证人发问。

公诉人：杨某某的侦破工作你参与了吗？

证人张警官1：我参与了。

公诉人：主要负责哪方面的工作？

证人张警官1：前期的侦查工作，包括抓捕。

公诉人：案件的线索来源于哪里？

证人张警官1：是群众举报的。

公诉人：具体内容是什么？

证人张警官1：杨某某要去外地运输毒品回京华市。

公诉人：什么时候接到举报的？

证人张警官1：2012年9月12日。

公诉人：之后采取了什么措施？

证人张警官1：之后我们跟民警联系，进一步核实一些事情，在杨某某经过的地方蹲守。

公诉人：经过的地方具体是指哪里？

证人张警官1：城西区某路的某宾馆。

公诉人：你们大概是什么时候到这个位置蹲守的？

证人张警官1：是2012年9月12日晚上10点左右。

公诉人：在该地点发现杨某某了吗？

证人张警官1：杨某某是在2012年9月13日凌晨2点左右开红色的马自达到宾馆门前的。

公诉人：之后你们采取了什么措施？

证人张警官1：从副驾驶下来了一个人往宾馆走，我跟在外边蹲守的民警说“把车里面的杨某某抓了”，然后我在门口把黄某某给抓了。

公诉人：毒品是在什么地点发现的？

证人张警官1：在杨某某驾驶的红色马自达副驾驶座的靠垫里面发现有冰毒。

公诉人：靠垫是什么颜色的？

证人张警官1：米黄色的。

公诉人：当时是你搜查出来的吗？

证人张警官1：是。

公诉人：毒品具体放在什么位置？

证人张警官1：在副驾驶座上的拉锁里。

公诉人：拉锁里面还有其他包装吗？

证人张警官1：用白色包装的塑料袋装的。

公诉人：毒品是什么颜色的？

证人张警官1：白色的。

公诉人：搜查到靠垫之后你们对现场进行拍照了吗？谁拍的？

证人张警官1：进行拍照了，我拍的。

公诉人：下面申请向法庭出示靠垫的照片。

审判长：同意。

(播放靠垫照片的幻灯)

公诉人：你看一下大屏幕，当时是这个靠垫吗？

证人张警官1：是的。

公诉人：发现毒品后是否移送专业鉴定机构进行鉴定？

证人张警官1：有，我们将毒品送往京华市公安局毒品检验鉴定中心进行鉴定。

公诉人：谁送过去的？几点送去的？

证人张警官1：我送的，是2012年9月13日凌晨5点送去的。

公诉人：抓捕杨某某的民警叫什么？

证人张警官1：张某某。

公诉人：审判长，公诉人对证人询问到此。

审判长：被告人杨某某，你是否向证人发问？

被告人杨某某：没有。

审判长：辩护人是否向证人发问？

辩护人：没有。

审判长：请证人张某退庭。

(证人张某退庭)

审判长：被告人，你对证人张某当庭所作的证言有无异议？

被告人杨某某：没有。

审判长：辩护人对证人张某当庭所作的证言有无异议？

辩护人：没有。

审判长：请公诉人继续举证。

公诉人：申请法庭传证人张某某出庭作证。

审判长：请法警传证人张某某到庭。

(证人张某某到庭)

审判长：证人张某某，你的职业？工作单位？

证人张警官2：张某某，男，某派出所民警。

审判长：根据《中华人民共和国刑事诉讼法》第 123 条及第 189 条的规定，证人应当如实提供证言，有意作伪证或者隐匿罪证要负法律责任。同时，审判人员可以询问证人，经审判长许可，公诉人、被告人及辩护人可以向证人发问。

审判长：证人张某某，你能向法庭保证如实作证吗？

证人张警官 2：能。

审判长：请在如实作证保证书上签字。

（法警从书记员席取如实作证保证书至证人席，在证人签字后将该文书送至书记员席）

审判长：首先请公诉人向证人发问。

公诉人：杨某某是被你抓获的吗？

证人张警官 2：是，2012 年 9 月 13 日凌晨 2 点多。

公诉人：在什么地点抓获杨某某的？

证人张警官 2：抓获地点在城西区某路某宾馆门口红色的马自达轿车里。

公诉人：车牌号码是什么？

证人张警官 2：冀 R××××7。

公诉人：当时他有拒捕行为吗？

证人张警官 2：没有。

公诉人：下面出示抓捕杨某某地点的照片。当时抓获的地点是照片里所涉及的地点吗？

证人张警官 2：对。

公诉人：审判长，公诉人对证人询问到此。

审判长：公诉人，你是否还宣读该证人在侦查机关所作的证言？

公诉人：鉴于证人张某某当庭的陈述与在侦查机关所作的证言基本一致，就不再宣读了。

审判长：被告人杨某某，你是否向证人发问？

被告人杨某某：没有。

审判长：辩护人是否向证人发问？

辩护人：没有。

审判长：请证人张某某退庭。

(证人张某某退庭)

审判长：被告人杨某某，你对证人张某某当庭所作证言及公诉人刚才出示的证据有无异议？

被告人杨某某：没有。

审判长：辩护人对证人张某某当庭所作证言及公诉人出示的证据有无异议？

辩护人：没有。

审判长：请公诉人继续举证。

公诉人：申请法庭传鉴定人出庭。

审判长：请法警传鉴定人到庭。

(鉴定人到庭)

审判长：因本案系毒品犯罪，根据《中华人民共和国刑事诉讼法》第 62 条的规定，法庭决定不公开鉴定人的真实姓名，并对其外貌采取保护措施。本法庭已于开庭前在合议庭法官的主持下由控辩双方在庭外核实了鉴定人的身份情况。

审判长：根据《中华人民共和国刑事诉讼法》第 123 条及第 189 条的规定，证人应当如实提供证言，有意作伪证或者隐匿罪证要负法律责任。同时，审判人员可以询问鉴定人，经审判长许可，公诉人、被告人及辩护人可以向鉴定人发问。

审判长：鉴定人，你能向法庭保证如实说明鉴定意见吗？

鉴定人：能。

审判长：请在如实作证保证书上签字？

鉴定人：好。

审判长：请法警将如实作证保证书送交鉴定人阅签。

(法警从书记员席取如实作证保证书至证人席，在证人签字后将该文书送至书记员席)

审判长：首先请公诉人向鉴定人发问。

公诉人：你的工作单位？

鉴定人：京华市公安局毒品检验鉴定中心。

公诉人：你在这个单位主要从事什么工作？

鉴定人：毒品鉴定工作。

公诉人：你在从事毒品鉴定工作之前受过什么专业的教育？

鉴定人：高校毕业，硕士文凭，毒品鉴定专业。

公诉人：从事工作多长时间了？

鉴定人：有9年了。

公诉人：一直在从事毒品鉴定工作吗？

鉴定人：一直。

公诉人：有关被告人杨某某运输毒品的种类和纯度的鉴定，你参与了吗？

鉴定人：是的。

公诉人：你把鉴定情况说一下？

鉴定人：2012年9月13日，城东区某派出所两位民警把毒品送到我们单位，是由我受理的，当时是用塑料袋包装的白色晶体，经称重有203.62克，然后我们对毒品进行了纯度鉴定和定性定量检测，最后认定该白色晶体为甲基苯丙胺，纯度是74.1%。

公诉人：鉴定完之后，毒品由什么单位保管？

鉴定人：由京华市公安局戒毒处保管。

公诉人：审判长，公诉人对鉴定人询问到此。

审判长：被告人，你是否向鉴定人发问？

杨某某：没有。

审判长：辩护人，你是否向鉴定人发问？

辩护人：没有。

审判长：请鉴定人退庭。

(鉴定人退庭)

审判长：请法庭撤去证人保护措施。

审判长：被告人，你对鉴定人当庭所发表的意见有无异议？

杨某某：没有。

审判长：辩护人，你对鉴定人当庭所发表的意见有无异议？

辩护人：没有。

审判长：请公诉人继续举证。

【警察点评】

本案庭审中，控辩双方争论的焦点在于被告人主观上对于毒品的情况是否明知，而根据上文的说明，被告人在侦查阶段的七次供述中均对此予以否认。其实，这样的情形在民警日常侦查活动中屡见不鲜，尤其对于这类人赃俱获的案件，犯罪嫌疑人唯一能够洗脱罪名的说辞就是“不知道”、“不清楚”。一旦现场没有证人，也没有其他视听资料等进行佐证，便会给办案增添难度。对于如何回击或者揭穿犯罪嫌疑人的狡辩，本案中2名侦查人员出庭作证的表现作出了很好的示范。当然，侦查人员的出庭如何在心理上击垮了被告人最后的防线，这里不作过多赘述（在“法官点评”中说明）。笔者认为，依法办案、细心办案，是警察在日常执法办案过程中不可或缺的素质，这一素质从根本上解决了警察在出庭作证时可能面临的质问、怀疑所带来的压力。本案中，2名侦查人员出庭作证时语言精练、专业，既符合抓捕时的事实真相，同时也在合议庭法官心中给自己证言的真实性加了分，让犯罪嫌疑人的“美梦”成为泡影。因此，实事求是的办案态度可以让警察更加从容、镇定地出庭，还原案件真相。

【律师点评】

一、关于警察就到案经过出庭作证的原则之一

警察就到案经过出庭作证的原则之一是：坚持全面收集证据原则。《刑事诉讼法》第50条规定：“审判人员、检察人员、侦查人员必须依照法定程序，收集能够证实犯罪嫌疑人、被告人有罪或者无罪、犯罪情节轻重的各种证据……”依据上述规定，侦查人员在侦查中负有全面收集证据的义务，即不能只收集证明犯罪嫌疑人、被告人有罪、罪重的证据，也要收集证明犯罪嫌疑人、被告人无罪、罪轻的证据。侦查人员出庭作证，仍需秉持此原则，对其掌握的无罪或者罪轻的事实如实作证。

本案是一起较为特殊的运输毒品案件。其特殊之处在于：

（1）被告人庭前的七次供述均否认明知。

（2）缺少运输毒品的指使者、雇佣者、接应者、接货者的相关信息及证言。

（3）作为群众举报的案件，既然已经明确了被告人“杨某某要去外地运送毒品回京”，那么，显然举报者也应该知道接应者或者接货者的具体身份信息，公安机关对此应采取跟踪、布控、查获等侦查措施。只要接应者或者接货者到案，被告人否认“明知”的谎言便会不攻自破。

应当说，本案的法官是负责任的，在现有证据不足以证实犯罪的情况下，警察出庭作证说明到案经过对查明案件的真相具有重大意义，可能涉及的问题包括此罪与彼罪，从轻、减轻处罚，非法证据与瑕疵证据等。所以，法官依法通知侦查人员出庭作证。

不过在庭审中，2 名侦查人员并未对被告人可能存在的从轻、减轻处罚的情节或者罪轻的事实进行详细的陈述或解释，违反了《刑事诉讼法》第 50 条规定的义务，具体表现如下：

第一，本案是否存在“犯意引诱”的问题。

公诉人：案件的线索来源于哪里？

证人张警官 1：是群众举报的。

在正常情况下，任何人要去运输毒品，都不会大张旗鼓地让路人皆知，所以，普通群众一般是无法知晓并举报被告人杨某某的行踪的。那么这个举报者是否公安机关的“特情人员”？如果是，那么是特情贴靠、接洽获得的信息，还是犯罪引诱获得的信息？如果举报者已经明确知晓本案的相关信息，而公安机关并未对运输者以外的其他犯罪嫌疑人采取任何措施（案卷中没有相关情况说明），是否构成双重引诱？上述问题关涉被告人是否从轻、减轻处罚，而侦查人员在庭审中仅以“是群众举报的”一句带过。

第二，本案是否存在检举立功的问题。

被告人在开庭时一反常态地供认，别人在辽宁时给了他一包冰毒。至此，“明知”的问题已经解决了。但是，被告人运输毒品回京后交给谁呢？被告人被抓获后是否供述过相关情况？如果供述过，是否属于具有立功情节？对于上述问题，2 名侦查人员出庭作证时并未给予明确的说明。

第三，本案是否存在此罪和彼罪的问题。

如果被告人只是供认在辽宁时有人给了他一包冰毒，而公安机关在侦查过程中又未发现运输毒品的指使者、雇佣者、接应者、接货者，是否存在被告人非法持有毒品而非运输毒品的可能？

综合上述情况来看，本案的侦查人员出庭作证时，指证被告人有罪、罪重的倾向明显，对可能存在罪轻的情节或者构成其他轻罪的事实避而不谈。

二、关于警察就到案经过出庭作证的技巧之一

警察就到案经过出庭作证的技巧之一是：明白传闻证据不具有可采性。传闻证据，是指证人并未亲自感知案件事实，而是听他人诉说所得知的案件信息。在我国也有学者将此类证据称为间接证据。

本案中，由于被告人杨某某庭前一直否认其知晓车上藏有毒品，因此，被告人是否对其运输毒品具有主观故意成为法庭要解决的“头号”问题。

本案的情况是被告人在开庭的时候供认了其明知是毒品而带回京。假设他没有供认，仅靠侦查人员出庭说明现场抓捕的情况，仍与 2008 年 12 月 1 日最高人民法院印发的《全国部分法院审理毒品犯罪案件工作座谈会纪要》第 10 条“主观明知的认定问题”中规定的条件不相符，无法以现场“藏匿、伪装”的情形认定其有主

观故意。

从2名侦查人员出庭作证的情况看，其对群众举报能够证实被告人有犯罪故意很有信心。但从证据的运用技巧来看，本案出庭作证的侦查人员无法直接证实被告人有犯罪故意，只能以“是群众举报的”为理据，而举报者又无法亲自出庭说明情况，使得该证据成为传闻证据，即间接证据，证明力大打折扣。

警察证人出庭作证时，要了解“听某某领导说的”、“听某某关系人说的”、“听某某群众说的”等表述均属传闻证据，即间接证据，不具有可采性。

虽然本案法官传侦查人员出庭作证，被告人当庭认罪，庭审过程看似顺利，但由于辩护人不尽职或者辩护策略使用不当，而使案件在查明事实方面留下了些许遗憾。

【法官点评】

本案中，鉴定人员的出庭表现与大部分鉴定人一样，能够客观如实地说明情况，但由于本案的关键问题并不在于鉴定意见，因此，鉴定人员没有成为庭审中的焦点。本案的焦点在于被告人对于毒品的情况是否明知，根据前文的分析，本案中侦查人员出庭竟然起到了“不战而屈人之兵”的效果，被告人在侦查阶段、审查起诉阶段一直不能如实供述，庭审中“突然”如实供述，而且是在侦查人员尚未出庭之前便作出如实供述，更让我们看到直接言词证据的“威力”所在。被告人担心在庭审中不能在与侦查人员的直接对抗中说服法庭，而径直选择如实供述以争取从轻处罚，在审判实践中是非常少见的。

鉴于被告人的认罪态度，辩护人没有对侦查人员作出询问，公诉人及合议庭也仅对侦查人员作了程序性询问，而辩方对侦查人员所作证言没有提出任何异议，侦查人员出庭作证在被告人认罪的情况下进行得波澜不惊。回望侦查人员在庭审中的表现，可以评价为中规中矩，因为毕竟质证程序已经没有太多障碍，不可能产生激烈的碰撞，控辩双方似乎也更愿意尽早进入到量刑程序来发表观点。

所以，侦查人员出庭作证的价值更多地还是体现在促使被告人如实供述这一点上。

案例2：熊某某、陈某某贩卖毒品、裕某某非法持有毒品案

【案件基本情况】

京华市人民检察院指控，被告人熊某某伙同被告人陈某某、张某（另案处理）于2012年9月7日19时许，在被告人裕某某租住的京华市某区某镇某小区58栋4单元802房间，向裕某某贩卖甲基苯丙胺1927克；另从裕某某住处查获甲基苯丙胺16.7克，从熊某某暂住的京华市某宾馆821房间查获甲基苯丙胺2.2克。

京华市人民检察院认为，被告人熊某某、陈某某、裕某某无视国家法律，其中被告人熊某某、陈某某贩卖毒品（甲基苯丙胺）数量大，犯罪性质恶劣，情节严重，二被告人的行为均触犯了《中华人民共和国刑法》第347条第2款第1项之规定，犯罪事实清楚，证据确实、充分，应当以贩卖毒品罪追究其刑事责任；被告人裕某某非法持有毒品（甲基苯丙胺）数量大，其行为触犯了《中华人民共和国刑法》第348条之规定，犯罪事实清楚，证据确实、充分，应当以非法持有毒品罪追究其刑事责任。

【警察出庭作证的情况】

本案中，被告人陈某某对公诉机关指控的事实始终供认，被告人熊某某在侦查阶段时供时翻，而被告人裕某某则只供认在其家中发现的少量毒品是自己所持有的，始终否认涉案的1900余克毒品与自己存在联系。案发时裕某某曾将涉案毒品从其租住的802房间窗口抛下，被守候在楼下的侦查人员发现，而在案证据证明裕某某抛扔毒品时熊某某、陈某某已经被抓获，故这一抛扔毒品的行为能够确认裕某某与涉案毒品存在联系。因此，如何运用在案证据证明裕某某抛扔毒品的行为成为庭审的一个焦点问题。熊某某、陈某某作为共同犯罪的被告人，如何确定这两人在共同犯罪中的地位和作

用也是法庭应当重点查明的问题，而侦查机关事前对案件的掌握情况和案发时的抓捕情况能够在一定程度上反映熊某某、陈某某二人各自的行为，进而有助于辅助在案的其他言词证据查明二人的地位、作用。本案中，负责对3名被告人进行抓捕的侦查人员关某某、曹某及对裕某某租住的802房间窗口进行盯守的侦查人员刘某曾在侦查阶段就相关情况作出过证言，但为了突出直接言词原则，同时也为了解决本案的焦点问题，保证庭审更具有针对性，获得更好的庭审效果，法庭没有简单地要求公诉人在庭审时宣读上述证言，而是通知上述侦查人员出庭作证。

侦查人员此次出庭作证，对抓获3名被告人的情况及裕某某在住处窗口抛下毒品的情况进行了说明。审判长就侦查人员以证人身份出庭的权利义务进行了交代，公诉人就案件相关情况进行了发问。熊某某的辩护人着重对侦查机关已经在事前掌握了案件情况这一情节进行了核实，以期佐证自己对于量刑情节的观点，即熊某某等人的行为均在公安机关的控制之中，不具备造成社会危害的可能性。裕某某的辩护人对侦查人员所述的看到裕某某从802房间窗口抛下毒品的情节感到不安，试图通过发问使合议庭产生如下怀疑：案发在晚上，侦查人员能否清楚地看到毒品从哪个窗口抛下？如果侦查人员的回答与常理不符，那么合议庭将对侦查人员所作证言的真实性产生怀疑。证人刘某面对的这个问题成为整个庭审质证阶段最为关键的问题。裕某某的辩护人问道："晚上8点多，天黑了吗？"刘某如实答道："不是很黑。"辩护人再问："你能否看清东西？"刘某这时候已经很清楚辩护人的真实意图，辩护人的言外之意其实就是在质疑他所作证言的真实性，故并没有顺着辩护人的提问来回答问题，而是答道："因为我们已经锁定了那个房间。"刘某的回答既明确地暗示辩护人毒品确实是从802房间窗口抛下的，这一点不容辩驳，又巧妙地指出自己所作证言之所以真实是因为在抓捕过程中公安机关对于布控有充分的考虑。合议庭成员没有对证人发问。

在本案庭审的开始阶段，熊某某都称对自己的行为记不清楚了，通过证人出庭，其在庭审的最后阶段对公诉机关指控的事实不再否认；而裕某某对于证人出庭所作证言没有提出实质性的反对意见。庭前存在不认罪可能性的2名被告人在庭审中如此表现，使合议庭成员增强了3名被告人均构成犯罪的内心确信，同时，通过庭审，合议庭对于熊某某、陈某某在共同犯罪中的地位及作用有了明确而清晰的认识，也在内心将裕某某与涉案毒品之间画上了联系。而3名被告人的出庭证言与在案其他证据一起构成了完整的证据链条，对合议庭准确认定案件事实，合理定罪量刑起到了很好的作用。

【警察出庭作证的庭审实录】

公诉人：审判长，公诉人申请法庭传唤证人办案民警关警官出庭作证。

审判长：请法警带证人关警官到庭并对证人采取保护措施。

(法警执行)

审判长：证人关警官，你与本案有何关系?

证人关警官：我是本案办案民警，负责本案的抓捕工作。

审判长：根据《中华人民共和国刑事诉讼法》第123条及第189条的规定，证人应当如实提供证言，有意作伪证或者隐匿罪证要负法律责任。同时，审判人员可以询问证人，经审判长许可，公诉人、被告人及辩护人可以向证人发问。你能向法庭保证如实作证吗?

证人关警官：能。

审判长：请法警将如实作证保证书送交证人阅签。

(法警从书记员席取如实作证保证书至证人席，在证人签字后将该文书送至书记员席)

审判长：首先请公诉人向证人发问。

公诉人：证人关警官，今天开庭审理案件，作为案件证人，审判长刚才已经强调应当如实作证，有意作伪证或者隐匿罪证应当负法律责任，你听清了吗？

证人关警官：听清楚了。

公诉人：你是否参与了本案的侦查工作？

证人关警官：是。

公诉人：如何得知案件线索？

证人关警官：通过前期工作。

公诉人：何时到达案发地？

证人关警官：2012 年 9 月 7 日下午三四点。

公诉人：如何发现被告人的？

证人关警官：2012 年 9 月 7 日 19 时许，当时熊某某和拿着黑色塑料袋的男子在东区楼下。

公诉人：你是抓捕熊某某的侦查人员吗？

证人关警官：是。

公诉人：说一下抓捕熊某某的经过。

证人关警官：2012 年 9 月 7 日，通过前期侦查，我们得知案发地 802 房间正进行毒品交易。19 时许，我们到那儿埋伏，发现熊某某和一个拿着黑色塑料袋的男子在 58 号楼下，两人分别上楼之后过了 10 ~ 20 分钟，我和同事上楼进行抓捕，半途中发现 9 楼上有人，发现是熊某某，当时他穿着拖鞋，我们对他进行询问，他承认自己是熊某某。

公诉人：你在抓捕他的过程中是否看见你同事对裕某某进行抓捕？

证人关警官：我和同事把熊某某带到 802 房间门口，我对熊某某进行看管，同事敲门敲了二三十分钟，房门没开，同事破门而入。

公诉人：审判长，公诉人对证人询问到此。

审判长：被告人熊某某，你是否向证人发问？

被告人熊某某：没有。

审判长：熊某某的辩护人是否向证人发问？

熊某某的辩护人：前期侦查多久？

证人关警官：两三个月。

熊某某的辩护人：毒品交易在你们控制范围，是吗？

证人关警官：是。

熊某某的辩护人：抓捕熊某某的时候他身上有毒品吗？反抗了吗？

证人关警官：没有。

熊某某的辩护人：审判长，发问完毕。

审判长：被告人裕某某是否向证人发问？

被告人裕某某：没有。

审判长：裕某某的辩护人是否向证人发问？

裕某某的辩护人：没有。

审判长：被告人陈某某，你是否向证人发问？

被告人陈某某：没有。

审判长：陈某某的辩护人是否向证人发问？

陈某某的辩护人：没有。

审判长：请证人关警官退庭。

(证人关警官退庭)

审判长：被告人熊某某，你对证人关警官的证言有无异议？

被告人熊某某：没有。

审判长：熊某某的辩护人对证人关警官的证言有无异议？

熊某某的辩护人：没有。

审判长：被告人裕某某，你对证人关警官的证言有无异议？

被告人裕某某：没有。

审判长：裕某某的辩护人对证人关警官的证言有无异议？

裕某某的辩护人：没有。

审判长：被告人陈某某，你对证人关警官的证言有无异议？

被告人陈某某：没有。

审判长：陈某某的辩护人对证人关警官的证言有无异议？

陈某某的辩护人：没有。

审判长：请公诉人继续举证。

公诉人：审判长，公诉人申请法庭传唤证人办案民警曹警官出庭作证。

审判长：请法警带证人曹警官到庭并对证人采取保护措施。

(法警执行)

审判长：证人曹警官，你与本案有何关系？

证人曹警官：本案办案民警。

审判长：根据《中华人民共和国刑事诉讼法》第 123 条及第 189 条的规定，证人应当如实提供证言，有意作伪证或者隐匿罪证要负法律责任。同时，审判人员可以询问证人，经审判长许可，公诉人、被告人及辩护人可以向证人发问。你能向法庭保证如实作证吗？

证人曹警官：能。

审判长：请法警将如实作证保证书送交证人阅签。

(法警从书记员席取如实作证保证书至证人席，在证人签字后将该文书送至书记员席)

审判长：首先请公诉人向证人发问。

公诉人：证人曹警官，今天开庭审理案件，作为案件证人，审判长刚才已经强调应当如实作证，有意作伪证或者隐匿罪证应负法律责任，你听清楚了吗？

证人曹警官：听清楚了。

公诉人：你是否参与了本案的侦查工作？

证人曹警官：是。

公诉人：是否发现有物品从楼上抛下？

证人曹警官：没有看见。

公诉人：抓捕过程说一下。

证人曹警官：看见陈某某下来之后我们把他控制住了，同事说有人扔东西了，我们跑到楼后，当时看见黑色塑料袋在地上，打开看见两大包冰毒，其中一包开着口。

公诉人：审判长，公诉人询问完毕。

审判长：被告人熊某某是否向证人发问？

被告人熊某某：没有。

审判长：熊某某的辩护人是否向证人发问？

熊某某的辩护人：你确定是从802房间抛下的吗？

证人曹警官：我当时负责抓捕，其他同事负责的。

熊某某的辩护人：当时在地上看见了什么？

证人曹警官：黑色塑料袋，其中一包有口。

熊某某的辩护人：审判长，发问完毕。

审判长：被告人裕某某是否向证人发问？

被告人裕某某：没有。

审判长：裕某某的辩护人是否向证人发问？

裕某某的辩护人：没有。

审判长：被告人陈某某，你是否向证人发问？

被告人陈某某：没有。

审判长：陈某某的辩护人是否向证人发问？

陈某某的辩护人：没有。

审判长：请证人曹警官退庭。

(证人曹警官退庭)

审判长：被告人熊某某，你对证人曹警官的证言有无异议？

被告人熊某某：没有。

审判长：熊某某的辩护人对证人曹警官的证言有无异议？

熊某某的辩护人：他说塑料袋上有一个口，我没有看见图片上有。

审判长：被告人裕某某，你对证人曹警官的证言有无异议？

被告人裕某某：没有。

审判长：裕某某的辩护人对证人曹警官的证言有无异议？

裕某某的辩护人：没有。

审判长：被告人陈某某，你对证人曹警官的证言有无异议？

被告人陈某某：没有。

审判长：陈某某的辩护人对证人曹警官的证言有无异议？

陈某某的辩护人：没有。

审判长：请公诉人继续举证。

公诉人：审判长，公诉人申请法庭传唤证人办案民警刘警官出庭作证。

审判长：请法警带证人刘警官到庭并对证人采取保护措施。

（法警执行）

审判长：证人刘警官，你与本案有何关系？

证人刘警官：本案办案民警，负责本案的抓捕工作。

审判长：根据《中华人民共和国刑事诉讼法》第123条及第189条的规定，证人应当如实提供证言，有意作伪证或者隐匿罪证要负法律责任。同时，审判人员可以询问证人，经审判长许可，公诉人、被告人及辩护人可以向证人发问。你能向法庭保证如实作证吗？

证人刘警官：能。

审判长：请法警将如实作证保证书送交证人阅签。

（法警从书记员席取如实作证保证书至证人席，在证人签字后将该文书送至书记员席）

审判长：首先请公诉人向证人发问。

公诉人：证人刘警官，今天开庭审理案件，作为案件证人，审判长刚才已经强调应当如实作证，有意作伪证或者隐匿罪证应负法律责任，你听清楚了吗？

证人刘警官：听清楚了。

公诉人：你是否参加了本案的侦查工作？

证人刘警官：是。

公诉人：请你向法庭讲述一下抓捕情况。

证人刘警官：2012年9月7日下午3点左右，我们到案发地，大概是晚上8点多，我负责西侧窗户外围动作，我看见我们前期工作锁定的802房间窗户上有一个人影晃动，随后看见从802房间有东西扔下，我叫同事查看，他找到抛物之后打开，看见里面有两包白色塑料袋晶体，其中一包开口了，黑色塑料袋内有散落的晶体。

公诉人：审判长，公诉人询问完毕。

审判长：被告人熊某某是否向证人发问？

被告人熊某某：没有。

审判长：熊某某的辩护人是否向证人发问？

熊某某的辩护人：负责看窗户的是几个人？

证人刘警官：我一个。

熊某某的辩护人：你确定是从802房间扔下的东西吗？

证人刘警官：是。

熊某某的辩护人：物品什么状态？

证人刘警官：黑色塑料袋是系紧的，里面白色塑料袋一个是封口的，一个是开口的。

熊某某的辩护人：审判长，发问完毕。

审判长：被告人裕某某是否向证人发问？

被告人裕某某：没有。

审判长：裕某某的辩护人是否向证人发问？

裕某某的辩护人：晚上8点多，天黑了吗？

证人刘警官：不是很黑。

裕某某的辩护人：你能否看清东西？

证人刘警官：因为我们已经锁定了那个房间。

裕某某的辩护人：审判长，发问完毕。

审判长：被告人陈某某，你是否向证人发问？

被告人陈某某：没有。

审判长：陈某某的辩护人是否向证人发问？

陈某某的辩护人：没有。

审判长：请证人刘警官退庭。

（证人刘警官退庭）

审判长：被告人熊某某，你对证人刘警官的证言有无异议？

被告人熊某某：没有。

审判长：熊某某的辩护人对证人刘警官的证言有无异议？

熊某某的辩护人：没有。

审判长：被告人裕某某，你对证人刘警官的证言有无异议？

被告人裕某某：没有。

审判长：裕某某的辩护人对证人刘警官的证言有无异议？

裕某某的辩护人：没有。

审判长：被告人陈某某，你对证人刘警官的证言有无异议？

被告人陈某某：没有。

审判长：陈某某的辩护人对证人刘警官的证言有无异议？

陈某某的辩护人：没有。

【警察点评】

本案出庭作证的关键点有两个，一个是如何证明裕某某从窗口抛下了1900余克毒品，另一个则是从抓捕过程中侧面反映出熊某某、陈某某二人的地位和作用。纵观全案及出庭过程，侦查人员刘某在庭审现场的优异表现是不容置疑的，但反观抓捕过程，如果事先安排2名侦查人员在外围负责机动，同时有针对性地对案发房间的位置布置拍摄，做好事无巨细的抓捕方案，那么侦查人员也许就可以避免出庭作证。本案是典型的“由案到人”。在实务过程中，侦查人员往往会先确认犯罪嫌疑人的大致人员数目，进而根据“加一”理念，制订抓捕方案，明确参与抓捕人员的具体分工，而本案中对于侦查人员的分工安排稍显捉襟见肘，在无其他证据证明的情况下，刘某的证言可以说是“孤证”，因此陷入了被动的局面，同时给了犯罪分子可乘之机。侦查人员关某某、曹某的表现中规中矩，在法庭上很好地还原了抓捕现场熊某某、陈某某的作案过程，客观真实，一定程度上佐证了二人的作用、地位，证人的这次出庭是成功的。其实，在实务中，犯罪嫌疑人在实施犯罪行为时被当场抓获，心理往往处于崩溃边缘，如何趁热打铁，一举缕清案件脉络对于侦查人员来说是一个很好的机会。本案中，侦查人员在现场发现并扣押被抛下的黑色塑料袋的同时，如果能考虑到犯罪嫌疑人心理的变化，辅以相应的政策教育，心理攻心，根据实际情况让犯罪嫌疑人当场指认，既是给予犯罪嫌疑人一次认罪的机会，同时也可以为防止后期犯罪嫌疑人翻供留下伏笔。

【律师点评】

这是一次非常成功的警察就到案经过出庭作证的案例。我们不妨设想一下，如果本案实施抓捕的警察没有出庭作证，庭审会是怎样？被告人、辩护人确实可以有一定质疑的空间，于是控辩双方争论不休，法庭也不敢确信无疑地得出结论。就算法庭最终支持了控方的指控，被告人也会信誓旦旦、叫苦不迭，以至于让世人产生司法不公的怀疑。可以肯定地说，司法实践中这样的情况并不少见。

从本案的成功，我们至少可以有两点感悟：

第一，在我国法治建设三十多年的时间里，我们对于法庭审判环节警察出庭问题始终没有正确的认识，也没能给予足够的重视，以至于目前很少有警察出庭作证的案例。这大大的弯路让我们走得很习惯，也很沉重，甚至都不清楚还要走多远、多久。

第二，来自于被告人、辩护人的质疑并非洪水猛兽，有时也是纸老虎。办案人员依法、合规办案是一切警察成功出庭作证的基础，有了这样坚实的基础，自信、机智也会应运而生。

【法官点评】

本案中，警察出庭是就抓捕被告人及相关工作情况作出说明。如果说鉴定人出庭比侦查人员出庭压力小的话，那么不同的侦查人员出庭所面临的压力也有所不同：出庭说明抓捕工作情况的侦查人员比出庭说明证据合法性的侦查人员更加淡定。特别是在抓捕犯罪嫌疑人并且没有造成犯罪嫌疑人受伤的案件中，侦查人员只需如实就抓捕等相关情况作出说明即可，而不会遇到关于抓捕合法性的盘问。本案出庭作证的3名警察均就案件情况如实作证，三人所证内容既各有侧重，又能互相印证，还原了案发当晚的抓捕经过及裕某某从窗口抛下毒品的事实，与在案其他证据一起成为合议庭认定3名被告人构成犯罪的依据，同时反映出侦查机关在掌握案件线索后，既制订了全面、及时的抓捕方案，又规范、顺利地完成了抓捕工作，使法庭及旁听人员对侦查机关的工作方法有了直观的了解。特别是证人刘某在回答辩护人提问时所作出的回答，既明确坚定，又巧妙有效（前文已作出分析），解决了本案证人出庭作证所需解决的首要问题，成为此次证人出庭作证的亮点。还要说明的是，由于笔者参与了本案的合议庭，故对于庭审的效果有较之于其他案件更为直观的认识。笔者认为，刘某在出庭作证时神态坚定，回答提问谨慎稳健，且思维敏捷，对辩护人的提问意图有较好的理解与反馈。从各个方面来说，刘某的这次作证表现是可圈可点的。

在实践中，个别侦查人员会在出庭作证过程中出现紧张、语塞等情况，这些情况可能与经验不足、没有充分的信心有关，也可能与执法过程中确实存在某些不足甚至违法情况，担心在庭审中被他人“戳穿”有关。对此，侦查人员应该从严格执法、实事求是的角度出发，把自己经手的每一起案件都依法办好，在庭审中如实回答各方提问，这样便不用担心自己所作出的某处不实证言被人“戳穿”。本案中，刘某并没有特别丰富的出庭经验，但其成功经历带给其他侦查人员的启示在于：严格依法办案就会具有充足的底气到法庭说明情况，实事求是并准确分析各方提问的意图就能作出令人信服的回答。

本案中，辩护人的表现中规中矩，对证人的提问较为突出重点，由于证人的回答语气坚定，甚至可以称得上强势，因此没有给辩护人太多发挥的空间。公诉人只需请证人如实说明抓捕情况，不需过多提问，证人所证情况简单明了，合议庭也没有追加发问。此次警察出庭作证紧紧围绕案件焦点，庭审过程突出重点，体现出“庭审为中心”的办案理念，可以认为是一次成功的庭审。

案例 3：赵某某、单某某运输毒品案

【案件基本情况】

京华市人民检察院起诉书指控：被告人赵某某伙同被告人单某某于 2012 年 10 月 31 日从河南省洛阳市运输大量毒品至京华市。二人于当日入住京华市某区某宾馆 8207 房间后被抓获，当场起获毒品海洛因共计 700 余克。

京华市人民检察院认为，被告人赵某某、单某某违反国家有关毒品管理的规定，非法运输毒品，数量大，犯罪性质恶劣，情节严重，二被告人的行为触犯了《中华人民共和国刑法》第 347 条第 2 款第 1 项之规定，犯罪事实清楚，证据确实、充分，应当以运输毒品罪追究其刑事责任。

【警察出庭作证的情况】

在本案开庭前，法官了解到：被告人赵某某对侦查阶段的供述不持异议，但被告人单某某表示，其从被抓获后到被送到看守所羁押期间（即第一次被讯问过程中）遭到刑讯逼供，故第一次供述不属实，并在辩护人的指导下申请排除非法证据。以此为契机，赵某某、单某某的辩护人均对卷宗中所述的到案经过的真实性、客观性表示怀疑，故申请负责抓捕的警察就到案经过出庭作证，予以说明。针对此种情况，合议庭第一时间启动庭前会议，听取公诉人与辩护人对单某某第一次口供效力的意见。在合议庭主持下，公诉人同意排除此份证据，即单某某被抓获后的第一次口供不再作为证据在法庭上出示。对于辩护人关于警察出庭作证的申请，合议庭认为，对单某某声称被抓获后遭到刑讯逼供的真实性不能排除合理怀疑，到案经过程式化、简单化的描述已无法准确证明抓获过程，更无法涵盖抓获被告人到传唤至某派出所的全部过程，故对辩护人的申请予以准许。开庭前，合议庭通知负责赵某某、单某某运输毒品案侦查、抓捕工作以及第一次讯问的城西分局民警李某某、杨某出庭作证并接受询问。因本案属于毒品犯罪案件，依照《刑事诉讼

法》关于证人保护的规定，对2名出庭民警采取不公开姓名、用遮挡屏遮挡形象的保护措施。

2名抓捕民警出庭作证分别对抓获经过及传唤至某派出所这一时间段内的办案情况进行了说明。审判长就证人出庭的权利义务进行了告知，公诉人分别从案件线索来源、抓获时间地点、是否存在殴打威胁的违法行为等方面进行了概括性询问，又对破案经过、起获毒品情况两方面进行了详细询问。赵某某的辩护人分别向两位民警询问了被告人被抓获后何时被带往何处，单某某的辩护人仅就刑讯逼供问题向第二位出庭民警杨某进行了询问。合议庭成员没有补充性发问。2名出庭民警完整、简要地解答了诉讼各方对抓捕过程及传唤被告人至某派出所这一时间段内所存在的疑问。

经过质证，控辩双方对出庭民警在庭审中所作证言中的抓获时间及抓获后对被告人的传唤地点存在异议。其中，赵某某认为抓获时间应该是下午2点半而非4点，其辩护人认为当庭证言中的抓获后传唤地点与卷宗记录不符。合议庭认为，2名出庭民警的当庭证言、卷宗记录以及单某某均支持抓获时间为下午4点，故关于抓获时间的异议显属记忆误差。办案民警抓获犯罪嫌疑人后将其带到本单位（即刑侦支队）进行第一次讯问，以初步掌握案情，而后移交某派出所进一步处理符合公安机关办案程序规定，但具体时间与卷宗所述有出入，应属证据瑕疵，可出具说明予以补正，辩护人所持异议成立，但不影响本案整体定罪量刑，对此辩护人也予以认可。因此，民警出庭证言真实合法，能够证明本案具体抓捕过程，在判决书中对两位民警当庭所作证言均予以引用，成为对被告人准确定罪量刑的重要依据。

【警察出庭作证的庭审实录】

审判长：请公诉人继续举证。

公诉人：审判长，公诉人申请法庭传唤证人办案民警李警官出庭作证。

审判长：请法警带证人李警官到庭并对证人采取保护措施。

（法警执行）

审判长：证人李警官，你与本案有何关系？

证人李警官：我负责本案前期侦查和抓捕工作。

审判长：根据《中华人民共和国刑事诉讼法》第123条及第189条的规定，证人应当如实提供证言，有意作伪证或者隐匿罪证要负法律责任。同时，审判人员可以询问证人，经审判长许可，公诉人、被告人及辩护人可以向证人发问。你能向法庭保证如实作证吗？

证人李警官：能保证。

审判长：请在如实作证保证书上签字。

（法警从书记员席取如实作证保证书至证人席，在证人签字后将该文书送至书记员席）

审判长：首先请公诉人向证人发问。

公诉人：证人李警官，你在本案侦查阶段中负责什么工作？

证人李警官：侦查、抓捕工作。

公诉人：你们如何获得案件线索来源的？

证人李警官：根据京华市公安局禁毒总队通报的线索来源。

公诉人：你们在什么时间、什么地点抓获本案被告人赵某某、单某某的？

证人李警官：2012年10月31日下午4点30分左右在京华市某区某宾馆8207房间抓获了被告人赵某某、单某某。

公诉人：在抓捕过程中是否对二被告人实施了殴打或者其他威胁行为？

证人李警官：没有。

公诉人：你能否向法庭详细地说明一下案件的侦破过程？

证人李警官：2012年10月31日上午，我局禁毒中队接到京华市公安局禁毒总队通报线索，有人从河南省洛阳市运输毒品至京华市，要求禁毒中队开展工作，民警随即按照市局指示赶至某区开展侦查，并于10月31日下午4点30分许在京华市某区某宾馆

8207 房间内抓获二被告人。

公诉人：你们抓获被告人以后起获了什么物品？

证人李警官：抓获被告人后起获了毒品海洛因。

公诉人：当时毒品海洛因放在什么位置？

证人李警官：当时毒品放在一个黑色旅行包内，黑色旅行包内放着白色粉末状毒品海洛因。

公诉人：审判长，公诉人对证人询问到此。

审判长：被告人赵某某，你是否向证人发问？

被告人赵某某：没有。

审判长：赵某某的辩护人是否向证人发问？

赵某某的辩护人：你们抓获二被告人之后把他们带到什么地方？

证人李警官：抓获二被告人以后，从某区某宾馆直接带到城西公安分局刑侦支队。

赵某某的辩护人：到刑侦支队的时间是什么时候？

证人李警官：大约是晚上 7 点多，之后在刑侦支队讯问室展开讯问，后移交给某派出所进行下一步处理。

赵某某的辩护人：移交某派出所的时间？

证人李警官：接近凌晨。

赵某某的辩护人：审判长，辩护人发问完毕。

审判长：被告人单某某是否向证人发问？

被告人单某某：没有。

审判长：单某某的辩护人是否向证人发问？

单某某的辩护人：没有。

审判长：请证人李警官退庭。

(证人李警官退庭)

审判长：被告人赵某某，你对证人李警官的证言有无异议？

被告人赵某某：我们被抓的时间是 10 月 31 日下午 2 点半左右，而他说的是 4 点。

审判长：赵某某的辩护人对证人李警官的证言有无异议？

赵某某的辩护人：证人给我的答案跟卷载的两份材料是有一些矛盾的，一个是卷载的传唤通知书记载的是17时到某派出所接受传唤，另外一个跟卷载的到案经过有矛盾，这份到案经过显示抓获以后传唤到某派出所，跟证人所说不符。

审判长：被告人单某某，你对证人李警官的证言有无异议？

被告人单某某：从抓我们到拉走的时间很长，中间讯问使用了殴打，有一记重拳打到了我的左眼下部。

审判长：在举证、质证之前法庭已经向你交代过了关于非法证据排除的问题，所以法庭对你10月31日的有罪供述已经明确不再作为证据使用，这个与你刚才说的重复了，还有其他意见吗？

被告人单某某：没有。

审判长：单某某的辩护人对证人李警官的证言有无异议？

单某某的辩护人：单某某当庭说的情节与证人说的没有矛盾，我在会见他的时候他也说过这一点。

审判长：请公诉人继续举证。

公诉人：审判长，公诉人申请法庭传唤证人办案民警杨警官出庭作证。

审判长：请法警带证人杨警官到庭并对证人采取保护措施。

(法警执行)

审判长：证人杨警官，你与本案有何关系？

证人杨警官：我是城西分局负责本案抓捕和侦查工作的民警。

审判长：根据《中华人民共和国刑事诉讼法》第123条及第189条的规定，证人应当如实提供证言，有意作伪证或者隐匿罪证要负法律责任。同时，审判人员可以询问证人，经审判长许可，公诉人、被告人及辩护人可以向证人发问。你能向法庭保证如实作证吗？

证人杨警官：可以。

审判长：请在如实作证保证书上签字。

（证人杨警官签字）

审判长：首先请公诉人向证人发问。

公诉人：证人杨警官，你在本案侦查过程中负责什么工作？

证人杨警官：负责抓捕和对单某某的审讯工作。

公诉人：你们如何获得案件线索来源的？

证人杨警官：是接市局禁毒总队传递的线索。

公诉人：在什么时间、什么地点抓获被告人赵某某和单某某的？

证人杨警官：2012 年 10 月 31 日下午 4 点多在某区某宾馆 8207 房间抓获二被告人的。

公诉人：在抓捕过程中有没有对二被告人实行殴打或者其他威胁行为？

证人杨警官：没有。

公诉人：向法庭简要说明一下案件的侦破过程。

证人杨警官：31 日上午我们接到此线索后立即赶赴某区进行侦查活动，当时我在宾馆门口防止犯罪嫌疑人跳窗逃跑，之后下午 4 点多在 8207 房间将二被告人抓获。

公诉人：你在宾馆门口待了多久？

证人杨警官：10 多分钟。

公诉人：在这之前你们在干什么？

证人杨警官：就在某宾馆附近寻找犯罪嫌疑人的藏身地点，属于在周围布控。

公诉人：布控大概多长时间？

证人杨警官：有几个小时。

公诉人：最终的抓捕时间是什么时候？

证人杨警官：下午 4 点多。

公诉人：抓获被告人以后起获了什么物品？

证人杨警官：海洛因一块，大约 700 多克，长方体，当时放在一个黑色提包内。

公诉人：审判长，公诉人询问完毕。

审判长：被告人赵某某是否向证人发问？

被告人赵某某：没有。

审判长：赵某某的辩护人是否向证人发问？

赵某某的辩护人：你们抓获二被告人之后把他们带到了什么地方？

证人杨警官：城西公安分局刑侦支队讯问室。

赵某某的辩护人：之后呢？

证人杨警官：移交给某派出所。

赵某某的辩护人：移交到某派出所的时间？

证人杨警官：很晚了，具体时间我也记不清，凌晨吧。

赵某某的辩护人：但是您刚才肯定地讲抓获之后是直接带往城西公安分局刑侦支队的，是吗？

证人杨警官：对。

赵某某的辩护人：审判长，发问完毕。

审判长：被告人单某某是否向证人发问？

被告人单某某：没有。

审判长：单某某的辩护人是否向证人发问？

单某某的辩护人：我会见单某某的时候，他说在第一次讯问中有被刑讯逼供的行为，他的耳朵听不见了，后来向狱管反映去某医院就医。就这个问题你解释一下。

证人杨警官：抓捕的时候我在宾馆门口，我上去的时候犯罪嫌疑人已经被制服了。

单某某的辩护人：审判长，发问完毕。

审判长：请证人杨警官退庭。

（证人杨警官退庭）

【警察点评】

我们可以看到本案中存在的瑕疵有两处：一处瑕疵是抓获犯罪嫌疑人的时间与案卷记录的时间有出入。究其原因，往往是办案民警在制作文书时不严谨造成的。虽然本案中对于瑕疵证据法庭给予补正的机会，但是我们也应该看到，一个小小的疏漏，带来的后果却是严重的，案件的审理过程被复杂化，而民警也因此多了一次出庭作证的机会，并且让犯罪嫌疑人的说辞有了“由头”，这值得我们思考。另一处瑕疵已经在庭前会议中被排除，虽然不影响本案的定罪量刑，但是我们应该看到，公安机关侦查过程中收集的证据是有被排除的可能性的，如果这一证据是关键证据，是证明罪与非罪的证据，那么后果真是不可想象。结合本案，侦查人员在抓捕犯罪嫌疑人时合法、严谨、仔细的工作作风就显得尤为重要。比如，犯罪嫌疑人在入所时身上是否有伤的情况，如果在初次讯问笔录中体现出来，根据需要在讯问场所辅以录像，那么就可以规避犯罪嫌疑人诬陷有刑讯逼供的问题。如果犯罪嫌疑人拒捕，在抓捕过程中造成身上的伤情，那么必要的医院检查证明，配以初次讯问中犯罪嫌疑人本身的供述，同样可以起到证明效果。当然，侦查人员在日常办案中对于刑讯逼供这条“高压线”还是应当注意的，切勿碰触。

【律师点评】

一、关于警察就到案经过出庭作证的原则之二

警察就到案经过出庭作证的原则之二是：坚持依法收集证据原则。在侦查工作中，侦查人员只有坚持依法收集证据原则，在到庭回答问题时，才能自如、体面地应对。脱离了这一原则，纵有千百个技巧，也于事无补，反而会欲盖弥彰。

本案被告人单某某提出遭到刑讯逼供，不能排除合理怀疑。虽然存在刑讯逼供不能排除合理怀疑的重大线索，但人民法院仍然未能就刑讯逼供启动法庭调查程序，侦查人员出庭也并不是就获取口供的合法性作出说明。

虽然在庭前会议上，公诉人同意被告人单某某第一份口供不再作为证据在法庭上出示，但是从长远来看，这类案件侦查人员出庭作证，就证据合法性作出说明是必然的程序，所以，侦查人员若想出庭作证顺利，必须从依法收集证据这一刑事诉讼的基本原则做起。尽管当前司法实践习惯性地保护侦查人员，使其规避法庭调查，但这只是暂时的，因为其与中国刑事司法改革的大趋势相背离。

本案中，有关司法机关对侦查人员习惯性的保护主要体现在以下几个方面：

一是庭前会议保护措施。在被告人提出受到刑讯逼供时，法院往往会召开庭前会议，很多要求排除非法证据的申请就消化于调查程序启动之前。

二是证据保护措施。目前，在司法实践中，少有的几个排除非法证据的案件，也只针对刑讯逼供当次的口供，如同本案中公诉人同意不出示第一次讯问笔录一样。

三是当庭保护措施。本案中，当受到刑讯逼供的被告人单某某面对侦查人员说被打经过时，遭到了审判长的制止。受到刑讯逼供的人就是被害人，而当被害人面对不法侵害人提出质疑时，却被制止，不管出于何种理由，都与《刑事诉讼法》的立法精神相背离。

四是量刑的制裁保护措施。本案中，我们看到裁判的结果是被告人赵某某被判无期，而被告人单某某却被判了死缓。对比所有量刑的事实与情节，赵某某只比单某某多了一个认罪悔罪，如实供述所犯罪行。而单某某所谓未获如实供述和认罪悔罪的从轻情节的原因，只是因为其提出了第一次讯问受到了刑讯逼供的主张。从案情介绍中看，被告人单某某对其他次供述及证据均认可。如果公诉人同意排除第一次讯问笔录，则单某某仍属如实供述，认罪悔罪。那么，为什么被告人单某某被判死缓，比被告人赵某某判得还重？原因只有一个，就是单某某提出了非法证据排除申请。

上述四种现象均与我国《刑事诉讼法》的立法精神相违背，也与中央政法委、最高人民法院近期发文，坚决防止冤假错案，严禁刑讯逼供的刑事司法政策严重背离。如果侦查人员依赖于上述这些短期存在的司法积弊的保护，则永远跟不上司法文明前进的步伐。

二、关于警察就到案经过出庭作证的技巧之二

警察就到案经过出庭作证的技巧之二是：针对出庭目的，准备出庭问题。本案中，侦查人员出庭虽然由辩护人提出申请，但辩护人只是对“到案经过”这份书证的真实性、客观性表示异议。而合议庭已经发现“到案经过”中存在先到刑侦支队又到派出所的现象，该问题属于瑕疵证据，确实需要侦查人员作出解释，予以补证。可见，不论是法庭还是辩护人，只是针对“到案经过”这份证据而要求侦查人员出庭，并不涉及刑讯逼供问题。

辩护人要求警察出庭的目的，与合议庭也有不同之处。辩护人对“到案经过”无论提出什么样的质疑，通常都不会因为“到案经过”不真实、不客观，全案证据就不采信了，被告人就无罪或者罪轻了。所以，辩护人选择这个瑕疵作辩点并无实质上的辩护意义。

从另一个角度来看，“到案经过”严格意义上讲也不是证据，只是案卷中必不可少的一份办案文件而已。但这份文件在法院判案时却是必不可少的，所以法院当然希望对其瑕疵进行补证，以利于判决书对到案经过的记述更加准确。

在了解了上述出庭目的之后，任何侦查人员都应当能从容应对这次出庭作证了。而从中我们得出的经验是，侦查人员应对任何出庭作证都应该准确分析出庭的目的，做到有的放矢，应对自如。

【法官点评】

首先，本案因在庭前会议中公诉机关即已认可排除被告人单某某第一次口供，被告人及辩护人对其他证据也都予以认可，故警察出庭作证的重点仅是抓捕过程及传唤至某派出所之前的具体情况，没有涉嫌刑讯逼供导致进一步排除非法证据以及其他程序性违法的压力，因此，2 名民警出庭时相对比较从容，回答问题也比较紧凑、连贯。其次，2 名辩护人所提出的问题也不是那么刁钻，没有

体现出太多的询问技巧。这除了是本案庭前会议的成果之外，毕竟也与2名辩护人均系指定有关。最后，因本案事实经过较为清楚，合议庭也并未发问，使得出庭作证环节更为简洁。总体而言，本案2名民警出庭作证达到了预期效果，对本案的最终事实认定也起到了重要作用，直接言词原则得到了充分发挥。

当然，相对而言，显见第一名出庭民警李某某的出庭表现略优于第二名出庭民警杨某。这主要表现在李某某回答问题较为完整、连贯，无需询问方的进一步提示以及二次发问。由此可见，出庭民警回答问题时除了实事求是地回答提问之外，还要在做好准备的基础上分析询问方的提问目的，避免答非所问或不扣重点。

第十二章　警察作为鉴定人出庭作证

刑事鉴定类证据包括法医学鉴定、精神疾病鉴定、痕迹鉴定、指纹鉴定、DNA 鉴定、声纹鉴定、笔迹检验等。这类证据与证人证言、一般的实物证据相比，具有客观性、权威性和科学性的特点，在司法实践中，通常比证人证言等言词证据更能客观地证明案件的真实情况，在刑事证明中发挥着越来越重要的作用。由此引发司法实践中不论是侦查人员、公诉人员还是审判人员都有过于迷信鉴定意见的倾向。然而，近年来，鉴定意见出错或几份鉴定意见相悖的情况却屡见不鲜，尤其是精神疾病鉴定表现得最为典型。与此不相适应的现实情况却是辩方针对鉴定意见申请重新鉴定的意见被公检法机关予以满足的并不多。在这种情况下，为有效平复诉讼当事人尤其是辩方对鉴定意见的质疑并准确认定犯罪事实，鉴定人出庭作证就显得尤其必要。鉴定人出庭对鉴定意见进行解释说明，目的在于化解当事人对鉴定意见的异议，增强鉴定意见的权威性和公信力。2005 年 2 月 28 日全国人大常委会通过的《关于司法鉴定管理问题的决定》第 7 条第 1 款规定："侦查机关根据侦查工作的需要设立的鉴定机构，不得面向社会接受委托从事司法鉴定业务。"这决定了在我国刑事诉讼实践中，案件鉴定机构多为侦查机关内设的鉴定机关，鉴定人也大多是具有警察身份的专业技术人员。警察作为鉴定人出庭作证与通常意义上的警察出庭作证有所不同，其出庭接受询问专业性较强、庭审受质疑的程度略小，故而出庭的警察一般都能从容应对质询。

案例1：王某、胡某故意杀人、故意伤害案

【案件基本情况】

京华市人民检察院起诉书指控：被告人王某、胡某于2012年6月21日21时许，在京华市城西区某街青年宾馆二店内因琐事与温某宇、温某军发生口角并互殴，过程中王某持刀刺扎温某宇胸腹部，伤及肺脏及肝脏，致温某宇失血性休克死亡；同时将温某军扎伤，经鉴定为轻微伤（上限）。被告人王某2在明知王某、胡某与他人互殴，且王某持刀伤人的情况下，仍出资购买车票帮助王某、胡某逃匿。被告人王某、胡某、王某2作案后被查获归案。

京华市人民检察院认为，被告人王某、胡某因琐事与他人互殴，王某持械故意非法剥夺他人生命，致一人死亡、一人轻微伤，犯罪性质极其恶劣，情节、后果特别严重，社会危害性极大，王某的行为触犯了《中华人民共和国刑法》第232条之规定，犯罪事实清楚，证据确实、充分，应当以故意杀人罪追究其刑事责任；胡某的行为触犯了《中华人民共和国刑法》第234条之规定，犯罪事实清楚，证据确实、充分，应当以故意伤害罪追究其刑事责任。被告人王某2明知王某、胡某实施了犯罪仍帮助其逃匿，其行为触犯了《中华人民共和国刑法》第310条之规定，犯罪事实清楚，证据确实、充分，应当以窝藏罪追究其刑事责任。

【警察出庭作证的情况】

开庭前，本案辩护人在阅卷过程中发现如下问题：（1）公诉人提交的病历是不完整的病历，没有门诊病历专用章。死者温某宇的病历中显示：问陪同人员温某宇的病史，陪同人员表示不详，后陪同人员消失。这也就是说，在整个治疗过程中没有陪同人员。（2）整个案卷材料里没有死者的死亡时间。死者具体的死亡时间没有任何记录，而且病历里标注的抢救过程根本体现不出来。没有完整的病历和具体的死亡时间，因此，不能将被害人死亡的结果归

咎于被告人王某，在此基础上辩护人对鉴定意见的科学性提出质疑。合议庭经研究后认为，有必要通知鉴定人出庭作证并接受各方质询。因为被害人的死亡原因及死亡时间对于准确认定犯罪事实并适用刑罚意义重大，且辩护人庭前就鉴定意见中的就诊病历及死亡时间等问题提出疑问，故庭审时通知对死者进行尸体检验的鉴定人王某某（京华市公安司法鉴定中心法医）出庭作证，要求鉴定人对鉴定意见的形成过程进行更细致的分析，并就相关问题询问鉴定人，解答各诉讼参与方针对鉴定意见的疑惑，以更好地查明及认定案件事实。

鉴定人出庭作证所述虽系专业术语，且无非是涵盖鉴定过程的各种细节情况，但毕竟比程式化、简洁化的鉴定意见书简明易懂，且比书面证言更有直接性、针对性。审判长就鉴定人出庭的权利义务进行了交代，并对鉴定人进行了简单询问，公诉人、辩护人分别就自己庭前对尸体检验鉴定意见产生的疑问对鉴定人发问，没有过于疑难、刁钻的问题出现，合议庭其他成员及被告人对鉴定人均没有发问，鉴定人较为系统地解答了各方在庭前对鉴定意见所存在的疑问。经过质证，控辩双方对鉴定人在庭审中所作证言没有异议，合议庭认为，该证言具有真实性、合法性、关联性，在判决书中予以引用，成为最终定案的依据。

【警察出庭作证的庭审实录】

审判长：请公诉人继续举证。

公诉人：公诉人申请法庭传鉴定人王警官出庭。

审判长：请法警带鉴定人王警官到庭。

（法警执行）

审判长：你目前从事何种工作？从事该工作多长时间？

鉴定人王警官：我是从事尸检鉴定方面的法医。

审判长：目前在哪个单位工作？你的工作与本案有何关系？

鉴定人王警官：京华市公安司法鉴定中心法医，本案的尸检是我作出的。

审判长：根据《中华人民共和国刑事诉讼法》第 123 条及第 189 条的规定，证人应当如实提供证言，有意作伪证或者隐匿罪证要负法律责任。同时，审判人员可以询问鉴定人，经审判长许可，公诉人、被告人及辩护人可以对鉴定人发问。鉴定人王警官，你能向法庭保证如实说明鉴定意见吗？

鉴定人王警官：能。

审判长：请在如实作证保证书上签字。

（法警从书记员席取如实作证保证书至证人席，在证人签字后将该文书送至书记员席）

审判长：首先请公诉人向鉴定人发问。

公诉人：鉴定人王警官，今天开庭审理本案，您作为本案的鉴定人，审判长刚才已经强调应当如实作证，有意作伪证或者隐匿罪证应负法律责任，听清了吗？

鉴定人王警官：清楚了。

公诉人：作出这个鉴定意见的依据是什么？

鉴定人王警官：我们首先要了解案情，然后对尸体进行检验，主要是检查尸体的损伤情况，还有脏器的情况，这样附带的会检查表现特征。通过对这具尸体的检验，可以看出肺脏、肝脏都有受创，腹腔、胸腔有积血，有脏器损伤和失血的情况，其他的表现还包括心室下有小的出血斑，各个脏器都有贫血貌，所以我们作出的是失血性休克死亡的意见。

公诉人：审判长，询问完毕。

审判长：三被告人是否向鉴定人发问？

被告人王某：没有。

被告人胡某：没有。

被告人王某 2：没有。

审判长：各辩护人是否向鉴定人发问？

王某的辩护人：尸检委托书的日期是什么时候？

鉴定人王警官：6 月 22 日。

王某的辩护人：在哪里进行的尸检？

鉴定人王警官：在我们单位。

王某的辩护人：尸体是什么时候送过来的？

鉴定人王警官：6月22日。

王某的辩护人：在尸检过程中，是否能够确认具体的死亡时间？

鉴定人王警官：鉴定是有委托事项的，如果没有委托鉴定死亡时间，这项是不做的。

胡某的辩护人：刚才你说在做鉴定之前需要了解案情，那么是否也要对死者生前的身体状态或者病史进行了解？

鉴定人王警官：这些内容是包含在我们了解的案情里面的。

胡某的辩护人：那你了解案情的时候，侦查人员是否提供了书面的病历？

鉴定人王警官：没有。

胡某的辩护人：对于尸检是否征求家属的同意？

鉴定人王警官：这些工作是侦查人员来处理的，不是我们的工作范围。

胡某的辩护人：尸检报告提到死者左大腿内侧有斑痕，腰部有斑痕，你认为是怎么造成的？

鉴定人王警官：鉴定意见表述这个斑痕，不是关注斑痕是怎么造成的，而是因为关于死者个体上的斑痕最高人民法院有一个文件规定，对死者的个体特征在鉴定意见中要有描述，这主要是对死者身份的确认，现在一般是通过DNA的方式来确认死者身份，但是如果不具备DNA鉴定条件的，就需要依靠身体体征来确认死者的身份。就本案来讲这就是记录个体特征。

胡某的辩护人：从伤情、痕迹是否能够推断死者生前受过什么打击？从技术上可以作出推断吗？

鉴定人王警官：不能单纯从伤来判定伤情，但是伤和伤情肯定是有联系的。因为如果人没有死，则要根据伤及愈后的情况结合起来判定伤情。

胡某的辩护人：这个案件中，温某宇符合锐器造成损伤而死亡，是不是可以排除其他工具？

鉴定人王警官：就本案而言，就是锐器刺击造成脏器损伤，损伤的结果是失血，失血到一定程度就死亡了。

审判长：附带民事诉讼原告人一方是否发问？

附带民事诉讼原告人及其代理人：没有。

（审判长询问合议庭成员是否有发问，合议庭成员均表示没有发问）

审判长：请鉴定人王警官退庭。

（鉴定人王警官退庭）

【警察点评】

本案中，鉴定人出庭表现得非常不错，既较好地回答了2名辩护人提出的问题，又对死因作了通俗易懂的解释，使非专业人员对鉴定意见有了较好的理解。辩护人的提问有些偏少，感觉没有做好相应的功课，没有提出一些比较尖锐的问题，也没有连环发问，对于法医的相关工作也不是太了解，这也使得鉴定人能较从容地回答问题。这主要表现在：

第一，王某的辩护人问了一些基本的案件委托、受理情况，但是问得较笼统，既然提出问题，就要提得尽量详尽。比如，问了委托日期，接下来可以问受理日期，谁受理的，几个人解剖，解剖者的资质，是否录音或者录像，是否有见证人等。提的问题越多、越连续，鉴定人需要思考的东西就越多，牵涉的精力就越大，越容易厌烦，也往往容易出现破绽或疏漏。这是辩护人希望看到的。

第二，王某的辩护人提到了死亡时间方面的问题，鉴定人回答没有委托所以不做，辩护人没有接此问题继续发问，这也是鉴定人可以轻松过关的原因。其实对于鉴定意见（温某宇符合被他人持条形单刃刺器刺击胸腹部，伤及肺脏及肝脏，致失血性休克死亡），辩护人完全可以接着提出问题，如本案的委托事项是什么，如果鉴定人回答仅仅是死因鉴定，那辩护人可以接着发问为何鉴定意见中出现了“被他人”、“单刃刺器”等关于死亡性质、致伤工具方面的描述。这样接着发问的话会使鉴定人的回答前后矛盾，难以自圆其说。

第三，胡某的辩护人提出病历问题时，可以接着发问鉴定人有无要求侦查人员提供死者病历。不论鉴定人回答有无，都可以接着询问相应的原因：如果回答“无”，可以发问“为什么不要求”；如果回答“有”，可以发问“是否在鉴定意见中有所体现”。

第四，胡某的辩护人提到致伤工具问题时，可以继续发问鉴定人得出致伤工具为锐器的依据，是否解剖之前就从侦查人员那里打听到致伤工具为锐器等。

第五，本案中，温某宇的死亡原因为“失血性休克死亡”，其实现在在法医学描述上很少以“失血性休克死亡”作为死因，而用“大失血死亡”。因为在临床上对于休克有非常明确的定义，休克的各项指标都有量化标准，而鉴定人仅仅通过尸体现象就得出失血性休克死亡的结论，既不科学，也不严谨。

【律师点评】

一、关于警察作为鉴定人出庭作证的原则之一

警察作为鉴定人出庭作证的原则之一是：鉴定人出庭表现好坏的标准，是能否在专业问题方面协助法庭查明事实。警察以鉴定人的身份出庭，就所接受的委托事项向法庭解释有关专业问题，协助法庭查明案件事实，这是法律的应有之意。

我国《刑事诉讼法》第 187 条规定，公诉人、当事人或者辩护人、诉讼代理人对鉴定意见有异议，人民法院认为鉴定人有必要出庭的，鉴定人应当出庭作证。可见，鉴定人出庭既是诉讼参加人的要求，也是法庭的要求。

本案中，辩护人因为被害人死亡时间不确定，进而怀疑死亡的结果与被告人的行为之间的关联性，并对鉴定意见的科学性提出质疑，要求鉴定人出庭。对于辩护人的要求，合议庭认为，被害人的死亡原因、死亡时间及就诊病历对于准确认定犯罪事实意义重大。可见鉴定人出庭，不是单纯接受辩护人的质疑，也是法庭查明事实所需。

本案鉴定人出庭后，对于法庭必须查明的三个重大问题回应如下：

（1）对于死亡原因，鉴定人明确为脏器受伤致失血性休克死亡。

（2）对于死亡时间，鉴定人未直接回答，只说因未被委托，所以没有对死亡时间作鉴定。

（3）对于就诊病历，鉴定人称鉴定时，侦查人员未提供书面病历。

因为本案的警察鉴定人未回答关于死亡时间的问题，实际上也就切断了查明本案被害人死亡时间的唯一途径，而死亡时间是法院判案无法绕开的案件事实。至审判时，被害人尸体可能已经火化，无法再鉴定死亡时间。而鉴定人可能是唯一在案发后解剖过尸体，通过尸斑、体液、胃肠存留物判断死亡时间的人。鉴定人未回答该问题，无疑给审判带来了巨大的麻烦。

本案的警察鉴定人出庭回答问题貌似流畅，实则放弃了向法庭如实陈述案件事实的机会。而从协助法庭查明事实这一判断原则来讲，该鉴定人表现得并不好。当然，他能否回答上述问题，可能与委托鉴定事项有关，也可能与法官、公诉人的发问有关，但辩护人其实给了他对于死亡时间发表意见的机会，但他以委托中没有这项内容为由放弃了该机会。

也许鉴定人认为这样回答可能会给辩护人制造麻烦，但事实正好相反，由于他作为本案中唯一解剖过尸体的专家，不对死亡时间发表意见，同时卷宗、病历也未记载死亡时间，结果造成了死亡时间成为本案最大的一个疑点、一个未查明的事实，辩护人反倒可以事实不清作为辩护意见。

二、关于警察作为鉴定人出庭作证的技巧之一

警察作为鉴定人出庭作证的技巧之一是：正面回答问题，直接回答问题。正面回答问题，直接回答问题是证人出庭的基本要求，当然警察鉴定人也应如此。否则，其就专业问题所作的解释就无法让法庭听明白。

本案的警察鉴定人多次使用不直接面对问题的方法绕开提问，这给法庭听懂他的回答造成了很大的困惑。例如：

胡某的辩护人：尸检报告提到死者左大腿内侧有斑痕，腰部有斑痕，你认为是怎么造成的？

鉴定人王警官：鉴定意见表述这个斑痕，不是关注斑痕是怎么造成的……就本案来讲这就是记录个体特征。

辩护人的问题是你认为斑痕是怎么造成的，而鉴定人说鉴定意见不关注此事。这显然是绕开问题，不做回答。

又如：

王某的辩护人：在尸检过程中，是否能够确认具体的死亡时间？

鉴定人王警官：鉴定是有委托事项的，如果没有委托鉴定死亡时间，这项是不做的。

辩护人的问题是在尸检过程中能否确定死亡时间，他的回答是没有委托鉴定，所以没做。又是绕开问题，不做回答。

其实，这种回答问题的方式并不是灵丹妙药，试想一下，如果遇上较为坚持的律师一直问下去，会导致回答者自身的尴尬。

如果辩护人追问：“你是否对被害人进行过解剖？”鉴定人回答：“是的，解剖过。”辩护人追问：“你对被害人进行解剖时他是否还活着？”鉴定人回答：“不可能，他已经死亡了。”辩护人追问：“你是怎么确定他已经死亡的？”鉴定人这时候还会不会说：“我不管这些，只要委托我鉴定，我就得解剖，就是没有死亡，我也要下

刀解剖。”当然，我相信鉴定人不会这么回答。他也许会说：“他当然死了，因为尸体僵硬，瞳孔放大，已有尸斑……这些均表明他至少已经死亡××个小时了……”

从上面追问的情况来看，不直接回答问题，不但不能够绕开问题，反而会引来越来越多的问题。同时，警察作为鉴定人出庭必须要明白，辩护人的发问是得到法庭允许的，从某种意义上讲，辩护人的问题就是法庭的问题。绕弯子回答不但会引起法官的反感，而且会激发辩护人继续发问的兴致。

【法官点评】

本案中，鉴定人明确、清晰地回答了各方的疑问，为合议庭正确认定事实奠定了良好的基础。合议庭认为，鉴定人当庭所作的证言真实、合法，并将鉴定人所证内容作为认定二被告人有罪的依据。可以肯定地说，本案中警察出庭作证的表现是很好的。

当然，各方在庭审中对警察所提问题的质量与技巧同样影响警察出庭作证的效果。以本案为例，审判长除交代权利义务并对鉴定人进行常规询问外，着重对鉴定人目前从事的职业、从业单位、从业时间进行询问，询问过程简明扼要，对了解鉴定人的从业背景、专业能力、执业经验等起到了提纲挈领的作用。由于是警察鉴定人，具体到本案更是控方证人，公诉人对鉴定人的提问中规中矩，意图证实鉴定意见的科学性及合法性。辩护人则重点针对庭前关于死者死亡时间缺失的疑惑展开询问，且2名辩护人先后发问。总体而言，鉴定人的回答是说得过去的，甚至可以说是很高明的。比如，胡某的辩护人问：“尸检报告提到死者左大腿内侧有斑痕，腰部有斑痕，你认为是怎么造成的？”这实际是针对鉴定意见没有关于这个问题的描述的一种补充性设问，因为本案鉴定意见是“锐器刺击造成脏器损伤从而失血性休克死亡”，而大腿内侧斑痕一般看来不是锐器造成。如果鉴定人正面回答则很可能又在死亡原因上出现纠缠。让我们看看鉴定人的回答：“鉴定意见表述这个斑痕，不是关注斑痕是怎么造成的，而是因为关于死者个体上的斑痕最高人民法院有一个文件规定，对死者的个体特征在鉴定意见中要有描述，这主要是对死者身份的确认，现在一般是通过 DNA 的方式来确认死者身份，但是如果不具备 DNA 鉴定条件的，就需要依靠身体体征来确认死者的身份。就本案来讲这就是记录个体特征。”单就此论，鉴定人的侧面回答表述清晰，回答客观，且避免了出现不必要的纠缠。当然，正是因为鉴定人的“侧面”情节也使得一些问题的回答过于谨慎，难免让辩护人觉得不够满意。比如，王某的辩护人问：“在尸检过程中，是否能够确认具体的死亡时间?”鉴定人侧面回答：“鉴定是有委托事项的，如果没有委托鉴定死亡时间，这项是不做的。”虽然也能自圆其说，但毕竟有答非所问之嫌。鉴定人其实完全可以将一般情况下死亡时间的鉴定情况比较原则地讲述几句，然后再回到本案，说明上述侧面回答的内容也未尝不可。好在本案中王某的辩护人并未继续发问甚至就鉴定人的回答进行抨击。

案例 2：张某某抢劫杀人案

【案件基本情况】

京华市人民检察院起诉书指控：2012 年 1 月 22 日，被告人张某某与王某某、李某某夫妇相识后被认作干女儿，并于当日应邀入住京华市某镇某村五区 21 幢 102 室王某某夫妇家中。其间，王某某多次与张某某发生两性关系并给其财物。同年 1 月 26 日 8 时许，张某某萌生窃取财物后离开之念，遂进入王某某夫妇卧室内行窃。在被被害人李某某发现后，张某某即持砍刀砍、劈李某某头面部、双手腕部等处数十刀，后从该卧室内劫得人民币 3700 元后逃离现场。经鉴定，被害人李某某系全身多处损伤引起大出血死亡。

公诉机关认为，被告人张某某以非法占有为目的，采用暴力手段劫取他人财物，致人死亡，后果特别严重，其行为触犯了《中华人民共和国刑法》第 263 条第 5 项之规定，犯罪事实清楚，证据确实、充分，应当以抢劫罪追究其刑事责任。

【警察出庭作证的情况】

本案证实被告人犯罪的证据除了口供之外，最重要的是在被告人所穿牛仔裤上检出的被害人的血迹。庭前辩护人阅卷后，除了表示被告人口供系刑讯逼供所得，申请排除非法证据之外，还对“被告人所穿牛仔裤上检出被害人的血迹”的鉴定意见表示怀疑。辩护人表示该鉴定意见的形式、程序均有不当之处，足以影响鉴定意见的真实性，并申请鉴定人出庭作证以接受询问，公诉人同意鉴定人出庭。合议庭经研究认为，本案口供的取得确实有刑讯逼供之嫌，有可能被作为非法证据予以排除，而现有证据中该鉴定意见足以影响整个案件的定性，辩护人所提观点不无道理，公诉人也表示认可，故准许鉴定人出庭作证。开庭前，合议庭通知对被告人牛仔裤上的血迹进行鉴定的鉴定人张警官（京华市公安局江南分局物证鉴定所法医）出庭作证，要求鉴定人对鉴定意见的形成过程进行更细致的分析，并就相关问题询问鉴定人，解答各诉讼参与方针对鉴定意见的疑惑，以更好地查明及认定案件事实。

鉴定人出庭作证所述虽系专业术语，且无非是涵盖鉴定过程的各种细节情况，但毕竟比程式化、简洁化的鉴定意见书简明易懂，且比书面证言更有直接性、针对性。审判长就鉴定人出庭的权利义务进行了交代，并对鉴定人进行了简单询问，公诉人、辩护人分别就自己庭前对尸体检验鉴定意见产生的疑问向鉴定人发问。公诉人自然没有过于疑难、刁钻的问题出现，合议庭其他成员及被告人对鉴定人均没有发问，鉴定人较为系统地解答了各方在庭前对鉴定意见所存在的疑问，唯独本案的辩护人询问鉴定人时可谓“步步惊心”。由于本案是警察出庭作证模拟法庭，为了多角度、立体化体现警察鉴定人被询问的全景，辩护人采用了多种询问技巧进行发问，体现出了本次模拟庭审的精彩，至少旁听者会暗暗喝彩、大呼过瘾。

最后经过质证，辩方对鉴定人在庭审中所作证言产生异议，进而质疑鉴定意见的合法性。由于本次模拟法庭重在庭审而非实体裁决，故合议庭当庭没有作出裁决。

【警察出庭作证的庭审实录】

审判长：请公诉人继续出示证据。

公诉人：下面出示法医 DNA 检验报告，证明在牛仔裤上检测出被害人的血迹。

审判长：被告人是否有异议？

被告人张某某：请我的辩护人发表质证意见。

审判长：辩护人是否有异议？

辩护人：我质疑这份 DNA 检验报告的客观真实性，请求法庭传鉴定人出庭作证。

审判长：同意。请法警传鉴定人张警官出庭。

审判长：鉴定人张警官，你在哪个单位工作？具体从事什么样的工作？你的工作与本案有何关系？你从事这项工作有多少年了？你曾经接受过什么方面的教育？是否具有司法鉴定的资质？

鉴定人张警官：我是京华市公安局江南分局物证鉴定所的民警，负责刑事案件的 DNA 检验工作，在本案中负责 DNA 检验，具有 8 年的鉴定从业经验，具备从事鉴定的相应资质。

审判长：根据《中华人民共和国刑事诉讼法》第 123 条及第 189 条的规定，证人应当如实提供证言，有意作伪证或者隐匿罪证要负法律责任。同时，审判人员可以询问鉴定人，经审判长许可，公诉人、被告人及辩护人可以向鉴定人发问。

审判长：鉴定人张警官，你听清楚了吗？你能向法庭保证如实作证吗？

鉴定人张警官：可以保证。

审判长：首先请公诉人向鉴定人发问。

公诉人：张警官，我有几个问题，希望你能如实回答。你当时接收牛仔裤时，它是怎么保存的？

鉴定人张警官：牛仔裤放在牛皮纸袋中，纸袋放在物证箱中。

公诉人：在牛仔裤的什么部位发现了血迹？

鉴定人张警官：在右裤管外侧发现了血迹。

公诉人：在什么部位发现男性体液？

鉴定人张警官：左裤管内侧。

公诉人：审判长，公诉人的发问暂时到此。

审判长：被告人，你是否需要向鉴定人发问？

被告人张某某：请我的辩护人代替发问。

审判长：下面由辩护人向鉴定人发问。

辩护人：张警官，请问你的技术职称是什么？

鉴定人张警官：医师，具备鉴定人资格。

辩护人：鉴定人有三种检验职责，你清楚吗？

鉴定人张警官：不清楚。

辩护人：鉴定是专业性、技术性很强的工作，对吗？

鉴定人张警官：是的。

辩护人：你从业都经过哪些培训？

鉴定人张警官：我从 2005 年参加工作，一直干这份工作。刚毕业参加工作时还没有资格，我是在 2010 年获得的鉴定人资格证书。我们大概是每两年验审一次，好像是每两年参加专业培训，这些我都参加过。

辩护人：按照有关规定，鉴定人每年参加的培训不得少于 40 小时，这项规定你清楚吗？

鉴定人张警官：这个我不清楚，从没有听说过。

辩护人：鉴定人每年要在省厅以上机关参加 3 个月以上的专门培训，你知道吗？

鉴定人张警官：你说的这是什么规定，我们从来没有听说过，我们有专门的公安部的相关规定。

辩护人：鉴定人每年应该有 2 次公开检测，这你知道吗？

鉴定人张警官：不知道，这是什么文件？

辩护人：这是公安部 2002 年 7 月 2 日的文件，你没见过是吗？

鉴定人张警官：是的。但是我们现在用的是 2008 年公安部的规定，没有你说的这些内容。

辩护人：你在作DNA鉴定前了解案情吗？

鉴定人张警官：简单的有所了解。

辩护人：你是怎么了解的？

鉴定人张警官：我是通过鉴定委托书，还有从送检人那里简要地了解了案情的。

辩护人：按照规定，送检样品应该由DNA检验室保管员保管，你知道吗？

鉴定人张警官：知道。

辩护人：你是从送检人手里拿到的样品，是吗？

鉴定人张警官：是的，我是从送检人那里得到的。

辩护人：你的这种做法违反规定，你清楚吗？

鉴定人张警官：清楚，但我们是有经过保管员这道程序的。

辩护人：你出具的这份文件是物证鉴定书还是检验报告？

鉴定人张警官：物证鉴定书。

辩护人：按照最高人民法院的司法解释，司法鉴定文书只包括司法鉴定意见书和检验报告。你所说的物证鉴定书不在这个范围内，那你这是什么文件呢？

鉴定人张警官：我出具的这种物证鉴定书是依照公安部的规定进行的，我不认为存在什么问题。

辩护人：检验报告和司法鉴定意见书有区别吗？

鉴定人张警官：应该没有区别吧。

辩护人：按照相关司法解释，检验报告和司法鉴定意见书是不同性质的文件。你作为一名鉴定人，难道不清楚吗？

鉴定人张警官：我从来没听过这种说法，我出具的鉴定是完全符合形式要求的。

辩护人：在你出具的这份鉴定意见书中，为什么没有分析讨论的部分？

鉴定人张警官：我确实没有单独列出。

辩护人：依照规定，鉴定文书必须包括过程、方法、分析讨论。你这里没有分析讨论，是吧？

鉴定人张警官：我的分析讨论都在意见部分，我觉得不需单独列出。

辩护人：你出具的这份鉴定意见书上为什么没有复核人签名？

鉴定人张警官：检验人员签名了，陈某是复核人，我是检验人，他是在检验人一栏上签的名。

辩护人：在检验人处签名的也是复核人？

鉴定人张警官：是的。

辩护人：你在这份文件上没有单独列出复核人的签名处，对吗？

鉴定人张警官：对。

辩护人：你的这种做法符合规定吗？

鉴定人张警官：我觉得虽然不很规范，但应该是符合的。

辩护人：审判长，辩护人的发问暂时到此。

审判长：请鉴定人张警官退庭。

（鉴定人张警官退庭）

审判长：对刚才张警官的当庭证言，公诉人有无意见？

公诉人：没有意见。

审判长：被告人有无意见？

被告人张某某：请我的辩护人发表意见。

审判长：请辩护人发表意见。

辩护人：本案中，出具这份物证鉴定书的鉴定人本身的资格存在疑问。作为一名鉴定人，他对鉴定人的日常培训考核制度都不清楚，这太违反常理了。对牛仔裤的检验过程也存在问题，鉴定人接受送检材料的程序不符合法律规定。检验报告与司法鉴定意见书是不同性质的文件，鉴定人对这些材料自己都分不清，值得怀疑。在一份鉴定意见书上必须同时具有检验人和复核人签名。这份鉴定意见书不符合这项规定，也存在疑问。虽然鉴定人坚持认为检验人一栏上的签名就是复核人的签名，但这种解释显然不能排除合理怀疑。审判长，辩护人的质证意见发表到此。

审判长：公诉人是否还有证据出示？

公诉人：没有。

审判长：关于鉴定意见的法庭程序完毕。

【警察点评】

本案中，由于法庭科学 DNA 涉及较为专业的知识，辩护人对鉴定文书的结论本身并没有提出疑义，而是对鉴定人资格、送检流程的规范性和鉴定文书格式方面提出了疑义。

刑事案件的 DNA 鉴定一般都是由公安机关刑事技术部门承担的，所以关于鉴定人资格的问题主要参照的是 2005 年 12 月 29 日公安部发布的《公安机关鉴定人登记管理办法》中的相关规定。该管理办法就公安机关鉴定人需要具备的条件、申请流程、资格有效期、验审都作了明确的规定。此外，《法庭科学 DNA 实验室规范》（GA/T 382－2002）3.2.2 也对鉴定人需要具备的条件作出了规定。这里需要特别注意的是，公安机关鉴定人要与司法鉴定人相区分，不需要遵循司法部颁发的《司法鉴定人登记管理办法》的规定。本案中，辩护人试图用司法鉴定人资格的条件来质疑公安机关鉴定人的资格，虽然该鉴定人并没有落入“圈套”，但对此类问题确实值得引起出庭鉴定人的重视。

本案中，辩护人还对送检和受理流程的规范性提出了质疑，在这里比较突出的问题就是鉴定人直接从送检人那里得到了样品，辩护人认为这种做法是不符合规定的。2008 年 5 月 6 日公安部发布的《公安机关鉴定规则》第 27 条规定，公安机关鉴定机构应当内设专门部门或者专门人员负责受理委托鉴定工作。《法庭科学 DNA 实验室检验规范》（GA/T 383－2002）3.4 规定，检验人员从接案人员手中受理检材时，应详细了解案情和鉴定要求，逐一核对检材后，在送检登记表上签名。这也就是说，鉴定人应当从负责受理案件的专门人员手中得到样品，而不是直接从送检人员手中得到样品，所以本案中鉴定人的做法确实是不符合规定的。但是从实际操作的层面来说，生物检材在进行DNA检验前都要进行一些预处理工作，检材处理完后由送检人员当场取回，而且案件的简要情况由送检人和鉴定人直接沟通也较为方便，所以大多数DNA实验室都是由鉴定人直接从送检人手中得到样品的。因此，鉴定人出庭时遇到此类情况应该如何应对还值得进一步探讨。

《公安机关鉴定规则》第七章和《法庭科学DNA实验室检验规范》（GA/T 383－2002）12.3对鉴定意见书的格式、内容都作了明确要求，鉴定意见书确实需要包含分析讨论的部分。另外在本案中，辩护人提出鉴定意见书上只有2个检验人的签名而并没有复核人的签名，不符合规则要求。出庭鉴定人的回答还是很机智的，他认为第二鉴定人即为复核人，所以没有违反规定。建议相关部门对鉴定意见书最后是否要单独列出复核人签名项作出明确的规定，以此来规避类似的问题。

【律师点评】

在符合诉讼规律的规则下，什么是庭审过程中最为精彩的部分，答案应该是确定无疑的，就是交叉询问。交叉询问是法律人最伟大的发明，以如此简洁有效的方式发现真实、确保司法公正，交叉询问可谓是居功至伟。然而，表面上看起来如此简单的一问一答，背后却隐藏了深奥的逻辑和技巧，以至于多少代法律人穷其一生、孜孜不倦地在这块土地上辛勤耕耘。

在本案的模拟法庭中，由于各方都清楚地知道自己的职责定位，所以基本上实现了本该如此而我们的现实庭审根本就难以实现也无法想象的庭审效果。通过这样的模拟庭审，出庭的警察应该由表及里地得到更多感悟，同时洞悉辩护人发问的方式、角度和技巧，以便从容应对来自辩护人的质疑。

简化再简化之后，我们归纳了辩护人的发问目的，无外乎两种：一是获取信息、发现问题；二是提出质疑、放大瑕疵。

辩护人在庭审过程中首先要做到的就是获取对己有用的信

息，而获取信息一般有三种途径：一是从案卷材料中获取隐藏的信息；二是从出庭警察回答公诉人问话中获取信息；三是辩护人自己发问后获取信息。所以，在法庭上，出庭警察不仅要在回答辩护人发问时提高警惕，而且在回答本方提问，也就是公诉人发问时，也要注意回答问题的严谨性，否则也会给辩护人提供攻击的“靶子”。在此阶段，辩护人为了获取信息常常使用开放式的发问方式，如“你的技术职称是什么?”“你每年要经历什么样的培训?”“你是怎样了解案情的?”问出这样的问题，不代表辩护人不懂得提问技巧，而是太懂了，一旦出庭警察提供的信息有问题，就会成为辩护人质疑的“炮弹”。但是，由于此类问题的提出，对于辩护人来说具有一定的不可控性，所以辩护人并不会常常使用这样的发问方式。

辩护人另一类常用的发问方式是提出封闭的问题，目的在于提出质疑、放大瑕疵。此类问题的提出，本质上根本无需对方提供信息，辩护人已经从上述三种途径获知了准确的信息、发现了问题，只不过让对方确认一下事实，并且想办法将不利于出庭警察的事实加以放大而已，如“从事 DNA 鉴定是一项技术性很强的工作，是吗?”“所以，你每年都要经历很多的继续教育、职业培训，是吗?”“你的这种做法违反规定，你清楚吗?”“按照相关司法解释，检验报告和司法鉴定意见书是不同性质的文件。你作为一名鉴定人，难道不清楚吗?”“你出具的这份文件是物证鉴定书还是检验报告?”“在检验人处签名的也是复核人?”这样的问题本身就带有事实或答案，要么请你选择一个答案，要么你就回答是与非，问话者在这场对话中扮演了主角，怎么问比怎么答更能影响、左右法庭的判断。

通过此次模拟庭审我们还可以看到一些常见的辩护人发问技巧。比如，先问“从事 DNA 鉴定是一项技术性很强的工作，是吗?”“所以，你每年都要经历很多的继续教育、职业培训，是吗?”然后再问“你每年要经历什么样的培训?”将封闭式的问题和开放式的问题交织在一块，出庭警察先回答了前两个问题，对于第三个问题就应该准确无误地给出答案，没有给出精确的答案就存在问题，就可以被质疑。再如，辩护人问“你的这种做法违反规定，你清楚吗?”不论出庭警察如何回答，辩护人都可以进一步扩大影响。如果回答“清楚”，下一个问题就是“明知道规定还故意违规违法操作，是吗?”如果回答“不清楚”，下一个问题就是“根据什么法规第几条的规定，应该是什么情况，你作为专业人士并不清楚这样的规定，是吗?”

总之，熟悉辩护人发问的方式、角度和技巧，对于出庭作证的警察来说相当重要，不熟悉就会紧张、慌张，甚至出现错误。就算熟悉辩护人发问的套路，由于攻防位置不同，也不一定能游刃有余，这也是很正常的结果，不必过于忧虑。其实，比熟悉辩护人发问套路更为重要的是业务操作的规范以及对相关规定的熟悉。

【法官点评】

本案警察鉴定人较为明确地回答了各方尤其是辩护人的提问，为合议庭正确认定事实奠定了良好的基础。即便回答辩护人的“刁钻”问题时略显失措，但仍然可以肯定地说，本案中警察出庭作证的表现是合格的。

当然，各方在庭审中对警察所提问题的质量与技巧同样影响警察出庭作证的效果。以本案为例，审判长除交代权利义务并对鉴定人进行常规询问外，着重对鉴定人目前从事的职业、从业单位、从业时间进行询问，询问过程简明扼要，对了解鉴定人的从业背景、专业能力、执业经验等起到了提纲挈领的作用。由于是警察鉴定人，具体到本案更是控方证人，公诉人对鉴定人的提问中规中矩，意图证实鉴定意见的科学性及合法性。而辩护人进行发问时所采用的询问技巧值得研究。比如，先入为主式的发问：

辩护人：依照规定，鉴定文书必须包括过程、方法、分析讨论。你这里没有分析讨论，是吧?

鉴定人张警官：我的分析讨论都在意见部分，我觉得不需单独列出。

传统的发问模式是“您的鉴定意见的分析讨论部分在哪里”。对于这种提问，警察鉴定人就相对容易回答；而上述这种先入为主式的发问模式在本次庭审中出现了不止一次；这种发问的特点是在发问中已经基本明确所质证据的疏漏之处，然后用“是吗”这类问语让警察鉴定人予以明确。警察鉴定人一般对此是缺乏足够认识的，因此，常常惊慌失措，给旁听庭审的人甚至法官造成警察鉴定人“心虚”、“被揭穿”等印象，从而落入辩护人精心制造的询问“圈套”中，以达到辩护目的。

如果说先入为主式的发问模式值得警惕的话，那么下面这种发问方式似乎更加难以应对：

辩护人：你的这种做法违反规定，你清楚吗？

鉴定人张警官：清楚，但我们是有经过保管员这道程序的。

上述辩护人的发问除了延续先入为主地认为“你的这种做法违反规定”之外，后面不用“是吗”，而是用了“你清楚吗”。面对这样的提问，一般人的思维定势肯定说自己“清楚”；而此处习惯性地回答“清楚”恰恰等于让警察鉴定人承认自己清楚地知道自己错了。

纵观庭审过程，对于上述辩护人的询问技巧，鉴定人是比较清醒的，基本没有落入辩护人的“圈套”，但此类问题确实值得引起出庭警察的重视。

案例3：潘某、史某某故意伤害案

【案件基本情况】

京华市人民检察院起诉书指控：被告人潘某、史某某于2012年9月12日18时许，在京华市某区某村北二区40号楼西北侧因生活琐事与张某1（男，殁年60岁）、张某2父子发生争执并互殴。其间，张某1因被钝性外力作用头部造成重度颅脑损伤合并肺部感染，于2012年9月29日死亡。被告人潘某、史某某作案后主动向公安机关投案。

京华市人民检察院认为，被告人潘某、史某某因琐事故意伤害他人身体健康，致人死亡，犯罪性质恶劣，后果严重，其行为触犯了《中华人民共和国刑法》第234条第2款之规定，犯罪事实清楚，证据确实、充分，应当以故意伤害罪追究二被告人的刑事责任。

【警察出庭作证的情况】

本案中，被害人张某1如何倒地这一情节直接影响对二被告人行为及责任的认定，但是本案发生在傍晚，案发时场面混乱，目击证人及二被告人对于张某1是在什么情况下倒地这一关键情节，所作证言、供述较为模糊，且存在一定矛盾。因此，尸体检验鉴定意见成为确定张某1身体损伤形成原因及死亡原因的重要依据。但是囿于尸体检验鉴定意见本身对于文书简洁性的要求，尸体检验鉴定书对被害人张某1的死亡原因及身体部分损伤的形成机制未作进一步详尽的阐述，主要体现为：（1）尸体检验鉴定书最终结论性意见是："张某1系被钝性外力作用头部造成重度颅脑损伤合并肺部感染死亡。"对于张某1的肺部感染是否在案发后形成，如何形成，肺部感染这一因素对于张某1死亡所起的作用等，鉴定意见未作解释。（2）在案证据证明案发时被害人张某1曾被拳头击打头面部，后倒地致伤，而拳头击打和头部着地均为作用于被害人头部的钝性外力，究竟是哪种力或哪些力的作用导致被害人重度颅脑损伤，如果头部着地是致伤原因，那么是否存在除拳头击打外的其他力使被害人倒地的可能，需要对鉴定意见再进行具体分析。（3）尸体检验鉴定书显示张某1头部左眉骨处存在额骨骨板内出血，但鉴定意见未对该处损伤的形成原因作出分析。

由于被害人的死亡原因对于准确认定犯罪事实并适用刑罚意义重大，且辩护人庭前就鉴定意见中的部分问题提出疑问，故庭审时通知对张某1进行尸体检验的鉴定人杨警官（京华市某区公安局刑侦支队法医）出庭作证，要求鉴定人对鉴定意见的形成过程进行更细致的分析，并就相关问题询问鉴定人，解答各方针对鉴定意见的疑惑，以期取得良好的庭审效果。

鉴定人此次出庭作证与其之前在公安机关所作书面证言的内容基本一致，但鉴定人出庭作证并接受各方询问，比书面证言更直接、更具有针对性。审判长就鉴定人出庭的权利义务进行了交代，并对鉴定人进行了简单询问，公诉人、辩护人分别就自己庭前对尸体检验鉴定意见产生的疑问对鉴定人发问，没有疑难、刁钻的问题出现，合议庭其他成员及被告人对鉴定人均没有发问，鉴定人完整地解答了各方在庭前对鉴定意见所存在的疑问。其中，鉴定人关于“重度颅脑损伤以后人体衰弱，循环代谢衰竭引发肺部感染”的解释解答了张某1的肺部感染是否在案发后形成，如何形成，以及肺部感染这一因素对于张某1死亡所起的作用等问题；鉴定人关于“急性特重型开放性颅脑损伤包含脑疝、左侧额颞骨骨折等，结合本案应该是摔伤所导致”的解释解答了究竟是哪种力或哪些力的作用导致被害人重度颅脑损伤的问题；鉴定人关于“如果推到这个人的胸部倒地可以造成人颅脑损伤”的解释说明存在除拳头击打外的其他力使被害人倒地的可能；鉴定人关于“张某1头部左眉骨处存在额骨骨板内出血，综合看这个案子应该更符合击打形成，不是摔伤形成”的解释揭示了该处损伤的形成原因。

经过质证，控辩双方对鉴定人在庭审中所作证言没有异议，合议庭认为该证言具有真实性、合法性、关联性，在判决书中予以引用，成为最终定案的依据。

【警察出庭作证的庭审实录】

审判长：请公诉人继续举证。

公诉人：宣读法医学尸体检验鉴定书，并出示尸体检验的相关照片。

（公诉人宣读并出示）

审判长：请法警拿给被告人、辩护人看一下。

(法警执行)

审判长：二被告人对证据有什么意见？

被告人潘某：没有意见。

被告人史某某：没有意见。

审判长：二辩护人对证据有什么意见？

潘某的辩护人：没有意见。

史某某的辩护人：对证据的真实性没有意见，但认为这份证据对指控犯罪不具有关联性。

审判长：请公诉人继续举证。

公诉人：公诉人申请法庭传鉴定人杨警官出庭。

审判长：请法警带鉴定人杨警官到庭。

(法警执行)

审判长：鉴定人杨警官，你目前在哪个单位？从事何种职业？从业多长时间？

鉴定人杨警官：京华市某区公安局刑侦支队法医，从业 14 年。

审判长：根据《中华人民共和国刑事诉讼法》第 123 条及第 189 条的规定，证人应当如实提供证言，有意作伪证或者隐匿罪证要负法律责任。同时审判人员可以询问证人，另外经审判长许可，公诉人、被告人、辩护人可以向证人发问。以上权利和义务你听清楚了吗？

鉴定人杨警官：清楚了。

审判长：你能向法庭保证如实说明鉴定意见吗？

鉴定人杨警官：能。

审判长：请在如实作证保证书上签字。

(法警从书记员席取如实作证保证书至证人席，在证人签字后将该文书送至书记员席)

审判长：首先请公诉人向鉴定人发问。

公诉人：鉴定人杨某，今天开庭审理本案，您作为本案的鉴定人，审判长刚才已经强调应当如实作证，有意作伪证或者隐匿罪证应负法律责任，听清了吗？

鉴定人杨警官：清楚了。

公诉人：潘某、史某某故意伤害案被害人张某1的尸检是你做的吗？

鉴定人杨警官：是的。

公诉人：病历中显示初步诊断“急性特重型开放性颅脑损伤包含脑疝、左侧额颞骨骨折”等都是什么原因导致的？

鉴定人杨警官：结合本案应该是摔伤所导致。

公诉人：也就是导致他死亡的行为可能是摔伤？

鉴定人杨警官：是的。

公诉人：关于张某1尸检鉴定意见中的“张某1系被钝性外力作用头部造成重度颅脑损伤”，什么样的钝性外力能导致重度颅脑损伤？

鉴定人杨警官：比如击打面部。

公诉人：尸检所见，张某1头部左眉骨处存在额骨骨板内出血是怎么造成的？

鉴定人杨警官：综合看这个案子应该更符合击打形成，不是摔伤形成。

公诉人：手拳打击能形成这样的伤吗？

鉴定人杨警官：手拳打击能形成。

公诉人：关于张某1尸检鉴定意见中的“张某1系被钝性外力作用头部造成重度颅脑损伤合并肺部感染死亡”，其是颅脑损伤死亡，还是肺部感染死亡？

鉴定人杨警官：重度颅脑损伤以后人体衰弱，循环代谢衰竭引发肺部感染。

公诉人：是否可以理解为摔伤导致？

鉴定人杨警官：是的。

公诉人：通过解剖检验，您发现被害人原来有脑部的疾病吗？

鉴定人杨警官：没有发现。

公诉人：审判长，询问完毕。

审判长：被告人潘某是否向鉴定人发问？

被告人潘某：没有。

审判长：潘某的辩护人是否向鉴定人发问？

潘某的辩护人：没有。

审判长：被告人史某某是否向鉴定人发问？

被告人史某某：没有。

审判长：史某某的辩护人是否向鉴定人发问？

史某某的辩护人：如果推这个人的胸部让其倒地，是不是会造成人颅脑损伤？

鉴定人杨警官：可以。

史某某的辩护人：审判长，发问完毕。

审判长：公诉人是否需要宣读鉴定人的证言？

公诉人：补充出示鉴定人杨警官的证言。

(公诉人宣读)

审判长：鉴定人对以前的证言有什么意见？

鉴定人杨警官：没有。

审判长：二被告人对鉴定人是否还有发问？

被告人潘某：没有。

被告人史某某：没有。

审判长：辩护人是否还有发问？

各辩护人：没有。

审判长：请鉴定人退庭。

(鉴定人杨警官退庭)

审判长：二被告人对刚才公诉人宣读的证据有什么意见？

被告人潘某：没有意见。

被告人史某某：没有意见。

审判长：辩护人对证据有什么意见？

各辩护人：没有意见。

审判长：请公诉人继续举证。

【警察点评】

本案中主要是公诉人对鉴定人的提问言简意赅，鉴定人的回答也比较简洁。通过公诉人与鉴定人一问一答的形式，对困扰本案的一些问题作了合理的解释。

（1）关于肺部感染的问题。鉴定意见为“重度颅脑损伤合并肺部感染死亡”，通过尸体解剖可以看到肺部感染的一些表象，如气管支气管内、肺脏切面见大量脓性物等，具体得出肺部感染的结论，还需要结合医院的住院病历。在条件允许的情况下，征得家属同意，可以送检肺脏作显微病理学检验。对于这种抢救时间较长的死者，需要查看详尽的住院病历，并在鉴定书中大量摘抄，以此作为鉴定意见的依据。肺部感染也是颅脑损伤的一种并发症，所以说从根本上讲还是倒地造成的继发损害。

（2）关于钝性外力是倒地造成还是拳头击打造成的问题。这个问题在鉴定意见中不会体现出来，因为鉴定意见首先要保证准确，在准确的基础上才能要求精确。法医根据尸表及解剖检验，发现一些钝性外力作用的征象，至于是哪一种，单纯从法医鉴定角度无法确定唯一性，所以鉴定意见中无法体现，但可以在分析说明中简单分析。出庭是释疑的一种比较好的方法，鉴定人可以根据自己的专业知识结合具体案件，作出相应的解释。

（3）对于各处损伤形成机制的问题。这个问题一般会在鉴定文书的分析说明一项中有所涉及，因为这仅仅是根据尸体上的一些特征结合自己的专业知识和法医从业经验作出相应的分析，因此不会在检验鉴定意见中体现出来。

【律师点评】

通过本案，我们看到鉴定人出庭对于庭审活动的巨大影响力，公正与效率、公平与公开等一系列被我们推崇的法治理念，在个案的司法实践中得到充分的检验与展现。其所具有的深远意义是不言而喻的。

鉴定人掌握了所从事的专业领域的专业知识，所以就鉴定专业而言具有相当明显的优势，这是控辩审三方都无法比拟的优势。但是，法庭是法律人的舞台，就掌握诉讼技能、熟悉庭审规律而言，鉴定人是明显不足的。在这场“田忌赛马”的比拼中，谁能赢得高分？谁是最后的胜者？伯仲之间尚难确定。况且，修改后的《刑事诉讼法》规定了控辩双方可以申请法庭通知有专门知识的人出庭，就鉴定人作出的鉴定意见提出意见，就此庭审鏖战的局势会更显扑朔迷离。

一般而言，辩护人不愿意与鉴定人就鉴定的专业问题展开“以卵击石”的对话，除非鉴定意见的问题十分明显，并且辩护人拥有无可比及的专业知识。辩护律师应该也只愿意就鉴定人的能力和资格、鉴定机构的资格是否存在问题，检材的提取、保管、存储、流转环节是否存在问题，鉴定的操作流程和鉴定文书的形式、内容、签名是否符合法律、法规和行业规范等环节展开角逐竞技。如果对于这些环节鉴定人支吾不清，并且不能在庭审中作出很好的应对，再被问及专业领域的问题时，就可能不再信誓旦旦了。从这角度讲，辩护人全方位的质疑，有效地督促了鉴定人提高工作质量、提高个人素质，从而全面提升办案质量。

【法官点评】

与从事侦查、预审工作的警察相比，担任鉴定人的警察往往在庭审中更为从容，主要原因在于：（1）鉴定意见是根据就诊材料或检验所见，结合科学原理进行的推理分析，具有较高的客观性。同时，鉴定人掌握专业技能，在司法鉴定方面具有权威性，鉴定人在回答各方提问时只需运用专业知识及术语，如实地就推理分析的客观过程进行解释即可。（2）非法证据排除程序中的警察不仅需要在庭审中面对被告人、辩护人的双重质疑，还可能面临自己所收集的供述、证言被法庭认定为非法证据并予以排除的风险，因此，警察与案件处理结果之间产生利害关系，庭审气氛高度紧张。而鉴定人不直接参与办案，案件处理结果对其没有直接影响，因此便在庭审中更为超然。（3）公检法各机关的办案人员在庭下就具体案件电话或当面咨询鉴定人已经成为一种常态，鉴定人对于如何解答司法机关办案人员的提问轻车熟路，鉴定人出庭接受询问只是将咨询与解答的过程转移到庭审的时空环境中，不至于产生较强的陌生感、紧张感，而辩护人及当事人局限于专业知识的缺乏，往往无法提出在专业层面让鉴定人感到为难的问题。基于以上原因，鉴定人在庭审中的表现通常较为自如，对于各方的疑惑也能相应地进行解释。

回到本案，鉴定人明确、清晰地回答了各方疑问，为合议庭正确认定案件事实奠定了良好的基础。合议庭认为，鉴定人当庭所作证言真实、合法，并将鉴定人所证内容作为认定二被告人有罪的依据。可以肯定地说，本案中警察出庭作证的表现是很好的。

当然，各方在庭审中对警察所提问题的质量与技巧同样影响到警察出庭作证的效果。以本案为例，审判长除交代权利义务并对鉴定人进行常规询问外，着重对鉴定人目前从事的职业、从业单位、从业时间进行询问，询问过程简明扼要，对了解鉴定人的从业背景、专业能力、执业经验等起到了提纲挈领的作用。公诉人对鉴定人的提问同样没有多费口舌，提问完整，逻辑清楚，衔接自然，不仅全面解决了那些不具有法医学专业知识的“普通人”对鉴定意见产生的疑惑，而且对保持连贯的庭审节奏起到了促进作用。在辩护人方面，只有史某某的辩护人对鉴定人进行了一次提问，但是这次提问却为接下来对史某某进行罪轻辩护埋下了伏笔，体现出了该辩护人较高的专业水平。因为在案的部分言词证据证明被害人是被史某某击打后倒地，还有部分言词证据描述被害人倒地前是被人“推”了一下，由于没有人证明史某某曾对被害人有推的动作，因此如果法院认定被害人是被推倒在地造成致命伤的，那么史某某所应负的刑事责任便能很大程度地减轻。辩护人的询问一针见血地提出："如果推这个人的胸部让其倒地，是不是会造成人颅脑损伤?"鉴定人基于专业知识作出了肯定的回答，如此便不能仅根据鉴定意见排除被害人被推倒造成致命伤的可能性。辩护人的提问巧妙地使合议庭对被害人究竟在何种情况下倒地产生了疑问，与公诉机关的指控形成了有效对抗，应当说辩护人的此次提问是成功的。当然，合议庭对全案证据进行分析后最终排除了被害人被推倒造成致命伤的可能性，分析过程在此不再赘述，但是仍不能否认辩护人的提问对于提高庭审效果起到了积极的作用。

美中不足的是，公诉人对于到底何为"钝性外力"、如何得出本案中被害人重度颅脑损伤是倒地时磕碰形成而不是拳头击打形成的结论等问题没有对鉴定人进行更进一步的询问，合议庭只能回到鉴定人的书面证言中寻找答案，留给我们些许遗憾，当然也带给我们更加完美的庭审愿景。

在过去的刑事审判中，证人、鉴定人不出庭成为一种常态，时常引起从理论界到实务界的诘难。修改后的《刑事诉讼法》，完善了证人、鉴定人出庭作证的相关法律规定，在立法层面对更为先进的司法理念进行了宣示，对证人、鉴定人出庭作出了制度保障。无论是两造对立的控辩双方，还是居中裁判的合议庭成员，都在积极地适应鉴定人出庭给庭审带来的悄然变化。从潘某、史某某的案例我们可以看到，鉴定人出庭赋予了被告人有效参与法庭审判的权利，使抗辩式庭审方式所要求的直接言词原则、公开辩论原则在法庭上得以贯彻，维护了司法的公正性。

案例 4：王某故意杀人案

【案件基本情况】

京华市人民检察院指控：被告人王某对同母异父的弟弟黄某(男，殁年 15 岁) 不满，2012 年 2 月 21 日 19 时许，王某至京华市某区某镇某村其父母暂住处，与黄某发生争执，后王某持金属管对黄某头面部多次猛力击打，致黄某颅脑损伤死亡。被告人王某作案后，于2012年2月22日被查获归案。

京华市人民检察院认为，被告人王某无视国法，故意非法剥夺他人生命，致人死亡，犯罪性质极其恶劣，情节、后果严重，其行为触犯了《中华人民共和国刑法》第232条之规定，犯罪事实清楚，证据确实、充分，应当以故意杀人罪追究其刑事责任。

【警察出庭作证的情况】

本案中，被告人王某称自己是为教育弟弟不要玩电脑，但弟弟不听，故使用金属管连续猛击弟弟头面部，最终致弟弟死亡。侦查人员了解到，王某平时性格内向，不爱说话，且在案发前常常因琐事遭到母亲的责备。此次王某为教育弟弟竟使用极端手段，故侦查人员认为王某可能存在性格缺陷，并聘请京华市公安局强制治疗管理处司法鉴定中心对王某进行了精神病鉴定。精神病司法鉴定意见书的鉴定意见为：被鉴定人王某性格内向、暴躁、多心多疑，性格存在缺陷，且认知能力低，但实施违法行为时精神状态正常，辨认和控制能力完整，评定为具备完全刑事责任能力。由于被告人是否具有完全刑事责任能力是影响量刑的关键情节，因此，合议庭对于本案鉴定意见的科学性、准确性高度重视。但是，本案的鉴定意见不免使人产生这样的疑问：既然王某性格存在缺陷且认知能力低，为什么还被评定为具备完全刑事责任能力？鉴定意见的推理分析是否会出现舛误？

为进一步核实鉴定意见是否真实可靠，合议庭通知对王某进行精神病鉴定的鉴定人朱警官、王警官出庭作证，要求鉴定人对鉴定意见的形成过程进行更细致的分析，以备合议庭审查。

鉴定人此次出庭作证对最终鉴定意见的形成过程进行了解释。审判长就鉴定人出庭的权利义务进行了交代，并对鉴定人进行了简单询问，公诉人就对精神病司法鉴定意见产生的疑问向鉴定人发问，对2名鉴定人所问问题基本相同，审判长对第一位鉴定人进行了补充发问，合议庭其他成员及被告人、辩护人对鉴定人均没有发问，鉴定人完整、简要地解答了合议庭在庭前对鉴定意见所存在的疑问。其中，鉴定人关于“我们通过鉴定认为，被告人王某不构成人格障碍的情况，而被告人王某的人格缺陷只是在正常范围内有一些偏差，所以鉴定人通过鉴定认为被告人王某的性格缺陷不会对他的控制和辨认能力产生影响”、“我们通过鉴定认为，被告人王某的多心和多疑不会对被告人王某的控制和辨认能力产生影响”的解释说明了王某存在人格缺陷的情形不构成人格障碍，解答了为何王某虽有性格缺陷但依然被评定为具备完全刑事责任能力的问题；鉴定人关于“人的认知能力有高有低，在鉴定的过程中，我们发现王某可以与人正常地交流，而且能建立融洽的关系，所以我们认为不构成智能障碍的情况，王某的认知能力比较低不会影响王某的控制和辨认能力”这一解释解答了为何王某认知能力低但仍被评定为具备完全刑事责任能力的问题；鉴定人关于“因为王某7岁时父母就离异了，所以表现出多心以及多疑是正常的”的解释解答了王某多心、多疑的成因；鉴定人关于“我们通过鉴定认为，被告人王某在伤害黄某的过程中的精神状况是正常的，始终具有辨认和控制能力”的解释表明鉴定人在评定王某实施侵害行为时是否具有辨认和控制能力这一最终结论时有过慎重考虑，解答了为何王某最终被评定为具备完全刑事责任能力的问题。

经过质证，控辩双方对鉴定人在庭审中所作证言没有异议，合议庭认为该证言真实、合法，能够证明本案司法精神病鉴定意见的准确性、科学性，在判决书中对鉴定人当庭所作证言及司法精神病鉴定意见均予以引用，成为对被告人王某准确定罪量刑的重要依据。

【警察出庭作证的庭审实录】

审判长：请公诉人继续举证。

公诉人：申请鉴定人朱警官出庭。

审判长：请法警传鉴定人朱警官到庭。

（朱警官进入法庭）

审判长：证人的姓名？工作单位？职业？与被告人及本案的

关系？

鉴定人朱警官：我是朱某，是京华市公安局强制治疗管理处司法鉴定中心副主任，我参与出具了被告人王某的精神病司法鉴定意见书。

审判长：鉴定人朱警官，依照《中华人民共和国刑事诉讼法》第 123 条及第 189 条的规定，你应当如实地向法庭提供证言，如果故意作伪证或者隐匿罪证应承担相应的法律责任。

审判长：鉴定人朱警官，你听清了吗？

鉴定人朱警官：听清了。

审判长：请鉴定人朱警官在如实作证保证书上签字。

(朱警官在如实作证保证书上签字)

审判长：请鉴定人宣读精神病司法鉴定意见书。

(鉴定人朱警官宣读精神病司法鉴定意见书，内容略)

审判长：下面由公诉人向鉴定人发问。

公诉人：鉴定人，被告人王某的性格缺陷会对他的控制和辨认能力产生影响吗？

鉴定人朱警官：我们通过鉴定认为，被告人王某不构成人格障碍的情况，而被告人王某的人格缺陷只是在正常范围内有一些偏差，所以鉴定人通过鉴定认为被告人王某的性格缺陷不会对他的控制和辨认能力产生影响。

公诉人：被告人王某的多心和多疑会对他的控制和辨认能力产生影响吗？

鉴定人朱警官：我们通过鉴定认为，被告人王某的多心和多疑不会对被告人王某的控制和辨认能力产生影响。

公诉人：被告人王某比较低的认知能力会不会对他的控制和辨认能力产生影响？

鉴定人朱警官：人的认知能力有高有低，在鉴定的过程中，我们发现王某可以与人正常地交流，而且能建立融洽的关系，所以我们认为不构成智能障碍的情况，王某的认知能力比较低不会影响王某的控制和辨认能力。

公诉人：审判长，公诉人对鉴定人朱警官的发问到此。

审判长：被告人王某对鉴定人朱警官有无发问？

被告人王某：没有。

审判长：被告人王某的辩护人对鉴定人朱警官有无发问？

王某的辩护人：没有。

审判长：鉴定人，被告人王某在开始实施侵害行为之后以及实施行为的过程中，是否始终具有控制和辨认自己行为的能力？

鉴定人朱警官：我们通过鉴定认为，被告人王某在伤害黄某的过程中的精神状况是正常的，始终具有辨认和控制能力。

审判长：请鉴定人朱警官退出法庭。

（朱警官退出法庭）

审判长：被告人王某，你对鉴定人朱警官的当庭证言有无异议？

被告人王某：没有。

审判长：被告人王某的辩护人，你对鉴定人朱警官的当庭证言有无异议？

王某的辩护人：没有。

审判长：请公诉人继续举证。

公诉人：申请鉴定人王警官出庭。

审判长：请法警传鉴定人王警官到庭。

（王警官进入法庭）

审判长：证人的姓名？工作单位？职业？与被告人及本案的关系？

鉴定人王警官：我叫王某某，是京华市公安局强制治疗管理处司法鉴定中心主治医师，我参与出具了被告人王某的精神病司法鉴定意见书。

审判长：鉴定人王警官，依照《中华人民共和国刑事诉讼法》第 123 条及第 189 条的规定，你应当如实地向法庭提供证言，如果故意作伪证或者隐匿罪证应承担相应的法律责任。

审判长：鉴定人王警官，你听清了吗？

鉴定人王警官：听清了。

审判长：请鉴定人王警官在如实作证保证书上签字。

（王警官在如实作证保证书上签字）

审判长：请鉴定人王警官宣读精神病司法鉴定意见书。

（鉴定人王警官宣读精神病司法鉴定意见书，内容略）

审判长：下面由公诉人向鉴定人发问。

公诉人：被告人王某的性格缺陷会影响王某的控制和辨认能力吗？

鉴定人王警官：性格缺陷需要看他的程度，我们通过鉴定认为，被告人王某的性格缺陷不会影响他的控制和辨认能力。

公诉人：被告人王某表现的多心以及多疑会对他的控制和辨认能力产生影响吗？

鉴定人王警官：因为王某7岁时父母就离异了，所以表现出多心以及多疑是正常的，我们通过鉴定认为不会对他的控制和辨认能力产生影响。

公诉人：被告人王某的认知能力比较低的情况会影响他的控制和辨认能力吗？

鉴定人王警官：我们认为，被告人王某的认知能力稍显不足的情况不会影响他的控制和辨认能力。

公诉人：审判长，公诉人对鉴定人的发问到此。

审判长：被告人王某向鉴定人有无发问？

被告人王某：没有。

审判长：被告人王某的辩护人向鉴定人有无发问？

王某的辩护人：没有。

审判长：请鉴定人王警官退出法庭。

（王警官退出法庭）

审判长：被告人王某，你对鉴定人的当庭证言有无异议？

被告人王某：没有。

审判长：被告人王某的辩护人，你对鉴定人的当庭证言有无异议？

王某的辩护人：没有。

【警察点评】

本案警察出庭作证的焦点就是对被告人在作案时是否具有辨认和控制自己行为能力，是否具备完全刑事责任能力，承担相应的刑事责任进行说明，这也是影响对被告人定罪量刑的关键证据。故控辩双方把本次警察出庭作证的辩论焦点集中在被告人是否完全具有辨认和控制行为能力的问题上。

（1）关于被告人是否始终具有控制和辨认能力的问题。控辩双方主要围绕被告人的性格缺陷与人格障碍进行辩论，其实性格缺陷与人格障碍是两个不同的概念。本案中，被告人王某由于生活环境的影响，7岁时父母就离异，平时性格内向，不爱说话，表现出多心、多疑和暴力倾向等，其人格缺陷在正常范围内出现一些偏差，再加上在案发前常常因为琐事遭到母亲的责备，而导致对被害人痛下杀手，造成比较可悲的后果，但是这种平时性格缺陷并不影响被告人王某的控制和辨认能力。

（2）关于被告人王某认知能力的问题。警察的外围调查取证证实，被告人王某与人有正常的交流，能区分好恶，而且能建立融洽的关系，说明其在对外界的认知中能够辨别是非，懂得与人交流。但在现实社会中，人的认知能力有高低之分，根据对王某平时生活自理能力和交际能力的调查，王某虽然在某些时候表现出认知能力比较低的问题，但也属正常范围之内，并不构成智能障碍，不影响其控制和辨认能力。

（3）关于本案最关键的被告人在作案时是否具备控制和辨认能力的问题。根据被告人供述，其之所以对弟弟痛下杀手，主要还是教育弟弟不要玩电脑，但弟弟不听所劝。被告人对其殴打弟弟的原因、动机及当时作案过程都能够比较详细、清晰地陈述，且与现场相关证据相吻合，足以证明被告人王某在作案过程中能够对自己的行为和产生的后果有清晰的认识，具备控制和辨认能力，具备完全刑事责任能力。

【律师点评】

一、关于警察作为鉴定人出庭作证的原则之二

警察作为鉴定人出庭作证的原则之二是：坚持鉴定意见全面审查原则。修改后的《刑事诉讼法》对于证据种类进行了修改，将“鉴定结论”修改为“鉴定意见”。其中蕴含的法学理念是降低“鉴定结论”的证明力，加强对“鉴定意见”的质疑。最高人民法院《关于适用〈中华人民共和国刑事诉讼法〉的解释》第四章第五节系统地规定了如何对鉴定意见进行审查判断，特别是其中的第84条、第85条规范了鉴定机构、鉴定人员的资质，检材、样本与鉴定对象的比对，鉴定过程、鉴定方法的规范性，鉴定文书的签名、盖章等形式要件，鉴定意见与待证事实的关系等各方面的审查内容。可以说，按最高人民法院《关于适用〈中华人民共和国刑事诉讼法〉的解释》的要求，对鉴定意见的审查，应当是全面审查的原则。

出庭的警察鉴定人，按照法庭审理时对鉴定意见的全面审查要求，也应当全面做好充分的准备，不应过度强调回答问题的简洁、流畅和规避辩护人的诘问。

本案中，辩护人对鉴定人没有发问。无论是出于什么原因，这对法庭查明案件事实的功能而言，都是缺憾。在鉴定人出庭应对方面，尚有一些地方应当注意。例如：

审判长：证人的姓名？工作单位？职业？与被告人及本案的关系？

鉴定人朱警官：我是朱某，是京华市公安局强制治疗管理处司法鉴定中心副主任，我参与出具了被告人王某的精神病司法鉴定意见书。

审判长虽然是在核对身份，但鉴定人也应同时披露自己作为鉴定人的资质。从其回答中只能了解到该鉴定人是鉴定中心的副主任，但副主任只是一个行政职位，不当然代表其具有鉴定资质，而鉴定人资质才是法定的鉴定意见的审查内容。又如：

审判长：鉴定人，被告人王某在开始实施侵害行为之后以及实施行为的过程中，是否始终具有控制和辨认自己行为的能力？

鉴定人朱警官：我们通过鉴定认为，被告人王某在伤害黄某的过程中的精神状况是正常的，始终具有辨认和控制能力。

审判长：请鉴定人朱警官退出法庭。

上述发问中，显然，审判长已经注意到被告人在案发时的精神状况问题，法院要求鉴定人出庭不是让其重复鉴定意见中的结论部分，而是要求其披露鉴定方法，即鉴定人是如何得出被告人在案发时“精神状况是正常的”这一结论的，使用了什么鉴定方法。而鉴定方法也是最高人民法院《关于适用〈中华人民共和国刑事诉讼法〉的解释》要求法庭应当审查的内容之一。虽然鉴定人绕开了鉴定方法，简单回答了鉴定的结论，但这对于法庭弄清鉴定意见的得出是否科学合理，鉴定方法的运用是否符合规范、符合逻辑毫无帮助，从而也会影响到鉴定意见的可采性。

二、关于警察作为鉴定人出庭作证的技巧之二

警察作为鉴定人出庭作证的技巧之二是：重点说明鉴定过程。根据最高人民法院《关于适用〈中华人民共和国刑事诉讼法〉的解释》的规定，作出鉴定意见的鉴定过程必须符合相关专业的规范要求，否则，不能作为定案依据。所以鉴定人出庭应当主动披露鉴定过程，特别是法庭有疑问的，更应当重点说明。

本案中，合议庭已经对鉴定意见产生疑问，如“既然王某性格存在缺陷且认知能力低，为什么还被评定为完全刑事责任能力人”、“鉴定意见的推理分析是否会出现失误”等问题。据此，合议庭作出通知鉴定人出庭的决定。而合议庭所疑虑的问题只能通过

说明鉴定过程来解决，但鉴定人在回答公诉人提问时，并未正面解决这些疑问。例如：

公诉人：鉴定人，被告人王某的性格缺陷会对他的控制和辨认能力产生影响吗？

鉴定人朱警官：我们通过鉴定认为，被告人王某不构成人格障碍的情况，而被告人王某的人格缺陷只是在正常范围内有一些偏差，所以鉴定人通过鉴定认为被告人王某的性格缺陷不会对他的控制和辨认能力产生影响。

公诉人：被告人王某的多心和多疑会对他的控制和辨认能力产生影响吗？

鉴定人朱警官：我们通过鉴定认为，被告人王某的多心和多疑不会对被告人王某的控制和辨认能力产生影响。

从上述回答的情况来看，表面上，鉴定人流利地回答了公诉人的问题，但从根本上来分析，这种回答模式只是在重复强调鉴定人的结论性意见，并没有对结论形成的过程进行推理分析，也没有披露其结论形成的理由和依据。而结论形成的过程与理由才是合议庭决定传鉴定人出庭要审查的内容。

所以，鉴定人出庭时，对鉴定意见的形成过程重点陈述，才能增加鉴定意见的可采性。

【法官点评】

与案例3的潘某、史某某故意伤害案不同，本案鉴定人出庭作证是为合议庭探求量刑证据的正确性保驾护航，而非为认定行为与结果之间的关系或成因。基于与潘某、史某某一案同样的原因，本案出庭作证的鉴定人较之从事侦查、预审的警察更显从容。但是本案鉴定人的压力更多来源于公诉人和合议庭，反而不是对量刑结果更为关切的被告人与辩护人。

在庭审中，鉴定人简明扼要地回答了公诉人、审判长的疑问，为合议庭准确评价精神病司法鉴定意见的科学性提供了参考。合议庭经审核认为，二鉴定人当庭所作证言真实、合法，能够证明精神病司法鉴定意见的科学性，对二鉴定人当庭所作证言及精神病司法鉴定意见均予以认定，并以完全刑事责任能力对被告人王某定罪量刑。警察出庭作证取得了良好的效果。

公诉人对鉴定人的询问紧抓重点，对关键问题一一盯问，审判长为确保万无一失，再次对鉴定意见中的结论部分进行盯问，以“敲定”整份鉴定意见的科学性，既全面解决了作为不掌握精神病鉴定相关知识的司法工作者对鉴定意见的相关疑惑，也没有因2名鉴定人对部分相同的问题进行解答而产生节奏拖沓的感觉。客观地说，本案辩方在鉴定人出庭时没有对鉴定人进行发问，表现出的动力不足，一方面，是因为控方对于鉴定意见的真实性已经足够重视；另一方面，是因为辩护人是由人民法院指定，综观全案，辩护人的辩护体现出较强的“指定辩护”特征，即不纠缠于细节，而在量刑方面作简单明了的罪轻辩护，虽然有益于保持流畅的庭审节奏，但多少使人感觉与公诉机关形不成有效的对抗，特别是在本案被告人认知能力不足的情况下，辩护人提供的辩护更显弱势。当然，鱼与熊掌不可兼得，庭审效率与有效辩护之间似乎总存在一种微妙的矛盾，这种平衡的把握又需要辩护人具有极高的水平与素养，在此我们不再吹毛求疵。

从王某的案例我们可以看到，鉴定人出庭作证也能够使庭审节奏保持顺畅，打破了以往关于证人、鉴定人出庭一定会延误庭审的认识；鉴定人出庭作证还能使合议庭对鉴定意见的推理过程有直接的认识，也把大家从“言词证据只要看卷宗记载就可以”的误区中拉了出来，重新体会到直接言词原则的重要性。

附录：媒体相关报道和阶段论文

1. 李恩树："从讯问嫌疑人到接受质询身份转变需适应 警察出庭还原事实重于作证技巧"，《法制日报》2013年10月21日。

2. 刘晖："办案民警：出庭作证，你准备好了吗?"，《人民公安报》2013年11月11日。

3. 张凯麟、王一鸣、李凛、冯志江："警察出庭作证理论与实践研讨会在中国人民公安大学举行"，载中国警察网。

4. 汪振春、李凛、王一鸣、冯志江、赵铎："'警察出庭作证'公安执法的新考验、新机遇"，载中国警察网。

5. 李玉华、田力男："警察出庭作证运行不畅症结在哪里"，载《公安内参》2013年第46期。

6. 毕玉婵："警察出庭作证，你准备好了吗?"，载《现代世界警察》2014年第2期。

7. 钱志健："苏州公安：建立警察出庭作证保障机制"，载《现代世界警察》2014年第2期。

8. 周其海："我出庭，我作证"，载《现代世界警察》2014年第2期。

9. 周军："法庭外，法官支招"，载《现代世界警察》2014年第2期。

后 记

经过课题组成员近一年的努力，《警察出庭作证指南》的写作工作终于完成。感谢所有为本书的完成提供支持与帮助的人！为提高警察出庭作证的能力，2013 年 10 月 13 日，“警察出庭作证理论与实践研讨会”（项目启动会）在中国人民公安大学举行。来自全国各地公安机关、法院、检察院和各大高校的专家学者、律师代表 120 余人就警察出庭作证的相关问题展开了深度探讨；2013 年 11 月，来自中国人民公安大学法学院、苏州市公安局以及北京市第一中级人民法院的课题组成员召开了本书编写的座谈会，讨论了提纲和分工；2014 年 3 月，本书初稿完成，主编统稿并与有关课题组成员进行修改；2014 年 4 月，本书完成第二稿，主编统稿并再次与有关课题组成员进行修改；2014 年 5 月，本书完成第三稿。中国人民公安大学研究生韩宇霞、卜淼参与了校对工作。参加本书写作的有（按合作单位排序）：

李玉华：中国人民公安大学法学院副院长、教授、博士生导师、法学博士

田力男：中国人民公安大学法学院讲师、法学博士

周艳萍：中国人民公安大学法学院讲师、法学硕士

周　军：北京市第一中级人民法院刑一庭庭长

周维平：北京市第一中级人民法院立案庭副庭长

韩卓然：北京市第一中级人民法院刑一庭法官

杨　亮：北京市第一中级人民法院刑一庭法官

张　岩：北京市西城区人民法院刑二庭副庭长

钱志健：江苏省苏州市公安局副局长

周　强：江苏省苏州市公安局刑警支队副支队长

周其海：江苏省苏州市公安局刑警支队四大队大队长

于永波：江苏省苏州市公安局刑警支队四大队中队长

周伟良：江苏省苏州市公安局刑警支队三大队副大队长

周利明：江苏省苏州市公安局工业园区分局刑警大队副大队长

张　健：江苏省苏州市公安局刑警支队三大队民警

杜　飞：江苏省苏州市公安局刑警支队三大队民警

钱云婧：江苏省苏州市公安局刑警支队四大队民警

吴天石：江苏省苏州市公安局工业园区分局刑警大队民警

刘世权：江苏省苏州市公安局民警

焦　鹏：北京天驰洪范律师事务所主任、法学博士、中华全国律师协会刑事专业委员会副秘书长、北京市律师协会刑事诉讼法专业委员会副主任

韩嘉毅：北京市京都律师事务所合伙人、中华全国律师协会刑事专业委员会秘书长、北京市律师协会刑事诉讼法专业委员会主任

特别感谢中国人民公安大学出版社的支持和编辑的辛苦工作！对本书的不足和疏漏之处，恳请各位读者批评、指正！

李玉华

2014 年 6 月